中等职业学校新课标公共课配套辅导

数学 基础模块

同步练习（下册）

文旌课堂 编

教·学
资 源

航空工业出版社
北 京

内 容 提 要

本书是与《数学 基础模块 下册》（修订版）配套的同步练习册。全书由指数函数与对数函数、直线与圆的方程、简单几何体、概率与统计初步 4 章构成。本书结构新颖，层次分明，题型丰富多样，题量安排合理恰当，题目设置由易到难，适用于学生进行课后练习。此外，本书还提供了答案解析，以帮助学生厘清解题思路、掌握解题方法。

本书可供各类中等职业学校学生和教师在学习和教授相关知识时配套使用。

图书在版编目（CIP）数据

数学基础模块同步练习. 下册 / 文旌课堂编. 北京 : 航空工业出版社, 2025. 2. -- ISBN 978-7-5165-4007-7

Ⅰ. G634.603

中国国家版本馆 CIP 数据核字第 2024A90M37 号

数学 基础模块：同步练习（下册）

Shuxue Jichu Mokuai: Tongbu Lianxi（Xiace）

航空工业出版社出版发行

（北京市朝阳区京顺路 5 号曙光大厦 C 座四层　100028）

发行部电话：010-85672666　010-85672683　　读者服务热线：010-85672635

北京鑫益晖印刷有限公司印刷　　全国各地新华书店经售

2025 年 2 月第 1 版　　2025 年 2 月第 1 次印刷

开本：889×1194　1/16　　字数：175 千字

印张：6.5　　定价：29.80 元

前言

本书是与《数学 基础模块 下册》（修订版）配套的同步练习册，是根据2020年教育部颁布的《中等职业学校数学课程标准》编写的。利用本书进行同步练习，可以帮助学生加强对教材内容的理解，提升解题能力，并同步检测所学知识。具体来说，本书主要具有以下特色。

（1）结构清晰，层次分明

本书按照“章、节、目”顺序，以“目”为基础单位进行编排，以满足学生根据课时同步练习的需求。

目：每目均设有“基础夯实”和“能力提升”两个分级练习，以满足不同层次学生的练习需求。其中，“基础夯实”可帮助学生巩固基础知识，查漏补缺，加深对知识点的理解和记忆；“能力提升”则鼓励学生挑战自我，提升对知识的掌握和应用能力。

节：每节均设有“本节测试”和“真题实战”。“本节测试”用于检测学生对每节知识的掌握程度；“真题实战”用于提升学生的考场实战能力。

章：每章均设有“本章测试”，让学生在每个阶段都能进行针对性训练，及时反馈学习效果。

（2）题目精良，题型全面

本书精选难度适中、梯度合理的题目，力求每一题都是精华，让学生在精炼中快速成长。同时，覆盖选择题、判断题、填空题、解答题四大核心题型，让学生进行多角度训练，以便轻松应对各类数学挑战。

（3）解析精粹，直击核心

本书提供了详细的答案解析，并设置了“解题技巧”“方法总结”“易错点”模块。“解题技巧”模块用于点拨学生的解题思路，帮助学生迅速找到解题的突破口；“方法总结”模块系统归纳了解题方法，帮助学生掌握解题的规律和技巧；“易错点”模块深入辨析了易混淆知识点，帮助学生有效规避学习误区。三个模块的有机结合，旨在全方位提升学生的解题能力，提高学习效率，确保学生在学习和备考过程中能事半功倍。

（4）赠品丰富，形式多样，平台强大

本书配有丰富的数字资源，学生可以借助手机或其他移动设备扫描书中二维码查看精讲视频课，也可以登录文旌综合教育平台“文旌课堂”查看和下载公式手册。学生在学习过程中有任何疑问，都可以登录该平台寻求帮助。此外，本书可与《数学 基础模块：精要一本通（下册）》和《数学（基础模块）（下册）周测和单元练习》搭配使用。

本书由文旌课堂编写。在编写本书的过程中，我们参考了大量的文献资料。在此，我们对这些资料的作者和编者表示衷心的感谢。此外，由于部分资料来自网络，我们未能确认出处，也暂时无法联系到原作者。对此，我们深表歉意，并欢迎原作者随时与我们联系，我们将按相关规定支付稿酬。由于编者水平有限，书中难免存在疏漏或不当之处，敬请广大读者批评指正，并将意见及时反馈给我们，以臻完善。

“工欲善其事，必先利其器。”我们期望，本书能成为学生的“良师益友”“善事之器”。

本书配套资源下载网址和联系方式

网址：https://www.wenjingketang.com

电话：400-117-9835

邮箱：book@wenjingketang.com

目录

第 5 章 指数函数与对数函数

5.1 实数指数幂

5.1.1 有理数指数幂

基础夯实

1．将根式$\sqrt[3]{5^3\times 3^2}$写成分数指数幂的形式为（　　）.

A．$3\times 5^{\frac{2}{3}}$　　B．$5^{\frac{2}{3}}$　　C．$3^{\frac{2}{3}}$　　D．$5\times 3^{\frac{2}{3}}$

2．下列式子中，正确的是（　　）.

A．$(-a^3)^4=a^7$　　B．$\left(\frac{n}{m}\right)^7=n^{\frac{1}{7}}\cdot m^7$　　C．$\sqrt[12]{(-2)^4}=\sqrt[3]{-2}$　　D．$\sqrt{\sqrt[3]{9}}=\sqrt[3]{3}$

3．$\sqrt{(\mathrm{e}-2.5)^2}=$__________.

能力提升

1．下列式子中，正确的是（　　）.

A．$\left(3^{\frac{2}{3}}\right)^{-\frac{2}{3}}=1$　　B．$3^{\frac{2}{3}}\times 3^{\frac{3}{2}}=3$　　C．$\left(3^{\frac{2}{3}}\right)^{\frac{3}{2}}=3$　　D．$3^{\frac{3}{2}}\times 2^{\frac{2}{3}}=6$

2．若$a>1$，则$(\sqrt{2a-1})^2+\sqrt{(1-2a)^2}+\sqrt[3]{(1-a)^3}=$（　　）.

A．$1-a$　　B．$2(1-a)$　　C．$3a-1$　　D．$3(a-1)$

3．$2^{-\frac{1}{2}}+\frac{(-4)^0}{\sqrt{2}}+\frac{1}{\sqrt{2}-1}-\sqrt{(1-\sqrt{5})^0}=$__________.

5.1.2 实数指数幂

基础夯实

1．将根式$\sqrt[3]{a^6b^2}$写成分数指数幂的形式为（　　）.

A．$\frac{b}{a^2}$　　B．a^3b　　C．$\frac{a}{b^2}$　　D．$a^2b^{\frac{2}{3}}$

2．$0.008^{-\frac{1}{3}}+625^{0.25}=$__________.

3．$\sqrt[4]{(3-\pi)^4}+\sqrt[3]{0}+(0.0001)^{-\frac{1}{4}}=$__________.

4．将下列分数指数幂写成根式的形式．

（1）$a^{\frac{2}{7}}$；（2）$6^{-\frac{5}{4}}$；（3）$a^2b^{\frac{3}{2}}\ (b>0)$．

能力提升

1．若$3^a=2$，$3^b=4$，则$3^{2a-b}=$（　　）．

A．-1　　B．2　　C．$\frac{1}{2}$　　D．1

2．（多选）下列各式中，正确的有（　　）．

A．$\sqrt[3]{x^3}=|x|$　　B．$\sqrt[4]{(-2)^4}=2$　　C．$(\sqrt[5]{-3})^5=3$　　D．$\sqrt{(-2)^2}=2$

3．$\dfrac{3\sqrt{3}\times\sqrt[3]{3}\times\sqrt[6]{3}}{\sqrt{2}\times\sqrt[4]{8}\times\sqrt[8]{64}}=$__________.

4．已知$a>0$，化简$\dfrac{\sqrt[6]{a^{13}}\cdot\sqrt{a}}{\sqrt[3]{a}\cdot\sqrt{a^5}\cdot\sqrt[6]{a}}$．

5．已知$a>0$，$b>0$，化简$\dfrac{4a^{\frac{2}{3}}b^2}{\left(a^{\frac{1}{6}}b^{\frac{5}{6}}\right)\left(-\frac{2}{3}a^{\frac{1}{2}}b\right)}$．

本节测试

1．若$a>0$，则$\sqrt[5]{a^2}\cdot\sqrt{\sqrt{a}}=$（　　）．

A．$a^{\frac{13}{20}}$　　B．$a^{\frac{17}{20}}$　　C．$a^{\frac{19}{20}}$　　D．$a^{\frac{7}{20}}$

2．若$a>0$，$b>0$，且$a\neq b$，则$\dfrac{a^{-1}b^{-1}}{a^{-3}-b^{-3}}=$（　　）．

A．$\dfrac{a^2-b^2}{b^2-a^2}$　　B．$\dfrac{a^2b^2}{b^3-a^3}$　　C．$\dfrac{ab}{a^2-b^2}$　　D．$\dfrac{a^3-b^3}{ab}$

3．$\left(\dfrac{27}{8}\right)^{\frac{2}{3}}=$__________；$16^{-\frac{3}{2}}=$__________；$\left(\dfrac{1}{2}\right)^{-2}\times0.81^{\frac{1}{2}}=$__________．

4．$(0.064^{-\frac{1}{2}})^{\frac{2}{3}}-\sqrt[3]{3\dfrac{3}{8}}-1=$__________．

5．计算$\left(\dfrac{1}{8}\right)^{\frac{1}{3}}\times e^{-2}+25^{-\frac{1}{2}}\times(e-1)^0$．

6．计算$0.0081^{-\frac{1}{4}}\times3^2\times(-2)^0$．

7．已知$x+x^{-1}=4$，求下列式子的值．

（1）x^2+x^{-2}；

（2）$x^{-\frac{1}{2}}+x^{\frac{1}{2}}\ (x>0)$．

真题实战

1．若$x^{\frac{3}{8}}=3^{\frac{3}{4}}$，则$x=$（　　）．

A．$\sqrt{3}$　　B．9　　C．$3^{\frac{8}{9}}$　　D．$3^{\frac{9}{4}}$

2．$81^{\frac{3}{4}}\times 3^{-3}+0.25^{\frac{1}{2}}\times 0.0012^{0}=$__________．

5.2 指数函数

基础夯实

1．下列函数中，不属于指数函数的是（　　）．

A．$y=1.3^{x}$　　B．$y=0.7^{x}$　　C．$y=\left(-\frac{2}{3}\right)^{x}$　　D．$y=\left(\frac{1}{4}\right)^{x}$

2．函数$y=a^{x+1}-2$（$a>0$且$a\neq 1$）的图像必过点（　　）．

A．$(-1,-1)$　　B．$(-1,1)$

C．$(1,3)$　　D．$(1,-1)$

3．指数函数$y=a^{x}$和$y=b^{x}$的图像如图 5-1 所示，则（　　）．

A．$a<0$，$b<0$　　B．$0<a<1$，$b>1$

C．$a<0$，$b>0$　　D．$0<a<1$，$0<b<1$

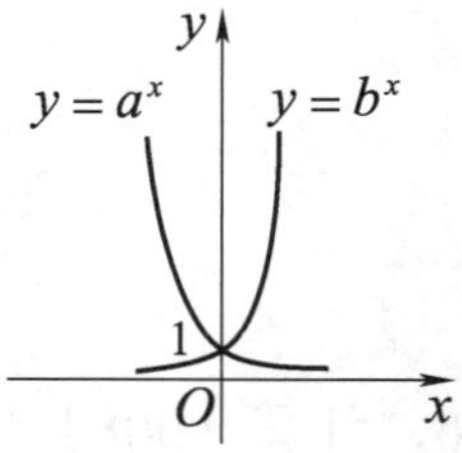

图 5-1

4．若$f(x)=(m^{2}-4m-4)(m-2)^{x}$为指数函数，则常数$m=$（　　）．

A．5　　B．-1　　C．1　　D．5 或-1

5．（多选）函数$y=0.8^{x}$在其定义域上是（　　）．

A．增函数　　B．减函数　　C．非奇非偶函数　　D．偶函数

6．函数$y=\sqrt{1-2^{x-1}}$的定义域为_________，值域为_________．

7．若$a^{-\frac{1}{3}}>a^{-1}$，则a的取值范围是_________．

8．不等式$\left(\frac{1}{2}\right)^{x-4}<4^{2x+5}$的解集为_________．

9．判断下列指数函数在 **R** 内的单调性．

（1）$y=1.7^{x}$；　　（2）$y=5^{-x}$；

（3）$y=\left(\dfrac{3}{4}\right)^x$；　　　　（4）$y=5^{\frac{x}{3}}$．

10．已知函数 $f(x)=a^x$（$a>0$ 且 $a\neq 1$）的图像过点 $(3,64)$，求 $f(-2)$，$f(-1)$，$f(1)$ 的值．

11．已知函数 $f(x)=3^{-x^2+2x}$．

（1）若 $f(x)\geqslant 1$，求实数 x 的取值范围；

（2）求 $f(x)$ 的值域．

能力提升

1．已知 $f(x)=2^{|x|}$，$x\in\mathbf{R}$，则 $f(x)$ 是（　　）．

A．奇函数，且在区间 $(0,+\infty)$ 内是增函数

B．偶函数，且在区间 $(0,+\infty)$ 内是增函数

C．奇函数，且在区间 $(0,+\infty)$ 内是减函数

D．偶函数，且在区间 $(0,+\infty)$ 内是减函数

2．若函数 $f(x)=a^x$ 在区间 $[0,1]$ 上的最大值与最小值的和为 5，则常数 a 的值为（　　）．

A．5　　B．4　　C．3　　D．2

3．指数函数 $y=a^x$，$y=b^x$，$y=c^x$，$y=d^x$ 的图像如图 5-2 所示，则 a，b，c，d 与 1 的大小关系为（　　）．

A．$a<b<1<c<d$　　B．$b<a<1<d<c$

C．$1<a<b<c<d$　　D．$a<b<1<d<c$

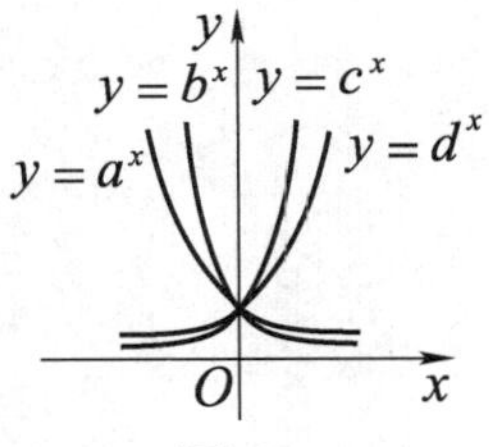

图 5-2

4．函数 $y=3^{\frac{3}{x-4}}$ 的值域为（　　）．

A．$[1,+\infty)$　　B．$(0,1)\cup(1,+\infty)$　　C．$(0,1)$　　D．$(0,+\infty)$

5．比较下列式子的大小．

（1）$0.7^{-0.9}$ 与 $0.7^{-1.2}$；　　（2）$2^{\frac{1}{2}}$ 与 $5^{\frac{1}{3}}$；

（3）$1.7^{2.8}$ 与 1.8^{3}；　　（4）$0.5^{0.6}$ 与 $0.6^{0.5}$．

6．已知函数 $f(x)=a^{x}+b$（$a>0$ 且 $a\neq 1$，$b\in\mathbf{R}$），且 $f(1)=3$，$f(2)=5$．

（1）求 $f(x)$ 的解析式；

（2）若 $m=f(x^{2})$，$n=f(x-1)$，比较 m，n 的大小．

7．已知函数 $f(x)=2^{x}+m\cdot 2^{-x}$．

（1）若 $f(x)$ 是 $\mathbf{R}$ 内的偶函数，求 m 的值；

（2）若 $f(x)$ 是 $\mathbf{R}$ 内的偶函数，且 $g(x)=\dfrac{2^{x}}{f(x)}$，求证 $g(x)+g(-x)=1$；

（3）若关于 x 的不等式 $f(x)\geqslant 8$ 在 $\mathbf{R}$ 内恒成立，求 m 的取值范围．

本节测试

1．若 $2^{x-1}=3$，$2^{y}=4$，则 $2^{x+y}=$（　　）．

A．24　　B．6　　C．7　　D．12

2．若 $9^{2x-3}>1$，则 x 的取值范围是____________．

3．若 $y=(2a-3)a^{x}$ 是指数函数，则常数 $a=$____________．

4．函数 $y=\sqrt{2^{x}-16}$ 的定义域为____________，值域为____________．

5．已知 $f(x)=\dfrac{a^{x}-a^{-x}}{a^{x}+a^{-x}}$（$a>0$ 且 $a\neq 1$）．

（1）判断 $f(x)$ 的奇偶性；

（2）判断 $f(x)$ 在其定义域内的单调性．

真题实战

1. 已知$3^a=\frac{1}{2}$，$\left(\frac{1}{3}\right)^b=4$，$\left(\frac{1}{3}\right)^c=\frac{1}{2}$，则$a$，$b$，$c$之间的关系为（　　）.

A. $a<b<c$　　B. $b<a<c$　　C. $c<a<b$　　D. $a<c<b$

2. 不等式$2^{x^2+2x-4}\leqslant\frac{1}{2}$的解集为（　　）.

A. $(-3,1)$　　B. $[-3,1]$　　C. $(-3,1]$　　D. $[-3,1)$

3. 若$f(x)=1-a^x$是增函数，则常数a的取值范围是________.

4. 函数$f(x)=2^x+\frac{x}{2}$，若$x\in[-1,1]$，则函数$f(x)$的值域为________.

5.3 对　数

5.3.1 对数的概念

基础夯实

1. 若$\log_a\frac{1}{125}=-3$，则常数a的值为（　　）.

A. $-\frac{1}{5}$　　B. $\frac{1}{5}$　　C. -5　　D. 5

2. 将对数式$\log_3 b=2$写成指数式为（　　）.

A. $3^b=2$　　B. $b^3=2$　　C. $3^2=b$　　D. $b^2=3$

3. 将指数式$2^a=9$写成对数式为（　　）.

A. $\log_9 2=a$　　B. $\log_2 a=9$　　C. $\log_9 a=2$　　D. $\log_2 9=a$

4. $2^{-7}=\frac{1}{128}$的对数式为________.

5. $\log_{\frac{1}{2}}32=-5$的指数式为________.

能力提升

1.（多选）下列选项中，正确的有（　　）.

A. $\lg 1\,000=3$　　B. 若$3^x=N\ (N>0)$，则$x=\log_3 N$

C. $\lg(\ln \mathrm{e})=1$　　D. $\lg(\ln 10)=0$

2．若 $\log_x \sqrt[3]{49} = \frac{2}{3}$，则 $x =$____________.

3．若 $\log_{219}(x^2-3)=0$，求 x 的值.

4．若 $\log_{13}\frac{x-1}{2}=1$，求 x 的值.

5.3.2　积、商、幂的对数

基础夯实

1． $\lg 5+\lg 20+\lg 1=$（　　）.

A．4　　B．3　　C．2　　D．1

2．若 $\log_2 3\times\log_3 4\times\log_4 m=3$，则常数 $m=$（　　）.

A．16　　B．8　　C．4　　D．2

3．若 $\log_3 4=m$， $\log_3 5=n$，则 $\log_5 4=$____________.

4．计算 $\frac{3\lg 2+\lg 5-1}{2\lg 0.5+\lg 16}$.

5．计算 $(\log_4 3+\log_8 3)(\log_3 2+\log_9 2)$.

6．已知$2^x=3^y=5^z$，且$\frac{1}{x}+\frac{1}{y}+\frac{1}{z}=1$，求$x$，$y$，$z$的值．

能力提升

1．$\log_2[\log_2(\log_2 4)]=$（　　）．

A．0　　B．1　　C．2　　D．4

2．若$\log_7 2=m$，$\log_7 3=n$，则$\log_7 108=$__________．（用m，n表示）

3．$(2-\sqrt{2})^2\times\ln 1+\left(\frac{27}{64}\right)^{\frac{1}{3}}\times\lg 16+\frac{3\sqrt[3]{8}}{4}\times\lg 25=$__________．

4．方程$\lg(x^2-2x-3)-\lg(x+1)=1$的解为$x=$__________．

5．计算$\lg 0.01+\log_{\frac{1}{25}}125+2^{\log_2 8}+10^{1+\lg 2}+\log_2 9\times\log_3 25\times\log_5 8$．

本节测试

1．若$\lg 2=a$，$\lg 3=b$，则$\log_5 6=$（　　）．

A．$\frac{a+b}{1-a}$　　B．$\frac{ab}{1-a}$　　C．$\frac{ab}{a+b}$　　D．$\frac{a-b}{a+b}$

2．计算$\ln\sqrt[3]{e}-\ln e^2+\lg\frac{30}{7}+\lg\frac{700}{3}+\lg 100$．

3．计算$|\sqrt{3}-2|+\log_3(9\times 27)+\sqrt[3]{3+\sqrt{25}}-\sqrt{36}-\tan\frac{2\pi}{3}$.

真题实战

1．$\log_3 2$ 与 $\log_3\frac{1}{2}$ 的关系是（　　）.

A．互为倒数　　B．互为负倒数　　C．互为相反数　　D．不确定

2．下列指数式与对数式的互化不正确的是（　　）.

A．$10^0=1$ 与 $\lg 1=0$　　B．$16^{-\frac{1}{2}}=\frac{1}{4}$ 与 $\log_{16}\frac{1}{4}=-\frac{1}{2}$

C．$\log_2 4=2$ 与 $4^{\frac{1}{2}}=2$　　D．$\ln e=1$ 与 $e^1=e$

3．已知函数 $f(x)=\lg x$，若 $f(ab)=1$，则 $f(a^2)+f(b^2)=$（　　）.

A．1　　B．-1　　C．2　　D．-2

4．若 $\log_a 9=2$，则 $2^{-a}=$__________.

5．在对数 $\log_{0.3}0.4$，$\log_{0.3}4$，$\log_3 0.4$，$\log_3 4$ 中，大于 0 的共有________个.

6．计算$\cos\frac{3\pi}{2}+(\sqrt{2}-3)^0+27^{\frac{1}{3}}+\lg 0.01+\sqrt{(-4)^2}$.

7．计算$\frac{1}{2}\log_3^{\frac{1}{9}}-3\log_2 32+5\cos\pi$.

8．计算 $\log_{\sqrt{2}}\sqrt{3}\times\log_{\sqrt{3}}\sqrt{4}\times\log_{\sqrt{4}}\sqrt{5}\times\log_{\sqrt{5}}\sqrt{6}\times\log_{\sqrt{6}}\sqrt{7}\times\log_{\sqrt{7}}\sqrt{8}$．

9．计算 $\log_6 3+\log_6 12+\ln\frac{1}{e^{\pi}}+(\sqrt{2\,050}-\sqrt{2\,049})^0+\left(\frac{9}{4}\right)^{-\frac{1}{2}}+\sqrt{(3-\pi)^2}$．

10．已知函数 $f(x)=\begin{cases}\left(\frac{1}{4}\right)^x, & x\in[-1,0],\\ 4^x, & x\in(0,1],\end{cases}$ 求 $f(0)$，$f(\log_4 3)$．

5.4 对数函数

基础夯实

1．函数 $y=\log_2(3x-5)$ 的图像过点（　　）．

A．$(1,0)$　　B．$(2,0)$　　C．$(2,1)$　　D．$(1,2)$

2．函数 $y=3^x$ 的图像与 $y=\log_3 x$ 的图像关于（　　）对称．

A．x 轴　　B．y 轴　　C．原点　　D．直线 $y=x$

3．当$0<a<1$时，在同一坐标系中，函数$y=a^{-x}$与$y=\log_a x$的图像可为（　　）.

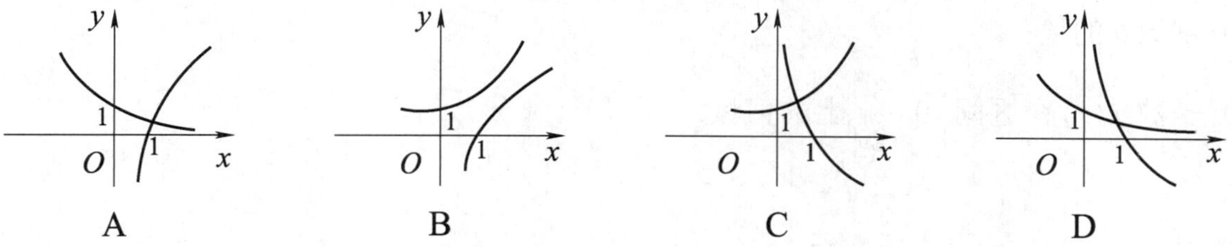

4．若$\log_3 x=3$，则$x=$__________.

5．若$\log_a 4<\log_a 3$，则常数a的取值范围是__________.

6．函数$f(x)=\lg(x^2-2x-3)$的单调递增区间是__________.

7．已知函数$f(x)=\lg(1-x^2)$.

（1）求函数$f(x)$的定义域和单调区间；

（2）判断函数$f(x)$的奇偶性.

能力提升

1．函数$f(x)=\dfrac{\sqrt{32-2^x}}{\ln(x+1)}$的定义域为（　　）.

A．$(-\infty,0)\cup(0,5]$　B．$(-1,0)\cup(0,5]$　C．$(-1,5]$　D．$[5,+\infty)$

2．若$\log_{\frac{1}{e}}(x-2)>\log_{\frac{1}{e}}3$，则$x$的取值范围是（　　）.

A．$[2,5)$　B．$(2,5)$　C．$(3,5)$　D．$[3,5)$

3．函数$f(x)=2+\log_{\frac{1}{2}}x\ (0<x\leqslant 1)$的值域为__________.

4．若$\log_a 2<1$，则常数a的取值范围是__________.

5．若$\log_2(4x-1)>\log_2(2x+3)$，求$x$的取值范围.

6．已知函数 $f(x)=\log_2(x^2-ax+2)$，且 $f(1)=0$．求

（1）常数 a 的值；

（2）函数 $f(x)$ 在区间 $\left[0,\dfrac{3}{2}\right]$ 上的值域.

本节测试

1．已知函数 $f(x)=2^{\frac{1}{x}}$， $g(x)=\log_{\frac{1}{2}}x$，若 $x>0$，则（　　）.

A．$f(x)$ 单调递增，$g(x)$ 单调递减　　B．$f(x)$ 与 $g(x)$ 均单调递减

C．$f(x)$ 单调递减，$g(x)$ 单调递增　　D．$f(x)$ 与 $g(x)$ 均单调递增

2．函数 $f(x)=\ln(1-x)$ 的定义域为___________.

3．函数 $f(x)=\log_{\frac{1}{3}}(3-2x-x^2)$ 的单调递减区间是___________.

4．若 $a=0.2^3$， $b=\log_3 0.2$， $c=3^{0.2}$，则 a，b，c 按从大到小的顺序排列为___________.

5．已知函数 $f(x)=\log_a(x+3)+1$（$a>0$且$a\neq1$），且 $f(1)=3$．

（1）求常数 a 的值和函数 $f(x)$ 的定义域；

（2）当 $x\in[-2,5]$ 时，求函数 $f(x)$ 的取值范围.

真题实战

1．函数 $f(x)=\ln(x^2-6x+5)$ 的定义域为（　　）.

A．$(1,5)$　　B．$[1,5]$　　C．$(-\infty,1)\cup(5,+\infty)$　D．$(-\infty,1]\cup(5,+\infty)$

2．已知函数 $f(x)=\log_2 x$，$g(x)=\left(\frac{1}{3}\right)^x$，且 $x\in(0,+\infty)$，则下列说法正确的是（　　）.

A．$f(x)$ 为增函数，$g(x)$ 为增函数　　B．$f(x)$ 为增函数，$g(x)$ 为减函数

C．$f(x)$ 为减函数，$g(x)$ 为增函数　　D．$f(x)$ 为减函数，$g(x)$ 为减函数

3．若函数 $f(x)=\log_{2-a}x$ 在其定义域内单调递减，则常数 a 的取值范围是（　　）.

A．$(-\infty,1)$　　B．$(1,2)$　　C．$[1,2)$　　D．$(1,2]$

4．若 $x\in(0,1)$，则下列结论正确的是（　　）.

A．$e^x>x^{\frac{1}{3}}>\ln x$　　B．$x^{\frac{1}{3}}>e^x>\ln x$　　C．$\ln x>e^x>x^{\frac{1}{3}}$　　D．$e^x>\ln x>x^{\frac{1}{3}}$

5．若 $a=\log_{\sqrt{2}}\sqrt{3}$，$b=\log_{\sqrt{3}}\sqrt{2}$，$c=\log_{0.3}\sqrt{2}$，则 a，b，c 的大小关系为（　　）.

A．$a<b<c$　　B．$c<a<b$　　C．$b<c<a$　　D．$c<b<a$

6．不等式 $\log_2|x-1|>1$ 的解集是（　　）.

A．$(-1,+\infty)$　　B．$(-\infty,-1)$

C．$(-\infty,-1)\cup(3,+\infty)$　　D．$(-\infty,3)\cup(3,+\infty)$

7．已知偶函数 $f(x)$ 的定义域是 $\{x\mid x\neq 4n，n\in\mathbf{Z}\}$，对定义域内任意的 x，都有 $f(2+x)=f(2-x)$，当 $x\in(0,2]$ 时，$f(x)=|\log_3 x|$，则 $f(2\,063)$ 的值是__________.

8．已知函数 $f(x)=\log_a x$（$a>0$ 且 $a\neq 1$）的图像过点 $(4,2)$.

（1）求常数 a 的值；

（2）若函数 $g(x)=f(x^2-2x+m)$ 的定义域为 $\mathbf{R}$，求 m 的取值范围.

5.5 指数函数与对数函数的应用

基础夯实

1．某林场计划第一年造林1 000亩，以后每一年造林的亩数都比前一年增加20%，则第4年造林的亩数为（　　）.

A．1 728　　B．1 825　　C．1 450　　D．2 072

2．某种细菌在培养过程中，每20分钟分裂一次，1个分裂为2个，经过3小时后，这种细菌可由10个分裂为（　　）个.

A．5 120　　B．5 230　　C．7 250　　D．6 560

3．小明存入银行a元，若年利率为x，并每年按复利计算，则到第3年小明可取款______元.

4．一种放射性物质最初的质量为500 g，若按每年10%的速度衰减，则它的质量衰减到一半需要__________年.（结果精确到个位，取$\lg 2=0.301$，$\lg 3=0.477$）

5．某库存商品的价值是10万元，每年的折旧率是10%，5年后它剩余的价值是多少？（结果精确到0.01万元）

6．在天文学中，天体的明暗程度可以用星等或亮度来描述．两颗星的星等与亮度满足$m_2-m_1=\frac{5}{2}\lg\frac{E_1}{E_2}$，其中星等为$m_k$的星的亮度为$E_k\ (k=1，2)$．已知太阳的星等是$-26.7$，天狼星的星等是$-1.45$，求太阳与天狼星的亮度比值.

能力提升

1．小李用10 000元购买了某种理财产品，若以月利率0.4%的复利计息，则12个月后小李大约能获得（　　）元利息．

A．384　　B．491　　C．502　　D．546

2．若一部手机的价格每半年就降低25%，则现在价格为2 560元的手机，两年后的价格为（　　）元．

A．900　　B．810　　C．1 440　　D．1 620

3．某服装经过两次降价，每件售价从162元降为128元，已知两次降价的百分率相同，则每次降价的百分率为__________．（结果精确到0.01%）

4．某咖啡店去年的年销售额为200万元，今年的年销售额较去年增加了20%，预计未来10年的年销售额增长率均为20%，该咖啡店的年销售额达到400万元还需要__________年．（结果精确到个位，取$\log_{1.2}2\approx3.8$）

5．青少年视力是社会普遍关注的问题，视力情况可借助视力表测量．通常用五分记录法和小数记录法记录视力数据，五分记录法的数据L和小数记录法的数据V满足$L=5+\lg V$．已知某同学的五分记录法的数据是4.9，则其视力的小数记录法的数据约为多少？（结果精确到0.1，取$\sqrt[10]{10}\approx1.259$）

6．某工厂去年的总产值是512万元，计划5年后的年产值达到1 024万元，该工厂计划的年产值的平均增长率约为多少？（结果精确到0.001，取$\sqrt[5]{2}\approx1.149$）

7．某种储蓄按复利计算利息，若本金为 a 元，每期利率为 r，存期为 x，本利和（本金加上利息）为 y 元.

（1）写出本利和 y 随存期 x 变化的函数解析式；

（2）如果存入本金 10 000 元，每期利率为 3%，试计算 5 期后的本利和.（取 $1.03^4\approx 1.1255$，$1.03^5\approx 1.1593$，$1.03^6\approx 1.1940$）

本节测试

1．某产品的销售量以每年15% 的比例降低，该产品在未来的第（　　）年销售量将降到现销售量的一半.（取 $\lg 0.5\approx -0.30$，$\lg 0.85\approx -0.071$）

A．2　　B．3　　C．4　　D．5

2．某工厂今年一月份的用电量是 5 000 kW·h，计划从二月份开始，每个月的用电量都比上一个月的用电量减少10%，预计该工厂今年七月份的用电量约是__________kW·h.（结果精确到个位，取 $0.9^6\approx 0.53$）

3．某超市的年营业额为20 万元，随着商品种类的不断扩充，如果以后每年的营业额都比上一年增长 25%，大约几年后超市的营业额可以达到现在的 3 倍？（结果精确到个位，取 $\log_{1.25}3\approx 4.9233$）

4．在不考虑空气阻力的情况下，如果火箭的最大速度 v（单位：m/s）、燃料的质量 M（单位：kg）和火箭（除燃料外）的质量 m（单位：kg）的函数关系式为 $v=2000\ln\left(1+\dfrac{M}{m}\right)$，那么当燃料的质量是火箭的质量的多少倍时，火箭的最大速度可以达到 12 km/s？

5．某地去年的年生产总值为 3 000 亿元，预计未来 5 年的平均增长率为6.8%，经过几年该地的年生产总值能达到 3 900 亿元？（结果精确到个位，取 $\lg 1.3 \approx 0.114$，$\lg 1.068 \approx 0.029$）

6．某物品的初始价格为 1 元，预计每年以5%的增长率递增，该物品的价格在几年后会翻一番？（结果精确到个位，取 $\log_{1.05} 2 \approx 14.21$）

真题实战

1．张先生计划贷款购买一辆汽车，贷款25 万元，贷款期限为3年，年利率为5.76%，按复利计算利息，则三年后张先生一次性应还款数（单位：万元）的算式是（　　）．

A．$25(1+5.76\%)^2$　B．$25(1+5.76\%)^3$　C．$25(1+2\times5.76\%)$　D．$25(1+3\times5.76\%)$

2．某公司去年全年总耗电量为 m 度，该公司从今年开始进行技术升级，使每年总耗电量比上一年减少 $r\%$，据此估计三年后该公司全年总耗电量为（　　）度．

A．$m(1-r\%)^3$　B．$m(1-r\%)$　C．$m(1+r\%)^3$　D．$m(1+r\%)$

3．已知某放射性物质在衰变过程中，质量 y 与衰变时间 t 满足函数关系式 $y=e^{kt+b}$（k，b 为常数，$k\neq0$）．该物质的初始质量为 72 克，经过 7 天衰变后剩 48 克，再过 7 天衰变后还剩_______克．

本章测试

一、单项选择题

1. 若$\ln N=\mathrm{e}$，则$N=$（　　）.

A. e　　B. 1　　C. e^{e}　　D. 0

2. 若$a<0$，$b>0$，则$|a|+\sqrt{(a-b)^2}+\sqrt{b^2}=$（　　）.

A. $2a-2b$　　B. $2b$　　C. $-2a$　　D. $2b-2a$

3. 下列式子正确的是（　　）.

A. $2^{-2\,034}<2^{-2\,035}$　　B. $\lg 0.7<\lg 0.8$　　C. $\log_3 2>1$　　D. $\log_{0.2}0.1<\log_2 0.1$

4. 函数$y=\log_2(13-x)$的定义域为（　　）.

A. $(-\infty,13)$　　B. $(-\infty,13]$　　C. $(13,+\infty)$　　D. $[13,+\infty)$

5. 函数$f(x)=2^x-2^{-x}$是（　　）.

A. 奇函数　　B. 偶函数　　C. 非奇非偶函数　　D. 既奇又偶函数

6. 若$\left(\frac{1}{2}\right)^a>\left(\frac{1}{2}\right)^b>1$，则（　　）.

A. $a>b>0$　　B. $a<b<0$　　C. $b>a>0$　　D. $b<a<0$

7. 若$4<\left(\frac{1}{2}\right)^x<8$，则$x$的取值范围是（　　）.

A. $(-3,-2)$　　B. $(-2,3)$　　C. $(2,3)$　　D. $(-3,2)$

8. 若$\log_8[\log_3(\log_2 x)]=0$，则$x^{\frac{1}{2}}=$（　　）.

A. $\frac{1}{3}$　　B. $\frac{1}{2\sqrt{2}}$　　C. $\frac{1}{2\sqrt{3}}$　　D. $2\sqrt{2}$

二、填空题

9. 不等式$\lg(x-1)\leqslant 2$的解集为__________.

10. 已知分段函数$f(x)=\begin{cases}x^2+4, & x\leqslant 0,\\ \ln x, & x>0,\end{cases}$则$f\{f[f(\mathrm{e})]\}=$__________.

11. 函数$y=\dfrac{1}{\sqrt{3-\log_3 x}}$的定义域为__________.

12. 已知定义在$\mathbf{R}$内的函数$f(x)$满足$f(x)=\begin{cases}\log_{\frac{1}{2}}(2-x), & x\leqslant 0,\\ f(x-5), & x>0,\end{cases}$则$f(3\,023)=$__________.

13．已知函数 $f(x)=\begin{cases}(2-4a)^x, & x\leqslant 1,\\ \log_a x+\dfrac{2}{3}, & x>1,\end{cases}$ 当 $x_1\neq x_2$ 时，$\dfrac{f(x_1)-f(x_2)}{x_1-x_2}<0$，则常数 a 的取值范围是____________.

三、解答题

14．计算 $27^{\frac{1}{3}}+\left(\dfrac{1}{4}\right)^{-\frac{1}{2}}+\log_5 3-\log_5 15$.

15．比较下列式子的大小.

（1）$\left(\dfrac{3}{2}\right)^{\frac{4}{3}}$ 和 $\left(\dfrac{3}{2}\right)^{\frac{3}{4}}$；（2）$\log_{0.4}3.5$ 和 $\log_{0.4}4.5$.

16．解不等式 $\log_2(x^2-x+6)>3$.

17．求函数 $f(x)=\log_{\frac{1}{2}}(x^2+x-2)$ 的单调递增区间.

18．已知函数 $f(x)=\log_6(x^2-bx-4)$ 的图像经过点 $(-2,1)$．求：

（1）函数 $f(x)$ 的解析式；

（2）函数 $f(x)$ 的定义域．

19．已知 $f(x)$ 是定义在 $\mathbf{R}$ 内的奇函数，当 $x\geqslant 0$ 时，$f(x)=2^x+x+b$．

（1）求常数 b 的值；

（2）当 $x<0$ 时，求 $f(x)$ 的解析式；

（3）求 $f(-1)+f(3)$ 的值．

20．某工厂生产甲、乙两种产品的年产量分别为 10 万件和 40 万件，该工厂现决定对这两种产品的生产线进行升级改造，预计改造后的甲、乙两种产品的年产量的增长率分别为 50% 和 20%．至少经过多少年，甲产品的年产量会超过乙产品的年产量？（结果精确到个位，取 $\lg 2\approx 0.301$，$\lg 5\approx 0.699$）

第 6 章 直线与圆的方程

6.1 两点间距离公式和线段的中点坐标公式

基础夯实

1. 已知点 $A(3,-4)$，$B(7,6)$，则线段 AB 的中点坐标为（　　）.

A. $(5,1)$　　B. $(2,5)$　　C. $(10,2)$　　D. $(4,10)$

2. 已知点 $A(-2,-1)$，$B(1,3)$，则 $|AB|=$（　　）.

A. 5　　B. 4　　C. $\sqrt{5}$　　D. 2

3. 若点 $A(1,2)$ 与点 B 关于点 $P(0,-3)$ 对称，则点 B 的坐标为__________.

4. 已知 $A(1,1)$，$B(7,x)$ 两点之间的距离为 10，则 $x=$__________.

5. 已知线段 AB 的中点坐标为 $(-1,4)$，端点 A 的坐标为 $(6,2)$，求另一端点 B 的坐标及线段 AB 的长度.

能力提升

1. 已知点 $A(7,-8)$，$B(3,y)$，点 $M(5,1)$ 是线段 AB 的中点，则 $y=$（　　）.

A. 6　　B. 7　　C. 9　　D. 10

2. 已知点 $A(x,1)$，$B(2,3)$，且 $|AB|=\sqrt{13}$，则线段 AB 的中点坐标为（　　）.

A. $(2,2)$　　B. $\left(\frac{7}{2},2\right)$　　C. $\left(\frac{1}{2},2\right)$　　D. $\left(\frac{1}{2},2\right)$ 或 $\left(\frac{7}{2},2\right)$

3. 点 $A(3,4)$ 关于 x 轴的对称点的坐标为__________.

4. 若 x 轴正半轴上的点 A 到原点的距离与点 $(5,-3)$ 到原点的距离相等，则点 A 的坐标为__________.

5．已知△ABC的顶点分别为$A(2,0)$，$B(1,-2)$，$C(-1,3)$，试求AB边上的中线CD的长度．

本节测试

1．已知点$A(2,9)$，$B(-6,3)$，则线段AB的中点坐标为（　　）．

A．$(4,6)$　　B．$(-2,6)$　　C．$(4,3)$　　D．$(-2,3)$

2．已知点A的坐标为$(5,0)$，点B的坐标为$(0,12)$，则$|AB|=$（　　）．

A．25　　B．17　　C．24　　D．13

3．点$(-3,-4)$关于点$(2,-1)$的对称点的坐标为__________．

4．已知点A的坐标为$(4,3)$，点$M(2,-1)$是线段AB的中点，则点B的坐标为__________．

5．已知点$A(3,a)$，$B(-2,1)$，$C(1,-1)$，线段AC的中点坐标为$\left(2,\frac{1}{2}\right)$，求证：△$ABC$是等腰直角三角形．

真题实战

1．已知点$A(-3,2)$，$B(-1,4)$，则线段AB的中点坐标为（　　）．

A．$(-1,2)$　　B．$(3,-2)$　　C．$(-1,-2)$　　D．$(-2,3)$

2．已知P是线段MN的中点，若点P的坐标为$(-1,2)$，点M的坐标为$(3,-3)$，则点N的坐标为（　　）．

A．$(5,7)$　　B．$(5,-7)$　　C．$(-5,-7)$　　D．$(-5,7)$

3．已知两点$A(2,5)$和$B(-4,-3)$，则$|AB|=$（　　）．

A．5　　B．4　　C．8　　D．10

4．直线 $x-3y-6=0$ 与坐标轴相交于 M，N 两点，则线段 MN 的长为（　　）．

A．$2\sqrt{10}$　　B．$\sqrt{10}$　　C．4　　D．8

5．点 $P(1,-1)$ 关于原点的对称点的坐标为（　　）．

A．$(-1,-1)$　　B．$(1,-1)$　　C．$(-1,1)$　　D．$(1,1)$

6．已知点 $A(2,1)$，$B(5,2)$，$C(1,4)$，求证：$\triangle ABC$ 是等腰直角三角形．

6.2 直线的方程

6.2.1　直线的倾斜角与斜率

基础夯实

1．下列说法不正确的是（　　）．

A．直线倾斜角的取值范围是 $[0,\pi)$

B．每一条直线都有唯一对应的倾斜角

C．与坐标轴垂直的直线的倾斜角为 0 或 $\frac{\pi}{2}$

D．若直线的倾斜角为 α，则直线的斜率为 $\tan\alpha$

2．过点 $P_1(4,6)$，$P_2(3,4)$ 的直线的斜率为（　　）．

A．$\frac{1}{2}$　　B．$-\frac{1}{2}$　　C．-2　　D．2

3．已知直线 l 的倾斜角为 $\frac{5\pi}{6}$，则直线 l 的斜率为（　　）．

A．不存在　　B．$\frac{\sqrt{3}}{3}$　　C．$\sqrt{3}$　　D．$-\frac{\sqrt{3}}{3}$

4．直线的倾斜角为 $\frac{\pi}{4}$，则该直线的斜率为__________．

能力提升

1．已知直线过点 $A(a,0)$，$B(1,\sqrt{3})$，且直线的倾斜角为$\frac{2\pi}{3}$，则常数$a=$（　　）.

A．2　　B．−2　　C．0　　D．不存在

2．直线l_1的倾斜角为$\frac{\pi}{3}$，且$l_1\perp l_2$，则直线l_2的斜率为（　　）.

A．$\sqrt{3}$　　B．$-\sqrt{3}$　　C．$\frac{\sqrt{3}}{3}$　　D．$-\frac{\sqrt{3}}{3}$

3．已知直线过点$P(-2,m^2)$，$Q(m,4)$，且直线的斜率为1，则常数m的值为（　　）.

A．1或−2　　B．−1或2　　C．1　　D．−2

4．直线过点$A(1,\sqrt{3}+2)$，$B(\sqrt{3},5)$，则该直线的倾斜角为（　　）.

A．$\frac{\pi}{6}$　　B．$\frac{\pi}{3}$　　C．$\frac{2\pi}{3}$　　D．$\frac{5\pi}{6}$

6.2.2　直线的点斜式方程与斜截式方程

基础夯实

1．直线$y=-\sqrt{3}x+\frac{1}{2}$的倾斜角为（　　）.

A．$\frac{\pi}{6}$　　B．$\frac{\pi}{3}$　　C．$\frac{2\pi}{3}$　　D．$\frac{5\pi}{6}$

2．斜率为2，且过点$(1,3)$的直线的斜截式方程为（　　）.

A．$y=-2x+1$　　B．$y=2x+3$　　C．$y=2x+1$　　D．$y=2x-3$

3．已知直线l的倾斜角$\theta=\frac{3\pi}{4}$，且l在y轴上的截距为−5，则l的斜截式方程为（　　）.

A．$y=-x-5$　　B．$y=x+5$　　C．$y=-x+5$　　D．$y=x-5$

4．设α为直线$y=x+2$的倾斜角，则$\alpha=$__________.

5．已知直线l的倾斜角$\alpha=\frac{2\pi}{3}$，且l过点$P(-1,2)$，求直线l的点斜式方程.

能力提升

1．直线 $x=\frac{\pi}{6}$ 的倾斜角为（　　）．

A．$\frac{\pi}{6}$　　B．0　　C．π　　D．$\frac{\pi}{2}$

2．垂直于 x 轴，且过点 $(4,6)$ 的直线方程为（　　）．

A．$x=4$　　B．$y=6$　　C．$y=6x$　　D．$x=6y$

3．已知直线 l 的倾斜角 α 是直线 $\sqrt{3}x-3y+1=0$ 的倾斜角的 2 倍，则 $\alpha=$（　　）．

A．$\frac{\pi}{3}$　　B．$\frac{\pi}{2}$　　C．$\frac{2\pi}{3}$　　D．$\frac{5\pi}{6}$

4．下列直线没有斜率的是（　　）．

A．$y=x-2$　　B．$\frac{x}{5}+\frac{y}{\sqrt{5}}=1$　　C．$y-1=2(x+2)$　　D．$x-3=0$

5．已知点 $A(2,-1)$，$B(0,5)$，若直线 l 的倾斜角为 $\frac{\pi}{3}$，且 l 过线段 AB 的中点，求直线 l 的点斜式方程．

6．若直线 l 在 x 轴上的截距为 6，l 与两坐标轴围成的三角形的面积是 12，求 l 的斜截式方程．

6.2.3 直线的一般式方程

基础夯实

1．直线 $x+5y+10=0$ 在 y 轴上的截距为（　　）.

A．2　　B．-10　　C．-2　　D．10

2．斜率为 $\sqrt{3}$ 且在 y 轴上的截距为 -3 的直线的一般式方程为（　　）.

A．$\sqrt{3}x-y-3=0$　　B．$\sqrt{3}x-y+3=0$　　C．$\sqrt{3}x+y+3=0$　　D．$\sqrt{3}x+y-3=0$

3．已知直线 l 的倾斜角为 $\frac{2\pi}{3}$，且过点 $A(-2,\sqrt{3})$，则 l 的一般式方程为（　　）.

A．$\sqrt{3}x+y+\sqrt{3}=0$　　B．$\sqrt{3}x+y-\sqrt{3}=0$　　C．$x-\sqrt{3}y-\sqrt{3}=0$　　D．$x+\sqrt{3}y-\sqrt{3}=0$

4．求直线 $5x-2y+12=0$ 与坐标轴围成的三角形的面积.

能力提升

1．直线 $5x-2y-10=0$ 在 x 轴上的截距为 a，在 y 轴上的截距为 b，则（　　）.

A．$a=2$，$b=5$　　B．$a=2$，$b=-5$　　C．$a=-2$，$b=5$　　D．$a=-2$，$b=-5$

2．若直线 $mx-y+2m+1=0$ 过一定点，则该点的坐标是（　　）.

A．$(-2,1)$　　B．$(2,1)$　　C．$(1,-2)$　　D．$(1,2)$

3．过点 $(1,-2)$，倾斜角 α 的余弦值等于 $\frac{3}{5}$ 的直线的一般式方程为__________.

4．如果 $AC<0$，$BC<0$，那么直线 $Ax+By-C=0$ 不过第__________象限.

5．已知直线 l 过点 $A(-4,2)$，且在 x 轴、y 轴上的截距相等，求 l 的一般式方程.

本节测试

1．过点 $P(0,2)$ 且斜率为 2 的直线方程为（　　）．

A．$2x+y+2=0$　　B．$2x-y-2=0$

C．$2x-y+2=0$　　D．$2x+y-2=0$

2．过点 $(5,2)$ 且倾斜角为 $\frac{\pi}{4}$ 的直线方程为（　　）．

A．$x-y+3=0$　　B．$x+y-3=0$

C．$x+y+3=0$　　D．$x-y-3=0$

3．已知直线 l 过点 $(1,2)$，$(1,4)$，则 l 的方程为（　　）．

A．$x=2$　　B．$y=2$　　C．$y=1$　　D．$x=1$

4．直线 l：$2x+3y-24=0$ 与两坐标轴围成的三角形的面积为（　　）．

A．48　　B．24　　C．6　　D．3

5．若点 $A(a,4)$ 在直线 $3x+y-2=0$ 上，则常数 $a=$__________．

6．过两点 $(3,9)$，$(-1,1)$ 的直线 l 在 x 轴上的截距为__________．

7．求满足下列条件的直线方程．

（1）与坐标轴相交于点 $A(-3,0)$，$B(0,5)$；

（2）过点 $M(0,-2)$ 且斜率为 -1．

8．已知直线 $x+3y-6=0$ 与 x 轴，y 轴的交点分别为 A，B，直线 l 过线段 AB 的中点，且 l 在 y 轴上的截距为 -2，求 l 的一般式方程．

真题实战

1．直线 $y=-\frac{2}{3}x+1$ 的斜率为（　　）．

A．$\frac{2}{3}$　　B．$-\frac{2}{3}$　　C．$\frac{4}{3}$　　D．2

2．过点 $P_1(4,9)$，$P_2(6,3)$ 的直线的斜率为（　　）．

A．$\frac{1}{3}$　　B．$-\frac{1}{3}$　　C．3　　D．-3

3．直线 $\sqrt{3}x-y-23=0$ 的倾斜角为（　　）．

A．$\frac{5\pi}{6}$　　B．$\frac{2\pi}{3}$　　C．$\frac{\pi}{3}$　　D．$\frac{\pi}{6}$

4．已知直线的倾斜角为 $\frac{2\pi}{3}$，则该直线的斜率为（　　）．

A．$-\frac{\sqrt{3}}{3}$　　B．$-\sqrt{3}$　　C．$\sqrt{3}$　　D．$\frac{\sqrt{3}}{3}$

5．直线 $x=\sqrt{3}$ 的倾斜角为（　　）．

A．0　　B．$\frac{\pi}{6}$　　C．$\frac{\pi}{3}$　　D．$\frac{\pi}{2}$

6．已知直线 l 过点 $(-1,2)$，倾斜角为 $\frac{\pi}{3}$，则 l 的方程为（　　）．

A．$y+2=\sqrt{3}(x-1)$　　B．$y-2=\sqrt{3}(x+1)$　　C．$y-2=\frac{\sqrt{3}}{3}(x+1)$　　D．$y-2=\frac{\sqrt{3}}{3}(x-1)$

7．直线 $x-4y+3=0$ 在 x 轴上的截距为（　　）．

A．-3　　B．3　　C．$-\frac{3}{4}$　　D．$\frac{3}{4}$

8．已知点 $A(0,2)$，$B(2,m)$，$C(5,12)$ 在同一条直线 l 上，则常数 m 的值为（　　）．

A．4　　B．6　　C．8　　D．10

9．（多选）下列方程中，与 $2x+y-3=0$ 表示同一直线的有（　　）．

A．$y=-2x+3$　　B．$y-2=-2\left(x-\frac{1}{2}\right)$　　C．$\frac{y-1}{3-1}=\frac{x-1}{0-1}$　　D．$6x+3y-9=0$

10．（多选）已知直线 l 过点 $A(-1,0)$ 和点 $B(0,1)$，则该直线的方程可表示为（　　）．

A．$y=x+1$　　B．$y=x-1$　　C．$x-y+1=0$　　D．$x-y-1=0$

11．（判断）若直线 $5x+3y+c=0$ 过坐标原点，则常数 $c=0$．　　（　　）

6.3 两条直线的位置关系

6.3.1 两条直线平行

基础夯实

1．下列各组直线相互平行的是（　　）.

A．$y=x$，$y=2x$　　B．$y=2x+1$，$y=2x-1$

C．$x-y+1=0$，$x+y-1=0$　　D．$y=-2x-1$，$x-2y-3=0$

2．若直线 $ax+2y+2=0$ 与 $3x-y-2=0$ 平行，则常数 $a=$（　　）.

A．-3　　B．-6　　C．$-\frac{3}{2}$　　D．$\frac{2}{3}$

3．求过点 $(-7,6)$ 且平行于直线 $3x+5y-8=0$ 的直线方程.

能力提升

1．直线 $2x-y+k=0$ 与 $4x-2y+1=0$ 的位置关系是（　　）.

A．平行　　B．不平行　　C．平行或重合　　D．既不平行也不重合

2．若直线 $2x+6ay-5=0$ 与 $2ax+(a+5)y-11=0$ 平行，则常数 $a=$（　　）.

A．$-\frac{5}{6}$　　B．-1　　C．$-\frac{5}{6}$ 或 1　　D．$\frac{5}{6}$ 或 -1

3．若过点 $P(-1,3)$ 和点 $Q(1,7)$ 的直线 l_1 与 l_2：$mx+(3m-7)y+5=0$ 平行，则常数 $m=$（　　）.

A．2　　B．4　　C．6　　D．8

4．若直线 l_1：$2x+(m+1)y-2=0$ 与 l_2：$mx+3y-2=0$ 平行，则常数 $m=$________.

5．已知直线 l：$3x+by-1=0$ 与坐标轴围成的三角形的面积为 $\frac{1}{24}$，求过点 $(3,3)$ 且与 l 平行的直线方程.

6.3.2 两条直线相交

基础夯实

1．直线l_1：$2x-y+1=0$与l_2：$2x+3y-3=0$的交点坐标为（　　）．

A．$(1,0)$　　B．$(0,1)$　　C．$(-1,1)$　　D．$(1,-1)$

2．直线l_1：$\sqrt{2}x+2y+1=0$与l_2：$x-\sqrt{2}y+3=0$的位置关系是（　　）．

A．平行　　B．垂直　　C．重合　　D．相交，但不垂直

3．若直线$x+5y-1=0$与$5x+ay+2=0$垂直，则常数$a=$（　　）．

A．25　　B．1　　C．-1　　D．-25

4．若直线l过点$(0,2)$，且与直线$2x-3y+3=0$垂直，则l的方程为（　　）．

A．$3x+2y-4=0$　　B．$3x-2y+4=0$　　C．$3x-y+2=0$　　D．$3x+y-2=0$

5．直线l与$3x+6y-4=0$垂直，且两直线在y轴上的截距相等，则l的方程为（　　）．

A．$6x-3y+2=0$　　B．$6x-3y-2=0$　　C．$3x-6y+4=0$　　D．$3x-6y-4=0$

6．已知直线l过点$P(1,3)$，且与直线$x+2y+3=0$垂直，求l的方程．

能力提升

1．过点$P(4,-1)$且与直线$3x-4y+6=0$垂直的直线方程为（　　）．

A．$4x+3y-13=0$　　B．$4x-3y-19=0$　　C．$3x-4y-16=0$　　D．$3x+4y-8=0$

2．过点$(2,-1)$且与直线$x=3$垂直的直线方程是（　　）．

A．$3x+y-3=0$　　B．$x+3y+1=0$　　C．$x=2$　　D．$y=-1$

3．若直线$ax+(1-a)y=4$与$(a-1)x+(2a+3)y-5=0$垂直，则常数$a=$（　　）．

A．1　　B．-3或1　　C．$-\frac{3}{2}$或0　　D．-3

4．直线l_1过点$A(-4,0)$，$B(0,3)$，直线l_2的方程为$x-y-2=0$，则直线l_1与l_2（　　）．

A．垂直　　B．相交，但不垂直　　C．重合　　D．平行

5．已知直线l_1：$x+ay+1=0$与l_2：$y=2x+2$垂直，则常数a的值是__________．

6．如果点 $A(1,3)$ 关于直线 l 的对称点为 $B(-5,1)$，则 l 的一般式方程为__________.

7．已知点 $A(2,3)$，$B(4,-1)$，则线段 AB 的垂直平分线方程为__________.

8．求过直线 $2x+y+8=0$ 和 $x+y=-3$ 的交点，且与 $2x+3y=16$ 垂直的直线方程.

9．已知直线 l_1：$2x+3y=2a+1$ 与 l_2：$4x+y=a$ 的交点位于第二象限，求 a 的取值范围.

10．已知直线 l 的倾斜角 $\alpha=\dfrac{\pi}{6}$，且 l 过点 $P(\sqrt{3},2)$.

（1）求直线 l 的方程；

（2）若直线 m 过点 $(1,\sqrt{3})$ 且与直线 l 垂直，求直线 m 与两坐标轴围成的三角形的面积.

6.3.3 点到直线的距离

基础夯实

1．原点到直线 $7x+y+5=0$ 的距离为（　　）．

A．$\dfrac{1}{2}$　　B．$\dfrac{\sqrt{2}}{2}$　　C．$\sqrt{2}$　　D．$2\sqrt{2}$

2．已知点 $P(2,m)$ 到直线 $4x-3y+1=0$ 的距离为 3，则常数 $m=$（　　）．

A．-2　　B．8　　C．-2 或 8　　D．2 或 -8

3．点 $P(2,-4)$ 到直线 $2x-y+6=0$ 的距离为__________．

4．点 $(3,-2)$ 到直线 $y=\dfrac{3}{4}x+\dfrac{1}{4}$ 的距离为__________．

5．已知点 $M(3,b)$ 到直线 $7x-2y+9=0$ 的距离为 2，则常数 $b=$__________．

能力提升

1．点 O 为坐标原点，若点 M 在直线 $3x+4y-12=0$ 上，则线段 OM 的最小值为（　　）．

A．3　　B．4　　C．$\dfrac{12}{25}$　　D．$\dfrac{12}{5}$

2．若点 $P(4,a)$ 到直线 $4x-3y-1=0$ 的距离不大于 3，则常数 a 的取值范围是__________．

3．已知梯形两底所在的直线方程分别为 $2x+y-5=0$ 和 $4x+2y-7=0$，则梯形的高 $h=$______．

4．已知直线 l_1：$3x+4y-1=0$ 与 l_2：$3x+4y+7=0$ 平行，求与它们等距离的直线的方程．

本节测试

1．直线 $x+3y-4=0$ 与 $-2x-6y+8=0$ 的位置关系是（　　）．

A．重合　　B．平行　　C．相交　　D．垂直

2．过点 $(3,2)$ 作直线 $2x-y+1=0$ 的垂线，则垂足的坐标为（　　）．

A．$(3,1)$　　B．$(1,3)$　　C．$(1,-3)$　　D．$(-3,1)$

3．直线 $2x+3y-6=0$ 关于点 $(1,-1)$ 对称的直线方程为（　　）．

A．$3x-2y-6=0$　　B．$2x+3y+7=0$　　C．$3x-2y-12=0$　　D．$2x+3y+8=0$

4．点 $(2,1)$ 关于直线 $y=-x$ 的对称点的坐标为（　　）．

A．$(2,1)$　　B．$(-2,-1)$　　C．$(-2,1)$　　D．$(-1,-2)$

5．点 $(-2,5)$ 到直线 $3x+4y-4=0$ 的距离为__________．

6．直线 $3x+4y-2=0$ 与 $6x+8y-5=0$ 的距离为__________．

7．求满足下列条件的直线方程．

（1）过点 $(2,3)$ 且平行于直线 $3x-2y+5=0$；

（2）过点 $(-2,3)$ 且垂直于直线 $3x+2y+1=0$．

真题实战

1．两条直线 $4x+5y-2=0$ 与 $5x-4y+7=0$ 的位置关系是（　　）．

A．平行　　B．垂直　　C．重合　　D．相交，但不垂直

2．直线 l_1：$2x+3y-6=0$ 与 l_2：$4x+6y+3=0$ 的位置关系是（　　）．

A．垂直　　B．平行　　C．相交，但不垂直　　D．重合

3．若直线 $2x+y+1=0$ 与 $ax+3y-5=0$ 平行，则常数 $a=$（　　）．

A．1　　B．2　　C．6　　D．8

4．过原点且与直线 $x-2y-1=0$ 垂直的直线方程为（　　）．

A．$2x+y=0$　　B．$2x-y=0$　　C．$x+2y=0$　　D．$x-2y=0$

5．直线 l 过点 $M(-4,1)$，且与过 $A(1,5)$，$B(-6,3)$ 两点的直线平行，则 l 的方程为（　　）．

A．$7x+2y+26=0$　　B．$2x-7y+15=0$　　C．$7x-2y+30=0$　　D．$2x+7y+1=0$

6．直线 $x+2y-2=0$ 与 $x+2y+8=0$ 之间的距离为（　　）．

A．$\sqrt{5}$　　B．$2\sqrt{5}$　　C．5　　D．10

7．（多选）下列直线中，与 $y=2x+1$ 平行的有（　　）．

A．$2x-y+3=0$　　B．$y=2x-1$　　C．$4x-2y-1=0$　　D．$y=x+1$

6.4 圆

6.4.1 圆的标准方程

基础夯实

1．圆心为原点、半径为 1 的圆的标准方程为__________．

2．过点 $P(-3,0)$，圆心坐标为 $(-2,1)$ 的圆的标准方程为__________．

3．圆心为点 $(-3,4)$ 且过原点的圆的方程为__________．

4．若圆 $x^2+y^2=m$ 过点 $(1,\sqrt{3})$，则圆的半径 $r=$__________．

5．求满足下列条件的圆的标准方程．

（1）以 $A(4,-2)$，$B(-2,8)$ 两点间的线段为直径的圆；

（2）以点 $A(1,2)$ 为圆心且过原点的圆．

能力提升

1．点 $M(-3,5)$ 与圆 $(x+2)^2+(y-3)^2=9$ 的位置关系是（　　）．

A．点 M 在圆内　　B．点 M 在圆上　　C．点 M 在圆外　　D．不能确定

2．以点 $P(2,-3)$ 为圆心且与 y 轴相切的圆的方程为（　　）．

A．$(x+2)^2+(y-3)^2=4$　　B．$(x+2)^2+(y-3)^2=9$

C．$(x-2)^2+(y+3)^2=4$　　D．$(x-2)^2+(y+3)^2=9$

3．已知 $A(1,-2)$，$B(-1,4)$ 为圆上的点，求：

（1）周长最小时圆的方程；

（2）圆心在直线 $2x-y-4=0$ 上的圆的方程．

6.4.2　圆的一般方程

基础夯实

1．圆 $x^2+y^2-6x+8y=0$ 的圆心坐标和半径分别为（　　）．

A．$(-3,4)$，5　　B．$(3,-4)$，5　　C．$(-3,-4)$，25　　D．$(3,-4)$，25

2．求过点 $A(-2,1)$，$B(2,-1)$ 和 $C(0,5)$ 的圆的一般方程．

能力提升

1．已知圆 $x^2+y^2+ax+by-6=0$ 的圆心坐标为 $(3,4)$，则圆的半径为（　　）．

A．$\sqrt{31}$　　B．$\sqrt{6}$　　C．5　　D．$\frac{7}{2}$

2．若方程 $x^2+y^2+4mx-2y+5m=0$ 表示圆，则常数 m 的取值范围是__________．

3．求以直线 $5x+3y-6=0$ 与 y 轴的交点为圆心，且过点 $A(2,3)$ 的圆的一般方程．

4．已知直线 l：$4x+y+a=0$ 过圆 $x^2+y^2+2x-4y=0$ 的圆心．

（1）求 a 的值，并写出直线 l 的一般式方程；

（2）求直线 l 在 x 轴和 y 轴上的截距．

本节测试

1．圆 $x^2+y^2+2x+4y+1=0$ 的半径为（　　）.

A．1　　B．2　　C．3　　D．4

2．求满足下列条件的圆的方程.

（1）过点 $A(0,0)$，$B(1,1)$，$C(1,-5)$ 的圆；

（2）过点 $A(-1,1)$，$B(1,3)$，且圆心在 x 轴上的圆.

3．已知圆 C 的圆心坐标为 $(2,1)$，半径为 2，判断点 $A(3,2)$，$B(2,-1)$ 与圆 C 的位置关系.

4．已知圆心在 x 轴上的圆 C 过点 $A(1,0)$，$B(-2,\sqrt{3})$，求圆 C 的标准方程.

真题实战

1．下列点中，在圆 $x^2+y^2-6x-7=0$ 内部的是（　　）.

A．$(0,\sqrt{7})$　　B．$(7,0)$　　C．$(-2,0)$　　D．$(2,1)$

2．已知圆 C 的标准方程为 $(x-2)^2+(y+3)^2=4$，则圆心坐标和半径分别为（　　）.

A．$(-2,3)$，2　　B．$(-2,3)$，4　　C．$(2,-3)$，4　　D．$(2,-3)$，2

3. 设圆的方程 $(x+m)^2+(y+n)^2=m+n$，圆心为 $(-3,-9)$，则圆的半径为（　　）.

A. $2\sqrt{3}$　　B. 12　　C. 6　　D. $\sqrt{3}$

4. 圆的一般方程为 $x^2+y^2-8x+2y+13=0$，其圆心和半径分别为（　　）.

A. $(4,-1)$，4　　B. $(4,-1)$，2　　C. $(-4,1)$，4　　D. $(-4,1)$，2

5. 已知点 $M(2,0)$，$N(6,4)$，则以线段 MN 为直径的圆的圆心坐标为（　　）.

A. $(2,2)$　　B. $(2,4)$　　C. $(8,4)$　　D. $(4,2)$

6. 过点 $O(0,0)$，$A(0,6)$，$B(8,0)$ 的圆的面积为（　　）.

A. 9π　　B. 16π　　C. 25π　　D. 36π

7.（判断）圆 $(x+1)^2+(y-3)^2=5$ 的圆心为 $(1,-3)$.　　（　　）

8. 求过点 $A(1,2)$ 且与两坐标轴相切的圆的方程.

6.5 直线与圆的位置关系

基础夯实

1. 圆 $x^2+y^2-10y=0$ 的圆心到直线 $3x+4y-5=0$ 的距离为（　　）.

A. $\frac{2}{5}$　　B. 3　　C. $\frac{5}{7}$　　D. 15

2. 直线 $2x-y+4=0$ 与圆 $(x-2)^2+(y+1)^2=1$ 的位置关系是（　　）.

A. 相交，且过圆心　　B. 相离　　C. 相切　　D. 相交，不过圆心

3. 若直线 $x+2y+m=0$ 与圆 $(x-2)^2+y^2=5$ 相切，则常数 $m=$__________.

4. 已知圆的方程为 $(x-2)^2+y^2=4$，则直线 $y=-x+1$ 被圆所截弦长为__________.

5. 求过点 $P(2,-3)$ 且与圆 $x^2+y^2-4x-2y+1=0$ 相切的直线方程.

能力提升

1．直线 $y=2x+1$ 与圆 $x^2+y^2-2x+4y=0$ 的位置关系是（　　）．

A．相切　　B．相离　　C．相交，且过圆心　　D．相交，不过圆心

2．若直线 $x+\sqrt{3}y-2=0$ 被圆 $(x-2)^2+(y+1)^2=r$ 所截弦长为3，则圆的半径 $r=$（　　）．

A．$\frac{1}{2}$　　B．$\frac{3}{2}$　　C．$\sqrt{3}$　　D．3

3．若 $P(2,-1)$ 为圆 $(x-1)^2+y^2=25$ 的弦 AB 的中点，则直线 AB 的方程为（　　）．

A．$x-y-3=0$　　B．$2x+y-3=0$　　C．$x+y-1=0$　　D．$2x-y-5=0$

4．若直线 $y=x-1$ 与圆 $(x-3)^2+(y-4)^2=4$ 交于 A，B 两点，则线段 AB 的中点坐标为（　　）．

A．$(8,7)$　　B．$(6,8)$　　C．$(3,4)$　　D．$(4,3)$

5．若直线 $x-y+1=0$ 与圆 $(x-a)^2+y^2=2$ 有公共点，则常数 a 的取值范围是（　　）．

A．$(-\infty,-3]\cup[1,+\infty)$　　B．$[-3,1]$

C．$(-3,1)$　　D．$(-\infty,-3)\cup(1,+\infty)$

6．圆 $x^2+y^2=5$ 在点 $(-1,2)$ 处的切线方程为________．

7．若圆 $x^2+y^2-2x+2y=0$ 的圆心到直线 $2x+3y+m=0$ 距离为 $\sqrt{13}$，则常数 $m=$________．

8．已知点 $P(4,5)$，点 Q 在圆 C：$(x-1)^2+(y-1)^2=4$ 上移动，则 $|PQ|$ 的取值范围是________．

9．已知圆 C 过点 $A(3,2)$，$B(1,6)$，且圆心 C 在直线 $y=2x$ 上，求圆 C 的标准方程．

10．过点 $(-1,3)$ 的直线 l 被圆 C：$x^2+y^2-4x-2y-20=0$ 所截弦长为8．求：

（1）圆的圆心和半径；

（2）直线 l 的方程．

11．已知圆 C：$x^2+y^2-2x-6y+9=0$，直线 l：$3x+4y-25=0$．

（1）判断直线 l 与圆 C 的位置关系；

（2）当直线 l 与圆 C 相交时，求出两个交点之间的距离；当直线 l 与圆 C 相离时，求出圆 C 上的点到直线 l 的最大距离与最小距离．

本节测试

1．直线 $y=-x+2$ 与圆 $x^2+y^2=1$ 的位置关系是（　　）．

A．相切　　B．相交，不过圆心

C．相交，且过圆心　　D．相离

2．已知直线 $y=x+a$ 是圆 $x^2+y^2+2x-4y-5=0$ 的一条对称轴，则常数 $a=$（　　）．

A．3　　B．1　　C．-1　　D．-3

3．与直线 $x+y-1=0$ 相切于点 $(2,-1)$，且圆心在直线 $2x+y=0$ 上的圆的方程为_________．

4．若直线 $(1+a)x+y+1=0$ 与圆 $x^2+y^2-2x=0$ 相切，求常数 a 的值．

5．求过点 $P(-2,2)$ 且与圆 $(x+1)^2+y^2=1$ 相切的直线方程．

6．求满足下列条件的圆的方程．

（1）以点 $A(3,-5)$ 为圆心，与直线 $x+7y+2=0$ 相切的圆；

（2）过两点 $A(5,2)$，$B(3,-2)$，圆心在直线 $2x-y-3=0$ 上的圆．

真题实战

1．直线 $3x+4y-10=0$ 与圆 $x^2+y^2=4$ 的位置关系是（　　）．

A．相离　　B．相交　　C．相切　　D．相交，且过圆心

2．过点 $(0,2)$ 且与圆 $x^2+y^2=4$ 相切的直线方程为（　　）．

A．$x=-2$　　B．$x=2$　　C．$y=-2$　　D．$y=2$

3．过点 $M(3,0)$ 作圆 $x^2+y^2=4$ 的一条切线，则点 M 到切点之间的距离为（　　）．

A．1　　B．$\sqrt{5}$　　C．$\sqrt{13}$　　D．5

4．下列直线中，与圆 $(x-1)^2+(y+2)^2=5$ 相切的是（　　）．

A．$2x-y+1=0$　　B．$2x-y-1=0$　　C．$2x+y+1=0$　　D．$2x+y-1=0$

5．已知圆 C 的方程为 $x^2+y^2+2x-8=0$，直线 l 过点 $P(-2,2)$，且圆心 C 到直线 l 的距离为 1．求：

（1）圆 C 的圆心坐标和半径，并判断直线 l 与圆 C 的位置关系；

（2）直线 l 的方程．

6．已知圆 C 的圆心坐标为 $C(5,-3)$，半径为 5．

（1）求圆 C 的标准方程；

（2）直线 l：$x+2y-4=0$ 与圆 C 相交于 M，N 两点，求过这两点的圆 C 的切线方程．

7．直线 $x+y+1=0$ 交 x 轴于点 C，以点 C 为圆心，作过点 $M(2,4)$ 的圆.

（1）求圆 C 的标准方程；

（2）直线 $x-y+5=0$ 与圆相交于 A，B 两点，求弦长 $|AB|$.

8．已知圆心为 $(0,2)$ 的圆与直线 $x-y-4=0$ 相切.

（1）求圆的标准方程；

（2）求 x 轴被圆所截弦长.

9．已知圆 C 的圆心为 $(-1,1)$，半径为 $\sqrt{2}$.

（1）求圆 C 的标准方程；

（2）试判断直线 $x+y-1=0$ 与圆 C 的位置关系；若相交，求出两交点间的距离.

6.6 直线与圆的方程应用举例

基础夯实

从点 $M(-2,3)$ 射出一条光线，过 x 轴上一点 $P(1,0)$ 后被 x 轴反射，求反射光线所在直线的方程.

能力提升

某圆拱桥的水面跨度为20 m，拱高为4 m，现有一条宽为10 m，水面以上高为3 m的船，问这条船能否从桥下通过？（假设水面以下都能通过）

本节测试

某隧道内设双向行驶公路，其截面的轮廓由一段圆弧和一个长方形的三条边构成．已知隧道总宽度 AD 为 $6\sqrt{3}$ m，行车道总宽度 BC 为 $2\sqrt{11}$ m，侧墙高 EA，FD 为2 m，弧顶高 MN 为5 m．以 EF 所在直线为 x 轴，MN 所在直线为 y 轴，1 m 为单位长度建立平面直角坐标系，如图 6-1 所示．

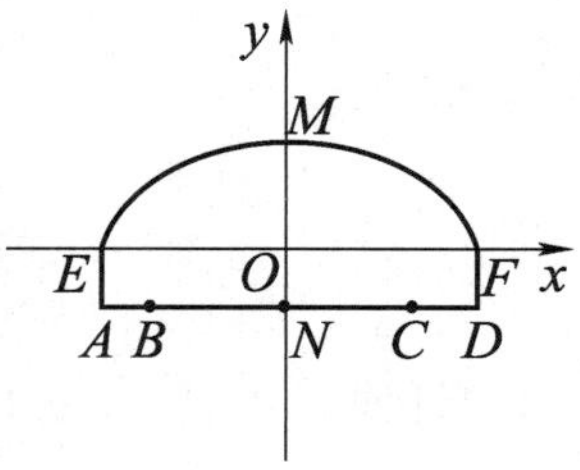

图 6-1

（1）求圆弧所在圆的标准方程；

（2）为保证安全，要求隧道顶部与行驶车辆顶部（设为平顶）在竖直方向上的高度差至少为0.5 m，问车辆通过的限制高度是多少？

真题实战

1．如图 6-2 所示，光线从点 $A(-2,4)$ 照射到 x 轴上点 $B(2,0)$ 处，然后被 x 轴反射，记反射光线所在直线为 l．求：

（1）直线 l 的方程；

（2）以线段 AB 为直径的圆的方程，并判断该圆与直线 l 的位置关系．

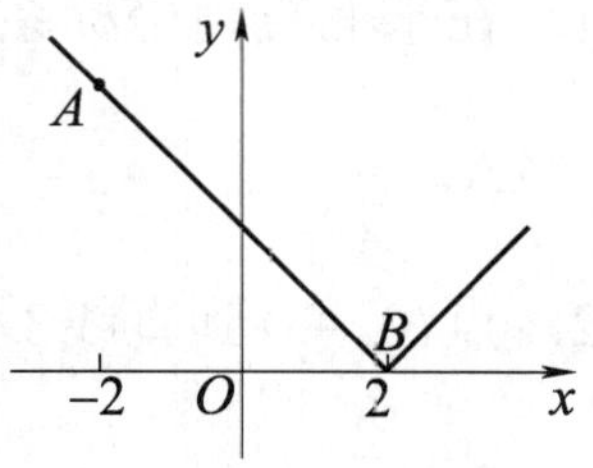

图 6-2

2．赵州桥是我国现存最早、跨度最大、保存最完整的一座空腹式圆弧形石拱桥．某学校综合实践小组拟用 3D 打印技术制作一个圆弧形石拱桥模型和一个长方体小船模型，模拟船能否通过石拱桥的情境，其截面图如图 6-3（a）所示．

（1）如图 6-3（b）所示，制作的石拱桥模型的跨度 $|AB|=80\text{ cm}$，圆拱高 $|OP|=20\text{ cm}$．以线段 AB 的中点 O 为原点，AB 所在的直线为 x 轴建立平面直角坐标系，试求该石拱桥模型中的圆弧所在圆的方程；

（2）若制作的小船模型的宽为 60 cm，高为 9 cm，试判断该小船能否通过（1）中的石拱桥？请说明理由．

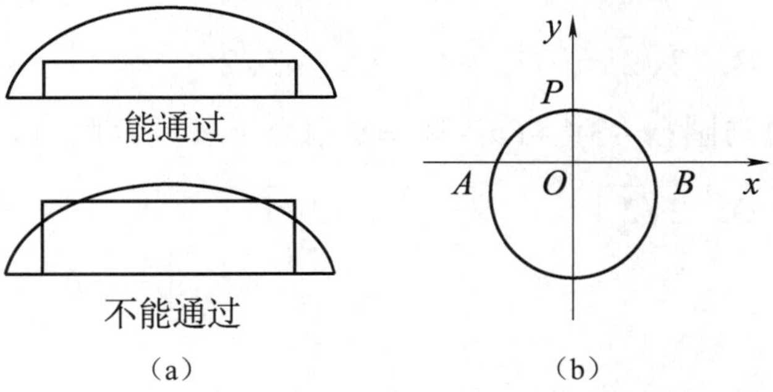

图 6-3

本章测试

一、单项选择题

1．在平面直角坐标系中，过点$(-1,2)$和$(1,3)$的直线的斜率为（　　）．

A．$\frac{1}{2}$　　B．$-\frac{1}{2}$　　C．2　　D．-2

2．点$(0,-1)$到直线$3x-4y+1=0$的距离为（　　）．

A．$\frac{2}{5}$　　B．$\frac{3}{5}$　　C．$\frac{4}{5}$　　D．1

3．已知直线$ax-y-2=0$与$(a+2)x-y+1=0$垂直，则常数$a=$（　　）．

A．2　　B．1　　C．0　　D．-1

4．过点$P(1,1)$且与直线$3x-4y=0$平行的直线方程为（　　）．

A．$4x+3y-7=0$　　B．$3x-4y-1=0$　　C．$4x+3y-1=0$　　D．$3x-4y+1=0$

5．直线$2x+y+1=0$与$x-2y-3=0$的位置关系是（　　）．

A．垂直　　B．相交，但不垂直　　C．平行　　D．重合

6．在x轴和y轴上的截距分别为3，2的直线方程是（　　）．

A．$2x+3y-6=0$　　B．$3x-2y-6=0$　　C．$3x-2y+6=0$　　D．$2x-3y+6=0$

7．若圆$x^2+y^2+2x+2y+m=0$过原点，则圆的半径为（　　）．

A．1　　B．$\sqrt{2}$　　C．2　　D．$2\sqrt{2}$

8．若直线$kx-y-5=0$与圆$x^2+(y-1)^2=4$相切，则常数$k=$（　　）．

A．$\sqrt{2}$　　B．$2\sqrt{2}$　　C．$-2\sqrt{2}$　　D．$\pm2\sqrt{2}$

9．若直线$3x+4y-11=0$与圆$(x-3)^2+(y-3)^2=9$相交于A，B两点，则弦长$|AB|=$（　　）．

A．$\sqrt{2}$　　B．$2\sqrt{2}$　　C．$\sqrt{5}$　　D．$2\sqrt{5}$

二、填空题

10．已知直线l过点$A(1,-1)$，$B(4,2)$，则直线l的方程为__________．

11．直线$3x+5y-1=0$关于点$(2,-3)$对称的直线方程为__________．

12．若直线$3x+4y+m=0\ (m>0)$与圆$x^2+y^2-2x-35=0$相切，则实数$m=$__________．

13．过圆$x^2+y^2-4x=0$的圆心，且与直线$2x+y=0$垂直的直线方程为__________．

14．点$(2,0)$到圆$x^2+y^2=16$上的点的最大距离为__________．

三、解答题

15．已知直线过点$(-3,-2)$，且倾斜角的正切值为2，求该直线的一般式方程．

16．已知圆C过点$P(5,1)$和$Q(1,3)$，且圆心在x轴上，求圆C的标准方程．

17．过点$P(1,-1)$作圆$x^2+y^2-2x-2y=0$的切线，求切线的方程．

18．已知圆C以点$(1,0)$为圆心，且与直线$x-\sqrt{3}y-5=0$相切．

（1）求圆C的一般方程；

（2）求过点$(3,1)$且与圆C相切的直线方程．

第7章 简单几何体

7.1 多面体

7.1.1 棱柱

基础夯实

1．三棱柱有（　　）条棱，（　　）个顶点．

A．3，3　　B．3，6　　C．9，3　　D．9，6

2．下列说法正确的是（　　）．

A．有一个侧面是矩形的棱柱是直棱柱

B．有两个侧面是矩形的棱柱是直棱柱

C．有两个相邻侧面是矩形的棱柱是直棱柱

D．底面为正多边形的棱柱是直棱柱

3．下列说法错误的是（　　）．

A．正棱柱的两个底面是全等的正多边形　　B．正棱柱的各条侧棱都相等，且与高相等

C．正棱柱的侧面都是全等的正方形　　D．正棱柱的侧棱相互平行且垂直于底面

4．将棱长分别为3，4，5的三个小正方体铁块熔化后铸成一个大正方体铸件（不计损耗），则铸件的棱长为（　　）．

A．5.5　　B．6　　C．6.5　　D．7

5．已知一个正三棱柱的底面边长为4，高为5，则这个正三棱柱的侧面积为（　　）．

A．50　　B．60　　C．$20\sqrt{3}$　　D．80

6．侧棱垂直于底面的棱柱称为__________棱柱，侧棱不垂直于底面的棱柱称为__________棱柱．

7．已知正四棱柱的底面边长为3，高为4，则其体积为__________．

8．一个长方体的三条棱长之比为1∶2∶3，表面积是88，求该长方体的三条棱长和体积．

能力提升

1．下列说法正确的是（　　）．

A．底面为正多边形的直棱柱为正棱柱

B．当正棱柱的底面是正方形时，该正棱柱就是正方体

C．正棱柱的所有棱长一定都相等

D．直棱柱的底面一定是矩形

2．下列说法正确的是（　　）．

A．棱柱的底面一定是平行四边形

B．棱锥的底面一定是三角形

C．侧棱垂直于底面的棱柱称为正棱柱

D．棱柱被平面分成的两部分可以都是棱柱

3．长方体相交于一个顶点的三条棱长之比是 1∶2∶3，体对角线为$2\sqrt{7}$，则该长方体的表面积为（　　）．

A．6　　B．28　　C．44　　D．64

4．已知直三棱柱的高为 4，底面是边长为 2 的正三角形，则该棱柱的体积是（　　）．

A．$\frac{4}{3}\sqrt{3}$　　B．$4\sqrt{3}$　　C．$2\sqrt{3}$　　D．$8\sqrt{3}$

5．一个正六棱柱工件的高为 5 cm，底面边长为 2 cm，以该正六棱柱两底面中心的连线为轴，切割一个与其侧面相切的圆柱体，则剩余部分几何体的体积为____________ cm^3．

6．某正四棱柱形有盖铁桶的底面边长为1 m，高为1.5 m，若将铁桶的表面贴上彩纸，则需要__________ m^2 的彩纸．

7．已知一个直四棱柱形的油槽，它的底面是等腰梯形，梯形的上底长为60 cm，下底长为48 cm，高为8 cm，油槽的深度为100 cm，求该油槽的侧面积和体积．

7.1.2 直观图的画法

基础夯实

1．根据斜二测画法画直观图时，对应 x 轴和 y 轴画出 x' 轴和 y' 轴，则 $\angle x'O'y' =$（　　）.

A．90°　　B．60°　　C．45°　　D．30°

2．水平放置的四边形 $OACB$ 按斜二测画法画出的直观图如图 7-1 所示，且 $O'B' = 2$，$B'C' = 1$，则四边形 $OACB$ 中最长的线段是（　　）.

A．OA　　B．OB　　C．AC　　D．BC

3．已知一个水平放置的平面图形，如图 7-2 所示，用斜二测画法画出的直观图是一个边长为 2 的正方形，则原平面图形的周长为（　　）.

A．16　　B．24　　C．32　　D．48

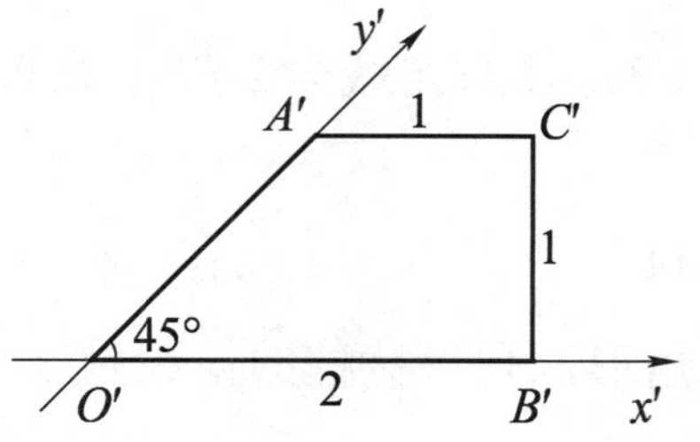

图 7-1

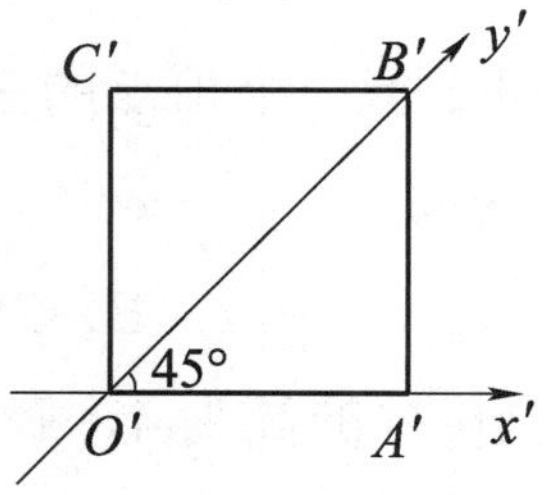

图 7-2

4．画直观图使用的方法是____________.

5．根据斜二测画法画直观图时，对应 x 轴和 z 轴画出 x' 轴和 z' 轴，则 $\angle x'O'z' =$____________.

6．如图 7-3 所示，直角梯形的上底长为 2 cm，下底长为 4 cm，高为 3 cm，试画出该直角梯形的直观图.

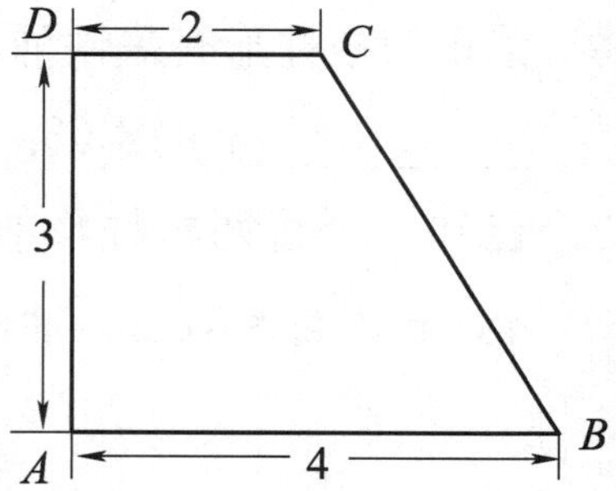

图 7-3

7．一个直四棱柱 $ABCD-A'B'C'D'$ 的高为 1 cm，底面是上底长为 1 cm，下底长为 2 cm，高为 2 cm 的等腰梯形，试画出该直四棱柱的直观图.

能力提升

1．已知长方体的长、宽、高分别为10 cm，6 cm，4 cm，根据斜二测画法画该长方体的直观图时，该长方体的长、宽、高可能分别为（　　）．

A．10 cm，6 cm，4 cm　　B．10 cm，3 cm，4 cm

C．5 cm，3 cm，4 cm　　D．5 cm，3 cm，2 cm

2．如图 7-4 所示，直角梯形 $ABCD$ 的上底长为 2，下底长为 4，高为 $2\sqrt{2}$，则用斜二测画法画出的直观图 $A'B'C'D'$ 中，$B'C'=$（　　）．

A．1　　B．$\sqrt{2}$　　C．2　　D．4

3．用斜二测画法画出的水平放置的 $\triangle ABC$ 的直观图如图 7-5 所示，若 $\triangle A'B'C'$ 的面积为 $2\sqrt{2}$，$A'C'=2$，则 $AB=$（　　）．

A．$\sqrt{2}$　　B．$2\sqrt{17}$　　C．$\sqrt{17}$　　D．4

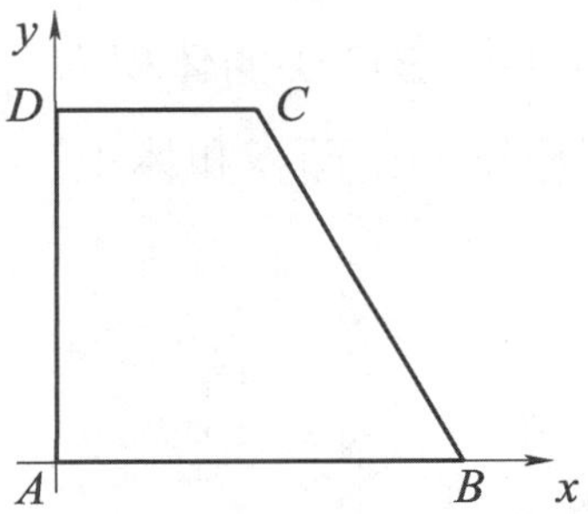

图 7-4

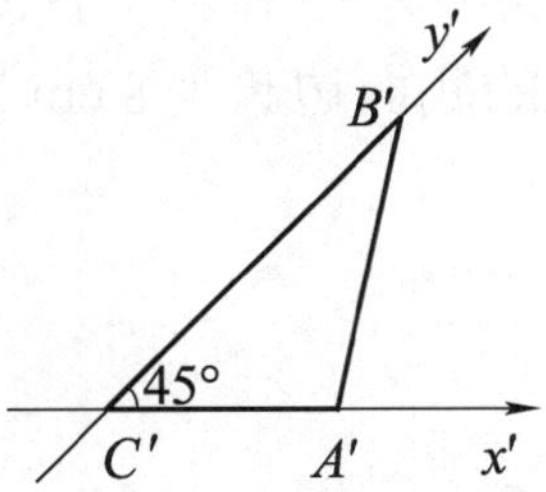

图 7-5

4．已知正三棱柱的高为 8 cm，根据斜二测画法画该正三棱柱的直观图时，若将底面画在 $x'O'y'$ 平面上，则该正三棱柱的高应平行于________轴，且长度为________cm．

5．如图 7-6 所示，梯形 $A'B'C'D'$ 是一个水平放置的平面图形 $ABCD$ 按斜二测画法画出的直观图．其中，$A'D' \parallel O'y'$，$A'B' \parallel C'D'$，且 $A'B'=\dfrac{2}{3}C'D'=2$，$A'D'=O'D'=1$．

（1）请画出平面图形 $ABCD$；

（2）求平面图形 $ABCD$ 和其直观图的面积．

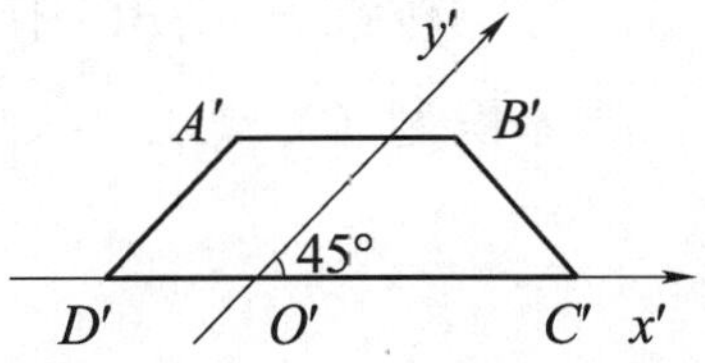

图 7-6

7.1.3 棱锥

基础夯实

1．关于棱锥，下列说法正确的是（　　）．

A．侧棱长都相等　　B．侧棱都相交于一点

C．侧面都是等边三角形　　D．斜高都相等

2．已知棱锥的底面是边长为 2 的正方形，高为 6，则该棱锥的体积为（　　）．

A．24　　B．16　　C．8　　D．6

3．已知正四棱锥的底面边长和高均为a，则其表面积为（　　）．

A．$3a^2$　　B．$6a^2$　　C．$(\sqrt{5}-1)a^2$　　D．$(\sqrt{5}+1)a^2$

4．棱锥的底面和侧面可以同时为____________．（选填“三角形”“四边形”“五边形”）

5．已知正四棱柱$ABCD-A_1B_1C_1D_1$的体积为 18，则四棱锥$A-A_1B_1C_1D_1$的体积为____________．

6．正四棱锥的底面边长为8 cm，斜高为5 cm，求此正四棱锥的全面积和体积．

能力提升

1．下列说法正确的是（　　）．

A．棱柱的底面一定是平行四边形　　B．棱锥的底面一定是三角形

C．侧棱垂直于底面的棱柱称为正棱柱　　D．正四面体的侧面都是等边三角形

2．已知正四棱锥的底面边长为2，高为$\sqrt{3}$，则该正四棱锥的表面积为（　　）．

A．8　　B．12　　C．16　　D．20

3．在三棱锥$P-ABC$中，PA，PB，PC两两相互垂直，且$PA=PB=PC=1$，则该三棱锥的体积为（　　）．

A．$\frac{1}{6}$　　B．$\frac{1}{3}$　　C．$\frac{1}{2}$　　D．1

4．棱长都为 4 的正四面体的表面积为____________．

5．已知正四棱锥的底面边长为12 cm，侧棱长为10 cm，求该正四棱锥的表面积．

6．在实验室里，有一个正四棱锥形的容器，它的底面边长为6 cm，斜高为5 cm，求这个容器的体积．

本节测试

1．已知正四面体的棱长为2，则该正四面体的全面积为（　　）．

A．$\sqrt{3}$　　B．$4\sqrt{3}$　　C．4　　D．16

2．已知一个正四棱锥的底面边长为6，侧棱长为5，则该正四棱锥的侧面积为__________．

3．如图 7-7 所示，几何体由一个正四棱柱和正四棱锥组成，已知正四棱柱和正四棱锥的高相等，且正四棱柱和正四棱锥的底面边长均为 6，正四棱锥的侧棱长为$3\sqrt{3}$，则该几何体的体积是__________．

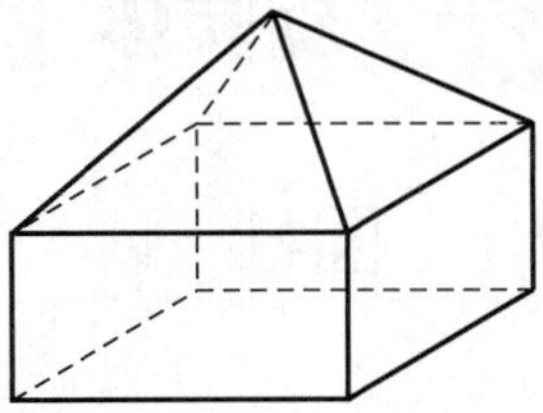

图 7-7

4．正三棱柱 $ABC-A'B'C'$ 的底面边长为2 cm，高为3 cm，试画出该正三棱柱的直观图．

真题实战

1．若一个底面边长为$2\sqrt{3}$，高为 2 的正四棱锥的体积与一个正方体的体积相等，则该正方体的棱长为（　　）．

A．1　　B．2　　C．3　　D．4

2．已知长方体 $ABCD-A_1B_1C_1D_1$ 的体积是 V，点 P，Q 分别在侧棱 CC_1 和 DD_1 上，且 $CP=D_1Q$，则四棱锥 $A-CPQD$ 的体积是（　　）．

A．$\frac{1}{6}V$　　B．$\frac{1}{4}V$　　C．$\frac{1}{3}V$　　D．$\frac{1}{2}V$

3．某校的学生到工厂实习加工制作铁制六角螺母，如图 7-8 所示，该螺母是一个在正六棱柱中间挖去一个圆柱的几何体，其中正六棱柱的底面边长为$12\ \text{mm}$，圆柱的直径为$10\ \text{mm}$，几何体的高为$10\ \text{mm}$．已知铁的密度是$7.9\ \text{g}/\text{cm}^3$，则该螺母的质量约为（　　）．（参考数据：$\pi\approx3.1$，$\sqrt{3}\approx1.7$）

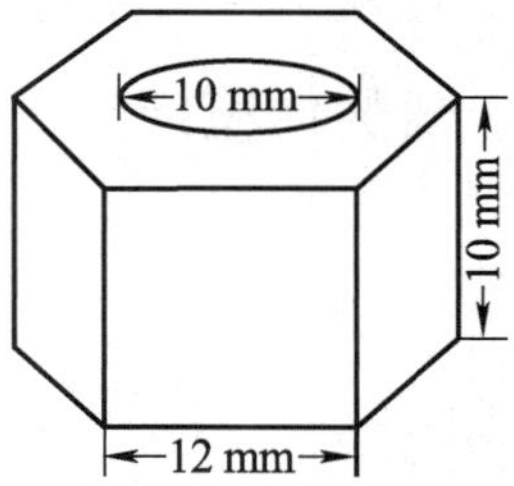

图 7-8

A．11 g　　B．23 g

C．35 g　　D．47 g

4．已知正方体的棱长是 3 cm，则该正方体的表面积是____________cm^2．

5．一个正三棱锥的底面边长为$2\ \text{cm}$，高为$3\ \text{cm}$，则它的体积是____________cm^3．

6．侧棱长和底面边长都为 1 的正三棱锥的体积是____________．

7.2 旋转体

7.2.1 圆柱

基础夯实

1．下列说法不正确的是（　　）．

A．圆柱的母线相互平行且相等　　B．圆柱的侧面展开图是矩形

C．用一个平面截圆柱，截面一定是圆　　D．圆柱的两个底面是半径相等且平行的圆

2．一个高为 6、底面半径为 2 的圆柱体的体积为（　　）．

A．12　　B．24　　C．12π　　D．24π

3．已知圆柱的高为 3，底面积为π，则该圆柱的侧面积为（　　）．

A．3π　　B．6π　　C．8π　　D．12π

4．圆柱有____________条母线．

5．已知圆柱的底面积为4π，高为 3，则该圆柱的体积为____________．

6．已知圆柱的母线为 5，底面周长为4π，求圆柱的体积．

7．要制作一个底面半径为10 cm，高为30 cm的圆柱形无盖铁桶，求所需铁皮的面积及铁桶的体积．（结果保留整数）

8．已知圆柱的轴截面是边长为 4 的正方形，求圆柱的侧面积、表面积和体积．

能力提升

1．若圆柱的轴截面是面积为 4 的正方形，则该圆柱的体积为（　　）．

A．2π　　B．π　　C．4π　　D．3π

2．已知一个圆柱的底面半径为 2，侧面积为8π，则该圆柱的体积为（　　）．

A．4π　　B．6π　　C．8π　　D．12π

3．已知矩形的长为8π，宽为2π，若将该矩形作为侧面卷成圆柱，则该圆柱的底面积为__________．

4．已知圆柱的轴截面是边长为a的正方形，侧面积为36π，求圆柱的体积．

7.2.2　圆锥

基础夯实

1．一个圆锥的母线长为 5，底面半径为 3，则该圆锥的侧面积为（　　）．

A．36π　　B．18π　　C．15π　　D．12π

2．已知圆锥的母线长为 2，底面半径为 1，则圆锥的高为（　　）．

A．1　　B．$\sqrt{3}$　　C．2　　D．3

3．已知圆锥的底面半径为 2，母线与底面所成的角为$60°$，则该圆锥的体积为（　　）．

A．$\frac{4}{3}\pi$　　B．$\frac{4\sqrt{3}\pi}{3}$　　C．$\frac{8\sqrt{3}\pi}{3}$　　D．$\frac{4}{3}\pi$

4．圆锥的轴截面为__________三角形．

5．已知圆柱的体积为9π，则与它等底等高的圆锥的体积为__________．

6．已知圆锥的母线长为 8，母线与轴的夹角为$60°$，则圆锥的高为__________．

7．要制作一顶底面半径为6 cm，高为8 cm的圆锥形生日帽，求所需材料的面积．

8．已知圆锥的底面积为9π，母线为 5，求圆锥的表面积和体积．

9．已知圆锥的轴截面是边长为 2 的等边三角形，求该圆锥的体积．

能力提升

1．若圆锥和圆柱的底面半径均为r，高均为r，则圆锥与圆柱的侧面积之比是（　　）．

A．$\frac{5}{2}$　　B．$\frac{2}{3}$　　C．$\frac{\sqrt{2}}{8}$　　D．$\frac{\sqrt{2}}{2}$

2．已知圆锥的母线长为 3，底面周长为2π，则圆锥的体积为（　　）．

A．$\frac{2\sqrt{2}}{3}\pi$　　B．$\frac{\sqrt{2}}{3}\pi$　　C．$2\sqrt{2}\pi$　　D．π

3．一圆锥的轴截面是边长为 2 的等边三角形，则圆锥的侧面积为__________．

4．已知直角三角形的两条直角边长分别为15 cm和20 cm，以一条直角边为轴旋转一周，求所得旋转体的体积．

7.2.3　球

基础夯实

1．一个球的半径扩大到原来的 5 倍，则其表面积扩大为原来的（　　）倍．

A．25　　B．30　　C．36　　D．40

2．将一个球的体积扩大到原来的 8 倍，则其半径扩大为原来的（　　）倍．

A．$\sqrt[3]{2}$　　B．2　　C．$\sqrt{2}$　　D．$2\sqrt{2}$

3．若两个球的表面积之比是 1∶2，则它们的体积之比是（　　）．

A．1∶2　　B．1∶$\sqrt{2}$　　C．1∶$2\sqrt{2}$　　D．1∶$\sqrt[3]{2}$

4．已知球的体积为36π，则过球面上任意两点的截面圆的最大面积为（　　）．

A．6π　　B．9π　　C．12π　　D．18π

5．已知正方体的全面积为$24\ \text{cm}^2$，内切于该正方体的球的体积为（　　）cm^3．

A．$\frac{64}{3}\pi$　　B．$\frac{32}{3}\pi$　　C．$\frac{8}{3}\pi$　　D．$\frac{4}{3}\pi$

6．正方体的内切球和外接球的半径之比为（　　）．

A．$\sqrt{3}$∶1　　B．1∶$\sqrt{3}$　　C．2∶$\sqrt{3}$　　D．$\sqrt{3}$∶2

7．已知球的半径是 1，则该球的表面积为$S_{球}=$____________，体积为$V_{球}=$____________．

8．若三个球的表面积之比为 1∶2∶3，则它们的体积之比是____________．

9．地球和火星都可近似看作球体，火星的直径约为地球直径的一半，求：

（1）火星与地球的表面积之比；

（2）火星与地球的体积之比．

能力提升

1．平面 α 截球 O 的球面所得圆的半径为 2，球心 O 到平面 α 的距离为 4，则球 O 的体积为（　　）.

A．80π　　B．$160\sqrt{5}\pi$　　C．$\dfrac{160\sqrt{5}}{3}\pi$　　D．$\dfrac{160}{3}\pi$

2．长方体同一顶点上的三条棱长分别是 3，4，5，且它的 8 个顶点都在同一球面上，则这个球的表面积为（　　）.

A．15π　　B．25π　　C．125π　　D．50π

3．将直径分别为 6 cm，8 cm，10 cm 的三个铁球熔化后铸成一个球，不考虑损耗，新铸成的球的半径为（　　）.

A．4 cm　　B．5 cm　　C．6 cm　　D．7 cm

4．一个玩具的下半部分是半径为 3 的半球，上半部分是圆锥，若圆锥母线长为 5，圆锥底面与半球截面密合，则该玩具的体积是____________.

5．一个球的截面圆的面积为 $9\pi\ \text{cm}^2$，球心到截面圆的距离为 4 cm，求这个球的半径和表面积.

6．一个直径为 36 cm 的圆柱形水桶，将一个球全部放入水中，水桶的水面升高了 3 cm，求这个球的半径.

本节测试

1．如图 7-9 所示，高为 5 cm，底面边长为 3 cm 的正四棱柱工件，以它的两底面中心的连线为轴，钻出一个直径为 2 cm 的圆柱形孔，则剩余部分几何体的体积是（　　）cm^3．

A．$45-3\pi$　　B．$45-4\pi$

C．$45-5\pi$　　D．$45-10\pi$

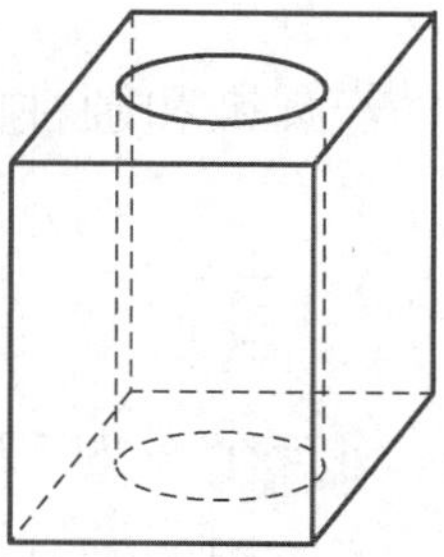

图 7-9

2．若圆锥的轴截面是边长为 4 的正三角形，则该圆锥的体积为（　　）．

A．$\frac{8\sqrt{3}}{3}\pi$　　B．$\frac{\pi}{3}$　　C．π　　D．$\sqrt{3}\pi$

3．若圆柱的轴截面是面积为 4 的正方形，则该圆柱的表面积为（　　）．

A．2π　　B．4π　　C．6π　　D．8π

4．若圆锥的轴截面是面积为 18 的等腰直角三角形，则该圆锥的体积为（　　）．

A．18π　　B．$18\sqrt{2}\pi$　　C．36π　　D．$36\sqrt{2}\pi$

5．若圆柱的轴截面是边长为$2a$的正方形，则该圆柱的侧面积是____________．

6．已知一个圆锥的侧面展开图是半径为 2 的半圆，则该圆锥的底面半径为____________．

7．已知一个圆柱的底面半径为 1，体积为2π，则该圆柱的侧面积为____________．

8．已知圆锥和圆柱的底面半径均为r，高均为$2r$，则该圆锥和圆柱的侧面积之比为__________．

9．一个圆柱的底面直径和高都与一个球的直径相等，那么圆柱与球的体积之比是____________．

10．某圆柱形容器内盛有 8 厘米高的水，若放入 3 个完全相同的球后，水恰好淹没最上面的球，如图 7-10 所示，则一个球的体积为____________．

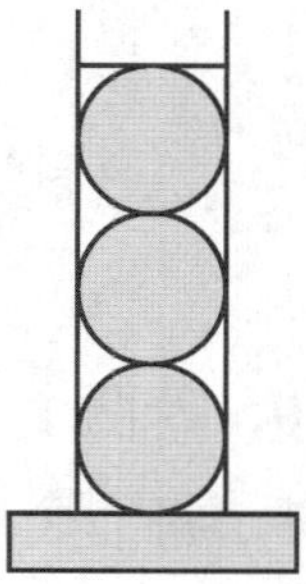

图 7-10

真题实战

1．已知球的直径是 6 cm，则该球的表面积是（　　）．

A．$9\pi\ cm^2$　　B．$36\pi\ cm^2$　　C．$144\pi\ cm^2$　　D．$288\pi\ cm^2$

2．若体积为 8 的正方体的顶点都在同一球面上，则该球的表面积为（　　）．

A．12π　　B．$\frac{32\pi}{3}$　　C．8π　　D．4π

3．若圆锥的轴截面为等腰直角三角形，则它的底面积与侧面积之比是（　　）．

A．$\sqrt{2}:1$　　B．$2:1$　　C．$1:\sqrt{2}$　　D．$1:2$

4．已知圆锥的底面直径与高都是 2，则该圆锥的侧面积为（　　）．

A．4π　　B．$2\sqrt{2}\pi$　　C．$\sqrt{5}\pi$　　D．$\sqrt{3}\pi$

5．若圆锥的侧面展开图是半径为 2 的半圆，则该圆锥的高是（　　）.

A．$\sqrt{3}$　　B．$\frac{\sqrt{3}}{2}$　　C．$\frac{1}{2}$　　D．2

6．若圆锥和圆柱的底面半径均为R，高均为$3R$，则此圆锥和圆柱的侧面积之比是（　　）.

A．$\frac{1}{2}$　　B．$\frac{1}{3}$　　C．$\frac{\sqrt{10}}{8}$　　D．$\frac{\sqrt{10}}{6}$

7．将一个高为 12 cm 的圆锥形容器装满水，然后将水全部倒入一个与它同底等高，且底面水平放置的圆柱形容器中，则圆柱形容器中水面的高度为（　　）.

A．12 cm　　B．6 cm　　C．4 cm　　D．3 cm

8．某粮仓是圆柱和圆锥的组合体，如图 7-11 所示，已知圆柱的直径为 6 m，高为 3 m，圆锥的高为 1 m，则粮仓的容积为（　　）.

A．$20\pi\ m^3$　　B．$30\pi\ m^3$　　C．$40\pi\ m^3$　　D．$50\pi\ m^3$

9．将如图 7-12 所示的直角梯形 $ABCD$ 绕 AB 所在的直线旋转一周，由此形成的几何体的体积是（　　）.

A．96　　B．128　　C．96π　　D．128π

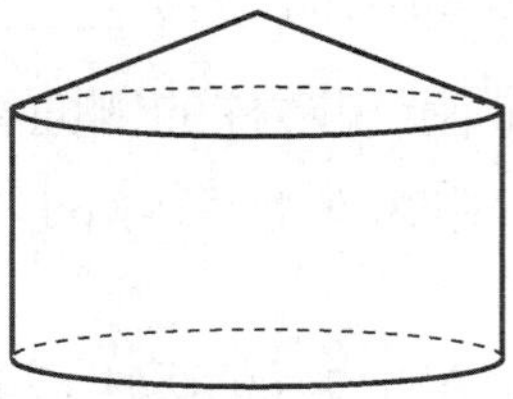

图 7-11

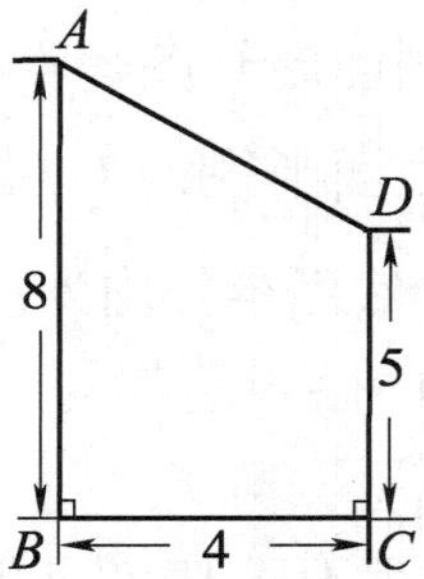

图 7-12

10．若两个球的体积之比为 8∶27，则这两个球的表面积之比为__________.

11．将一个球的体积扩大到原来的 2 倍，则它的半径变为原来的__________倍.

12．圆柱的轴截面是边长为 3 的正方形，则圆柱的体积等于__________.

13．已知圆锥的母线长为5，高为3，则该圆锥的体积为__________.

14．圆锥的母线长为 4，侧面积是底面面积的 2 倍，则圆锥的高为__________.

15．圆锥的轴截面是面积为$36\sqrt{3}$ 的等边三角形，则圆锥的体积为__________.

16．直角边长为 1 的等腰直角三角形，以斜边为旋转轴，旋转一周所得几何体的体积为__________.

7.3　简单几何体的三视图

基础夯实

1．下列说法正确的是（　　）．

A．圆柱的俯视图是一个圆

B．球的三视图总是三个全等的圆

C．圆锥的俯视图是一个圆

D．正方体的三视图总是三个全等的正方形

2．下列几何体中，左视图为圆的是（　　）．

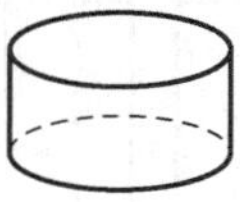
A

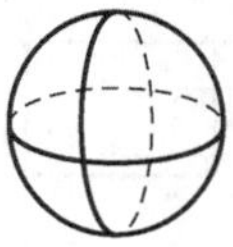
B

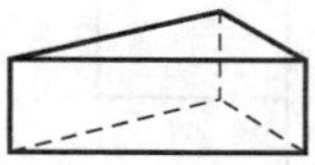
C

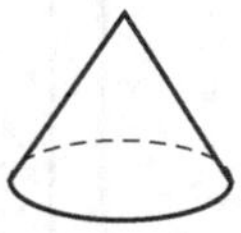
D

3．如图 7-13 所示，该几何体的左视图为（　　）．

图7-13

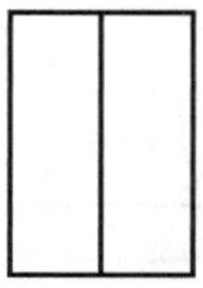
A

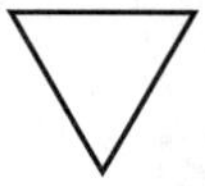
B

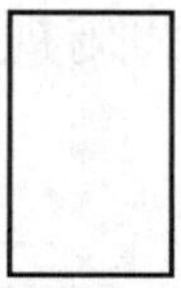
C

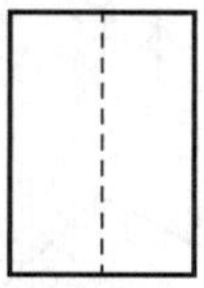
D

4．已知以下几何体：① 球；② 四棱锥；③ 圆锥；④ 三棱柱；⑤ 四棱柱；⑥ 圆柱．其中左视图为三角形的是__________．

5．如图 7-14 所示，一个空间几何体的主视图、左视图、俯视图为全等的等腰直角三角形，那么这个几何体为__________．

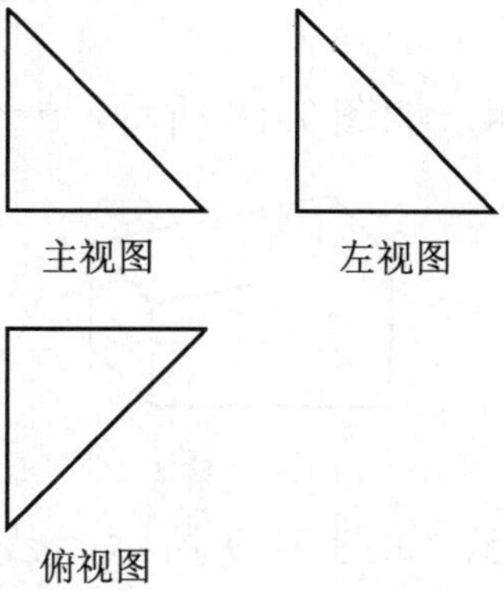

图 7-14

6．请画出图 7-15 所示几何体的三视图．

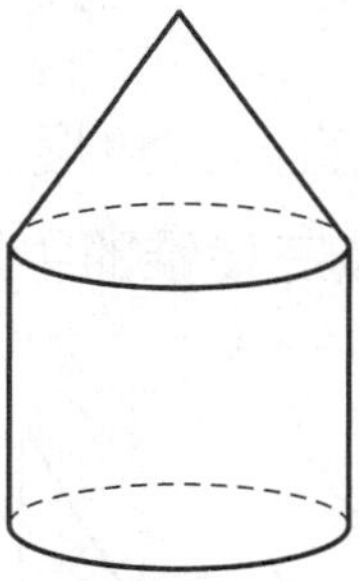
图 7-15

能力提升

1．如图 7-16 所示，一个放在水平桌面上的半球体，该几何体的三视图中完全相同的是（　　）．

A．主视图和左视图

B．主视图和俯视图

C．左视图和俯视图

D．主视图、左视图和俯视图

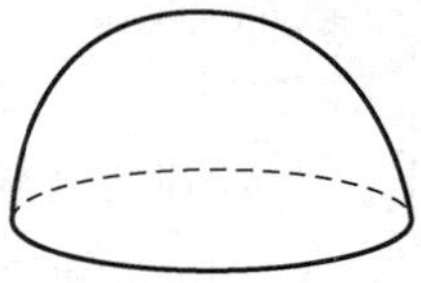

图 7-16

2．一个长方体去掉一个小长方体，所得几何体的主视图与左视图如图 7-17 所示，则该几何体的俯视图是（　　）．

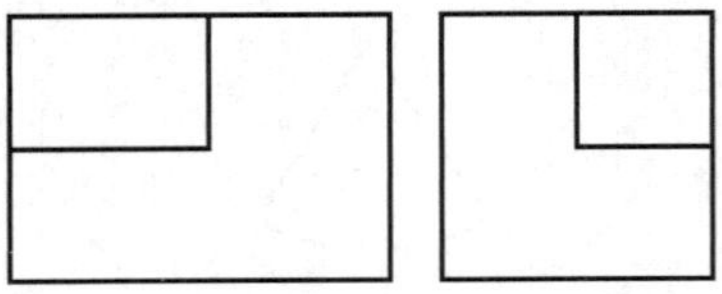

主视图　　左视图

图7-17

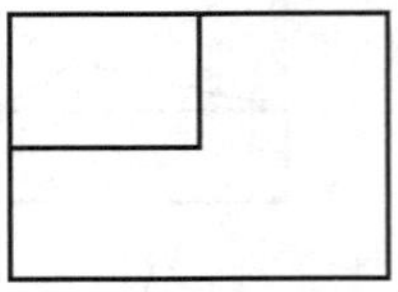

A

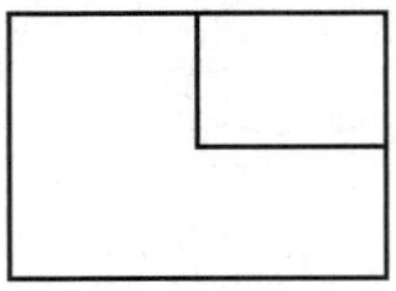

B

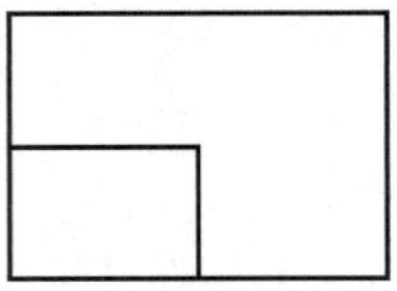

C

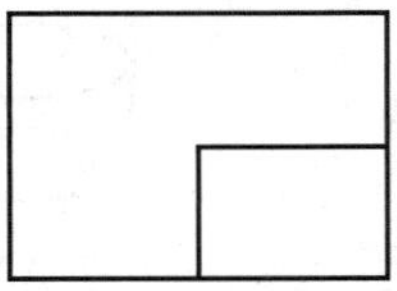

D

3．下列几何体中，主视图和俯视图都为矩形的是（　　）．

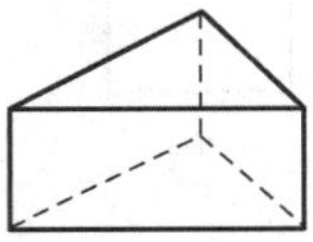

A

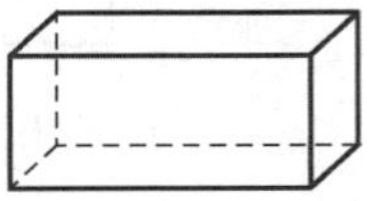

B

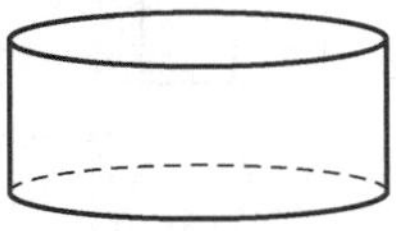

C

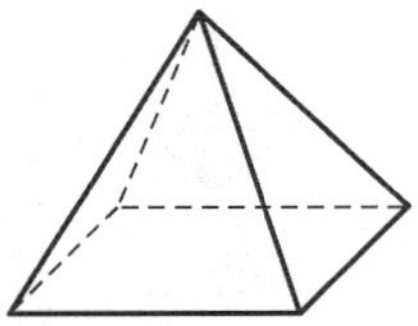

D

4．如图 7-18 所示，一个由长方体截去一部分后得到的几何体水平放置，其俯视图为（　　）．

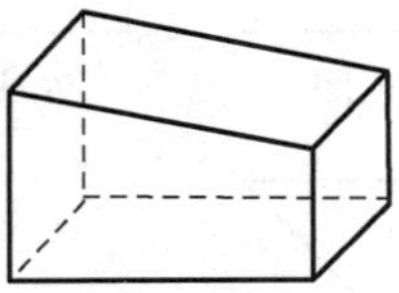

图7-18

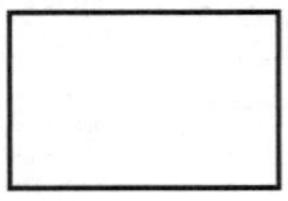

A

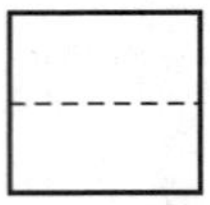

B

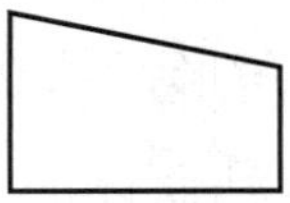

C

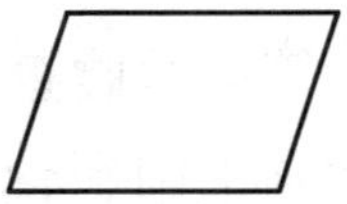

D

5．如图 7-19 所示，已知三棱锥的底面是直角三角形，直角边长分别为 3 和 4，三棱锥过直角顶点且垂直于底面的侧棱长为 4，则该三棱锥的主视图是（　　）．

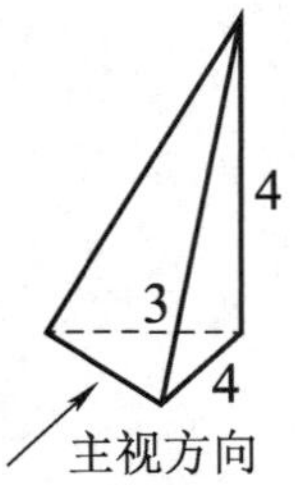

图7-19

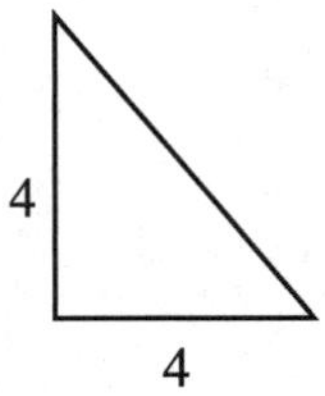

A

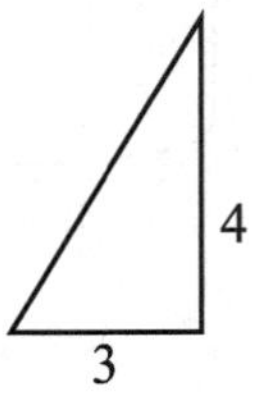

B

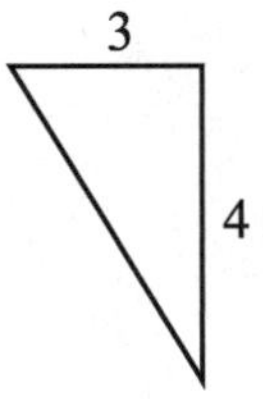

C

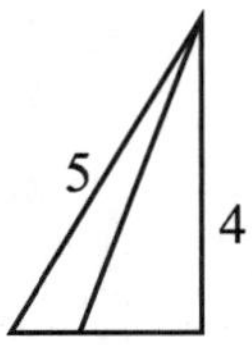

D

6．一个四棱锥的三视图如图 7-20 所示，则该四棱锥的直观图是（　　）.

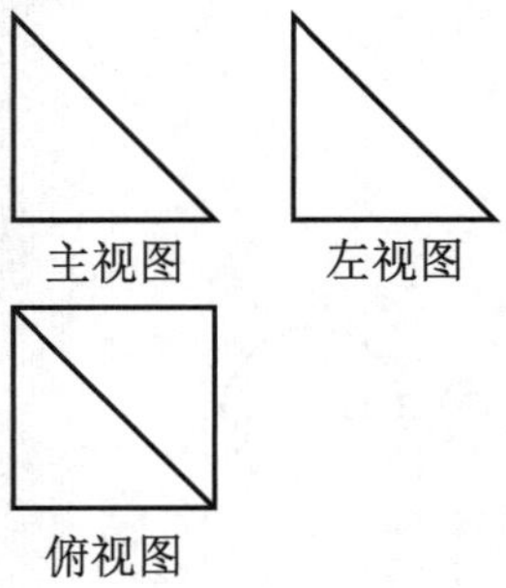

图7-20

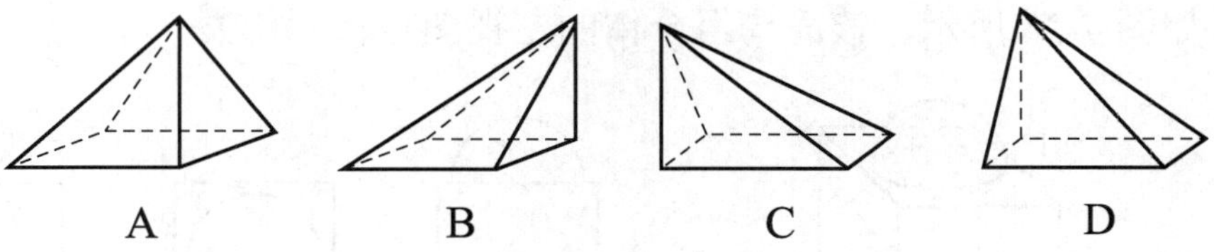

7．一个正三棱柱的三视图如图 7-21 所示，求该正三棱柱的表面积.

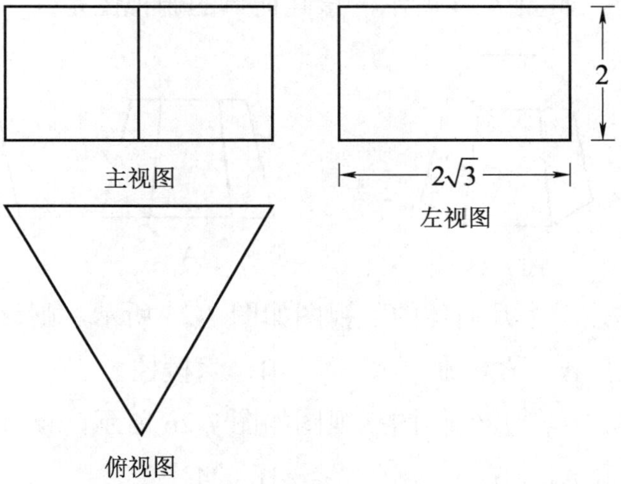

图 7-21

8．一个直三棱柱的三视图如图 7-22 所示，求该直三棱柱的表面积.

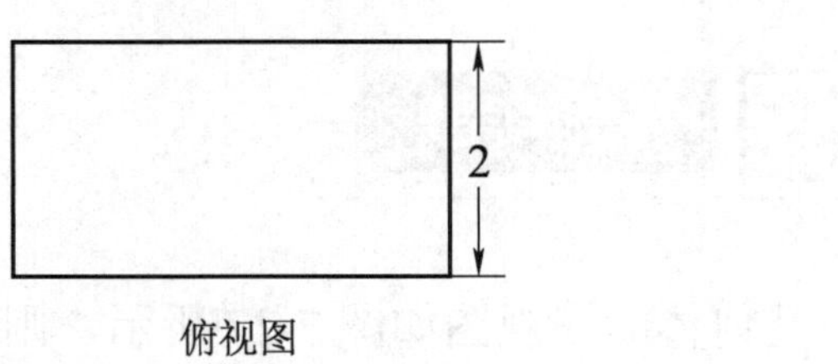

图 7-22

本节测试

1．如图 7-23 所示，该简单组合体的左视图是（　　）.

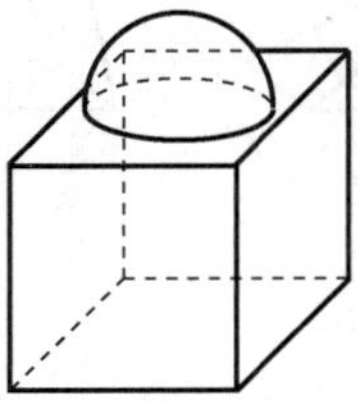
图7-23

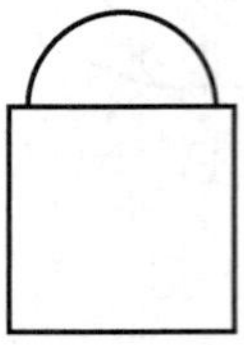
A

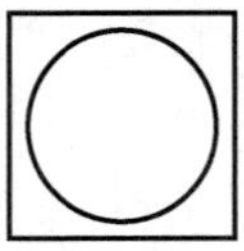
B

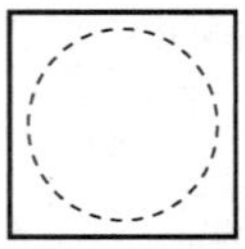
C

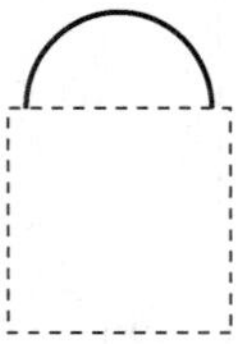
D

2．如图 7-24 所示，该几何体的俯视图是（　　）.

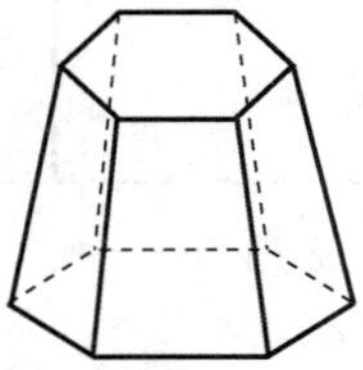
图7-24

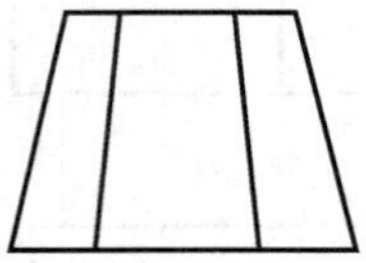
A

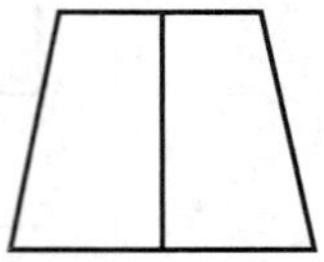
B

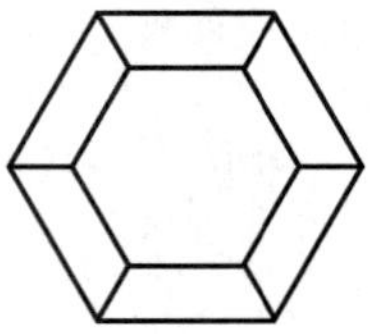
C

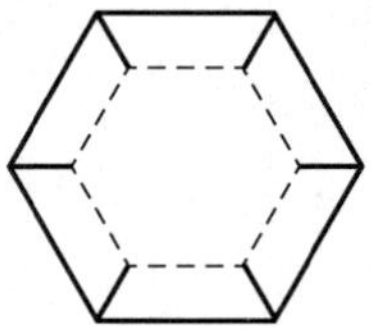
D

3．一个几何体的三视图如图 7-25 所示，则该几何体是（　　）.

A．六棱锥　　B．六棱柱　　C．四棱锥　　D．四棱柱

4．一个几何体的三视图如图 7-26 所示，该几何体的体积为（　　）.

A．16　　B．24　　C．40　　D．48

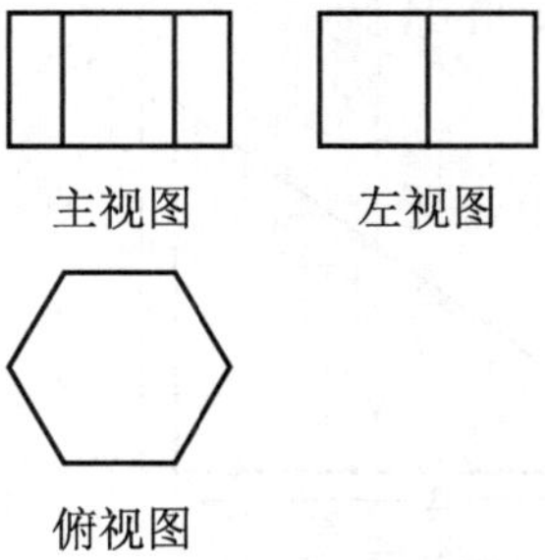

图 7-25

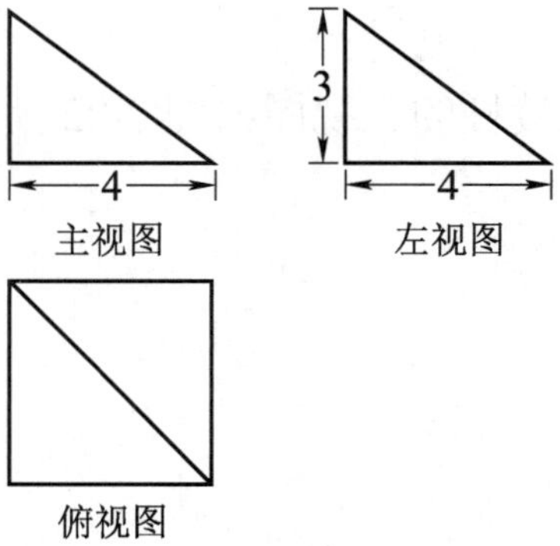

图 7-26

真题实战

1．几何体的三视图如图 7-27 所示，则该几何体的形状是（　　）.

A．棱柱

B．圆柱

C．棱锥

D．圆锥

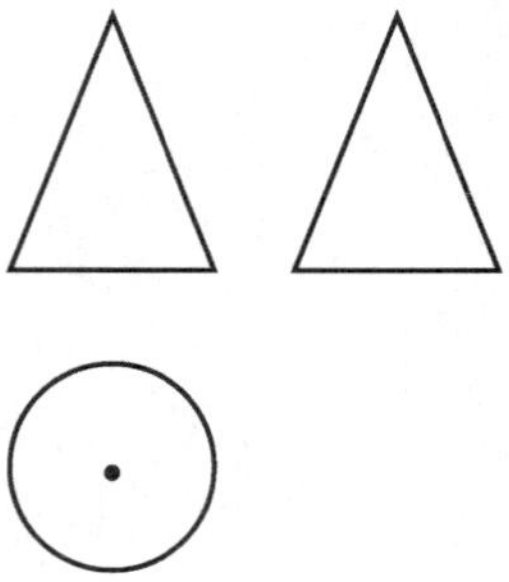
图 7-27

2．如图 7-28 所示，上下两个正四棱柱的底面边长之比是1∶2，则该组合体三视图中的俯视图是（　　）.

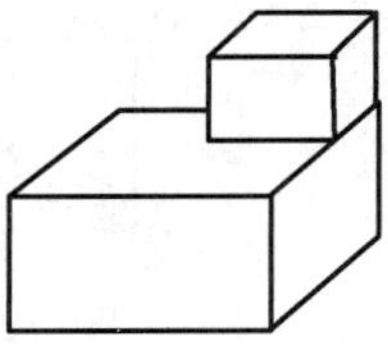

图7-28

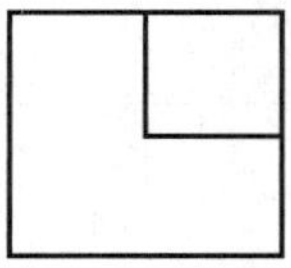

A

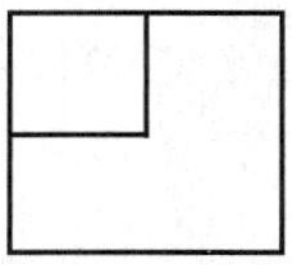

B

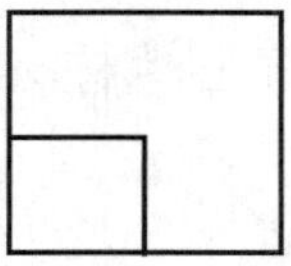

C

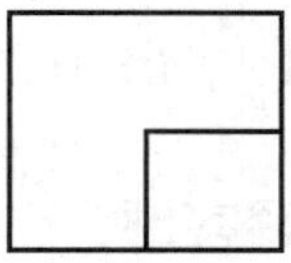

D

本章测试

一、单项选择题

1．下列说法不正确的是（　　）.

A．直棱柱的侧棱就是直棱柱的高

B．有一个侧面是矩形的棱柱是直棱柱

C．直棱柱的侧面是矩形

D．有一条侧棱垂直于底面的棱柱是直棱柱

2．已知正四棱锥的侧面是正三角形，斜高为$\sqrt{3}$，则该正四棱锥的体积为（　　）.

A．$\dfrac{4\sqrt{2}}{3}$　　B．$\dfrac{4}{3}$　　C．$\dfrac{8\sqrt{2}}{3}$　　D．$\dfrac{8}{3}$

3．已知圆锥的全面积为32π，母线长为底面半径的 3 倍，则该圆锥的侧面积为（　　）.

A．16π　　B．18π　　C．24π　　D．32π

4．已知一平面截球O的球面所得圆的半径为 1，球心O到平面的距离为$\sqrt{2}$，则球O的表面积和体积分别为（　　）.

A．8π，4π　　B．8π，$4\sqrt{3}\pi$　　C．12π，4π　　D．12π，$4\sqrt{3}\pi$

5．已知一个几何体的三视图如图 7-29 所示，则该几何体的体积为（　　）.

A．3π　　B．8π

C．12π　　D．14π

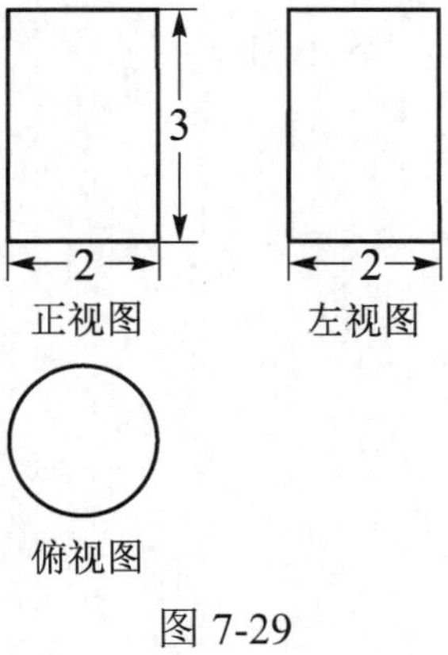

图 7-29

二、填空题

6．已知一个正三棱柱的底面边长为2，高为6，则这个正三棱柱的侧面积为__________.

7．已知正四棱锥的底面边长为$2\sqrt{2}$，体积为 8，则该正四棱锥的侧面积为__________.

8．一个玩具的下半部分是半径为2的半球，上半部分是圆锥．如果圆锥母线长为4，圆锥底面与半球截面密合，则玩具的表面积为__________.

9．已知圆锥的侧面积为 2π，且它的侧面展开图是一个半圆，则该圆锥的底面半径为__________，体积为__________.

10．如图 7-30 所示，在直三棱柱 $ABC-A_1B_1C_1$ 中，$AB\perp AC$，$AB=3$，$AC=1$，$AA_1=2$，则直三棱柱 $ABC-A_1B_1C_1$ 的体积为__________.

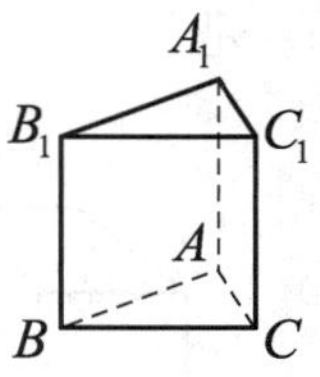

图 7-30

三、解答题

11．已知正四棱锥的底面边长为 6，高与斜高的夹角为 30°．求：

（1）该正四棱锥的侧面积和全面积；

（2）该正四棱锥的体积.

12．一个三角形的两直角边的边长分别为 15 和 20，求以它的斜边为旋转轴旋转一周所得几何体的表面积.

13．将一个大球熔化后，铸成直径是大球直径的 $\frac{1}{6}$ 的小球，若不考虑损耗，则可铸成多少个小球？

第 8 章 概率与统计初步

8.1 随机事件

8.1.1 随机事件的概念

基础夯实

1．下列事件中，为不可能事件的是（　　）.

A．向上抛一石块，石块会自由落体　　B．若 $a>b$，则 $a-b>0$

C．投掷一枚骰子，点数小于 1　　D．某电话机在 1 分钟内收到 2 次呼叫

2．下列事件是随机事件的是（　　）.

A．明天是晴天　　B．三角形的内角和大于180°

C．菱形的两组对边相互平行　　D．若 $a>b$，则 $ac^2>bc^2\ (c\neq 0)$

3．下列事件中，为必然事件的是（　　）.

A．明天会下雨　　B．太阳东升西落　　C．守株待兔　　D．长生不老

4．必然事件用________表示，不可能事件用________表示.

5．同时投掷两枚大小相同、质地均匀的骰子，事件“点数之和为 13”为________.（选填“必然事件”“随机事件”“不可能事件”）

6．从含有 6 件次品的 50 件产品中任取 4 件，观察抽到的次品数，则这个随机事件的样本空间为________，事件 $A=\{1\}$ 的实际含义为________.

7．先后掷 3 枚硬币，观察这 3 枚硬币出现的是正面还是反面.

（1）写出这个试验的样本空间；

（2）用集合表示事件 A“恰有两枚硬币正面向上”.

能力提升

1．给出下列 4 个事件：① 抛一枚硬币，反面向上；② 掷两枚骰子，出现的点数之和为 10；③ 太阳从东边升起；④ 2049 年 10 月 1 日是晴天．其中，随机事件的个数为（　　）．

A．1　　B．2　　C．3　　D．4

2．在 10 件同类产品中，有 8 件正品和 2 件次品．若从 10 件产品中任意抽取 3 件，则下列事件为必然事件的是（　　）．

A．3 件都是正品　　B．至少有 1 件是正品

C．3 件都是次品　　D．至少有 1 件是次品

3．已知事件 $A=\{0,1,2\}$，$B=\{-1,0\}$，从事件 A，B 中各取一个元素分别作为点的横坐标和纵坐标，则该试验的样本空间 $\Omega=$________________．

4．先后投掷两枚大小相同、质地均匀的骰子，记事件 $A=\{$所得点数之和小于5$\}$，则事件 A 包含的样本点数为__________个．

5．同时投掷两枚大小相同、质地均匀的骰子，将两枚骰子的点数相加，指出下列事件中的必然事件、不可能事件和随机事件．

（1）和等于 1；　（2）和大于 1；　（3）和等于 6；　（4）和等于 12；

（5）和大于 12；　（6）和小于 13；　（7）和不小于 2；　（8）和不大于 12．

6．某商场举行购物抽奖活动，顾客需从装有编号为 0，1，2，3 的四个小球的抽奖箱中，每次抽取一个球记下编号后放回，连续抽取两次．若取出的两个小球的编号之和为6，则中一等奖；若取出的两个小球的编号之和为5，则中二等奖；若取出的两个小球的编号之和为4或3，则中三等奖．

（1）写出所有抽奖可能的结果的样本空间 Ω；

（2）设事件 A 为“抽中三等奖”，事件 B 为“中奖”，试用集合表示事件 A 和事件 B．

8.1.2　频率与概率

基础夯实

1．下列说法中，正确的是（　　）.

A．概率与试验次数有关　　B．在试验前无法确定概率

C．频率与试验次数无关　　D．频率是在试验后得到的

2．下列说法错误的是（　　）.

A．频率反映事件发生的频繁程度，概率反映事件发生的可能性大小

B．做 n 次随机试验，若事件 A 发生 m 次，则 A 发生的频率 $\frac{m}{n}$ 就是 A 发生的概率

C．频率是不能脱离 n 次试验的试验值，而概率是具有确定性的、不依赖于试验次数的理论值

D．频率是概率的近似值，概率是频率的稳定值

3．在 n 次重复试验中，事件 A 发生的频率为 $\frac{m}{n}$，当 n 很大时，事件 A 发生的概率 $P(A)$ 与 $\frac{m}{n}$ 的关系为__________.

4．如果在某随机试验中，事件 A 发生的频率为 0.02，且事件 A 出现了 10 次，那么可能共进行了__________次试验.

5．抛掷一枚质地均匀的硬币，结果如表 8-1 所示.

表 8-1

抛掷次数	10	20	50	100	200
正面向上的次数	4	9	25	49	101
正面向上的频率					

（1）计算正面向上的频率；（结果保留到小数点后 3 位）

（2）求抛掷硬币正面向上的概率.

能力提升

1．抛掷一枚质地均匀的硬币 100 次，正面向上的次数为 48 次，则下列说法正确的是（　　）．

A．正面向上的概率为0.48　　B．反面向上的概率为0.48

C．正面向上的频率为0.48　　D．反面向上的频率为0.48

2．某活动的中奖概率为$\frac{1}{100}$，若前 50 位观众都未中奖，则第 51 位观众中奖的概率为（　　）．

A．$\frac{1}{50}$　　B．$\frac{1}{100}$　　C．$\frac{1}{2}$　　D．$\frac{1}{51}$

3．已知使用一剂某种药物治愈某种疾病的概率为80%，则下列说法正确的是（　　）．

A．如果有 100 位患这种疾病的病人都使用一剂该药物，那么会有 80 个人被治愈

B．如果有一位患这种疾病的病人使用两剂该药物，那么他一定会被治愈

C．使用一剂该药物治愈这种疾病的可能性为80%

D．以上说法都不正确

4．从标有数字 1，3，4 的号签中，任意抽取两个，抽出后将号签上的数字相乘，在 10 次试验中，标有 1 的号签被抽中 4 次，那么出现乘积结果为“12”的频率为（　　）．

A．$\frac{2}{5}$　　B．$\frac{7}{10}$　　C．$\frac{3}{5}$　　D．$\frac{1}{5}$

5．将一枚质地均匀的硬币连续抛掷了 1 000 次，其中有 496 次正面向上，504 次反面向上，则可以认为抛掷一枚硬币，正面向上的概率为__________．

6．在相同的条件下，对某品种的油菜籽进行发芽试验，结果如表 8-2 所示．

表 8-2

种子数	5	10	70	130	700	1 500	2 000	3 000
发芽数	4	9	60	116	637	1 370	1 786	2 715
发芽频率								

（1）计算发芽频率，并填入表 8-2 中；（结果保留到小数点后 3 位）

（2）求种子发芽的概率．

本节测试

1．下列说法正确的是（　　）．

A．事件发生的概率 $0<P(A)<1$　　B．不可能事件发生的概率不一定是 0

C．必然事件发生的概率是 1　　D．频率就是概率

2．已知箱子里有大小、形状完全相同的 5 张红色卡片和 2 张蓝色卡片，从中任取 3 张，则下列判断错误的是（　　）．

A．事件“都是红色卡片”为随机事件

B．事件“都是蓝色卡片”为不可能事件

C．事件“至少有一张蓝色卡片”为必然事件

D．事件“有 1 张红色卡片和 2 张蓝色卡片”为随机事件

3．现有5名男生和3名女生共8名学生，从中随机选出4名学生，设事件 $A=\{4$ 名都是女生$\}$，事件 $B=\{4$ 名都是男生$\}$，事件 $C=\{$至少有 1 名女生$\}$，事件 $D=\{$至少有 1 名男生$\}$．其中，事件_________为不可能事件，事件_________为必然事件．

4．某工厂对生产的一批产品进行抽检，结果如表 8-3 所示．

表 8-3

抽检批次	1	2	3	4	5
抽检产品数	50	100	200	300	500
合格产品数	47	92	192	285	478
出现合格产品的频率					

（1）计算抽检结果中出现合格产品的频率，并填入表 8-3 中；（结果保留到小数点后 3 位）

（2）若要从该厂生产的这批产品中抽检到 950 件合格产品，大约需要抽检多少件产品？

真题实战

一个事件发生的概率不可能是（　　）．

A．0　　B．$\frac{7}{36}$　　C．1　　D．$\frac{3}{2}$

8.2 古典概型

基础夯实

1．投掷一枚质地均匀的骰子，则结果为 3 的概率为（　　）．

A．$\frac{1}{2}$　　B．$\frac{1}{4}$　　C．$\frac{1}{5}$　　D．$\frac{1}{6}$

2．箱子中放有 6 张黑色卡片和 4 张白色卡片，从中任取一张，恰好取到黑色卡片的概率为（　　）．

A．$\frac{1}{6}$　　B．$\frac{1}{3}$　　C．$\frac{2}{5}$　　D．$\frac{3}{5}$

3．从 2，3，5，7 中任取一个数为奇数的概率为（　　）．

A．$\frac{1}{4}$　　B．$\frac{3}{4}$　　C．$\frac{1}{2}$　　D．$\frac{1}{3}$

4．将一枚硬币连掷两次，则至少有一次正面向上的概率为（　　）．

A．$\frac{3}{4}$　　B．$\frac{2}{3}$　　C．$\frac{1}{2}$　　D．$\frac{1}{3}$

5．古典概型的两个特征为__________和__________．

能力提升

1．某同学有红、黄、蓝、绿、紫 5 种颜色的彩笔，这些彩笔除颜色外无差别．从这 5 支彩笔中任取 2 支，取到红色彩笔的概率为（　　）．

A．$\frac{4}{5}$　　B．$\frac{3}{5}$　　C．$\frac{2}{5}$　　D．$\frac{1}{5}$

2．甲、乙、丙三人坐在一排，甲和乙相邻的概率为（　　）．

A．$\frac{1}{4}$　　B．$\frac{1}{3}$　　C．$\frac{1}{2}$　　D．$\frac{2}{3}$

3．从分别标有 1，2，3 的 3 张卡片中随机抽取 1 张，放回后再随机抽取 1 张，则抽得第二张卡片上的数字大于第一张卡片上的数字的概率为（　　）．

A．$\frac{1}{9}$　　B．$\frac{1}{3}$　　C．$\frac{4}{9}$　　D．$\frac{2}{3}$

4．有两个兴趣小组，甲、乙两位同学想各自加入一个小组，每位同学加入各小组的可能性相同，则这两位同学加入同一个兴趣小组的概率为（　　）．

A．$\frac{1}{3}$　　B．$\frac{1}{2}$　　C．$\frac{2}{3}$　　D．$\frac{3}{4}$

5．某校图书馆的书架上随机摆放着编号为 1，2，3，4，5 的 5 本历史书，若某同学从中任选 2 本，则选出的 2 本书编号相连的概率为（　　）.

A．$\frac{1}{4}$　　B．$\frac{2}{5}$　　C．$\frac{1}{3}$　　D．$\frac{1}{2}$

6．抛掷一枚质地均匀的硬币 3 次，有且仅有 2 次正面向上的概率为（　　）.

A．$\frac{1}{8}$　　B．$\frac{1}{4}$　　C．$\frac{1}{3}$　　D．$\frac{3}{8}$

7．从数字 1，2，3，4 中任取 2 个不同的数字组成一个两位数，则这个两位数大于 40 的概率为__________.

8．投掷两枚质地均匀的骰子，求：

（1）两枚骰子的点数之和为 12 的概率；

（2）两枚骰子的点数之和小于 6 的概率.

本节测试

1．下列事件为随机事件的是（　　）.

A．在常温常压状态下，铁块熔化　　B．若 $a>b$，则 $ac>bc$

C．没有水分，种子会发芽　　D．锐角三角形中，两内角的和大于 $90°$

2．若采用简单随机抽样的方法从含有 8 个个体的总体中抽取一个容量为 4 的样本，则个体 a 被抽到的概率为（　　）.

A．$\frac{1}{2}$　　B．$\frac{1}{3}$　　C．$\frac{1}{4}$　　D．$\frac{1}{8}$

3．现有编号为 1，2，3，4 的四封邮件，要发送给三个不同的邮箱，且每个邮箱都要收到邮件，则 1 号和 2 号邮件发送给同一邮箱的概率是__________.

4．有 2 本不同的漫画书和 3 本不同的教材，现从中任取 2 本书．求：

（1）不同的取法有多少种？

（2）取到的 2 本书都是教材的概率.

真题实战

1. 若连续两次掷骰子得到的点数分别为m，n，则$m+n=6$的概率为（　　）.

A. $\frac{1}{9}$　　B. $\frac{5}{36}$　　C. $\frac{1}{6}$　　D. $\frac{7}{36}$

2. 一副扑克牌共有54张，从中任意抽取一张，恰好抽到红桃的概率为（　　）.

A. $\frac{1}{4}$　　B. $\frac{1}{13}$　　C. $\frac{13}{54}$　　D. $\frac{1}{54}$

3. 书架上有3本科技杂志和5本文艺杂志，一名学生从中任取一本阅读，他取到文艺杂志的概率为（　　）.

A. $\frac{1}{3}$　　B. $\frac{1}{5}$　　C. $\frac{1}{8}$　　D. $\frac{5}{8}$

4. 投掷两枚骰子，“落点数之和为9”的概率为（　　）.

A. $\frac{1}{2}$　　B. $\frac{1}{3}$　　C. $\frac{1}{6}$　　D. $\frac{1}{9}$

5. 已知100张奖券中共有2张一等奖、5张二等奖、10张三等奖，现从中任取一张，则中奖概率为（　　）.

A. $\frac{1}{10\,000}$　　B. $\frac{1}{50}$　　C. $\frac{3}{100}$　　D. $\frac{17}{100}$

6. 掷两枚骰子（六面分别标有1至6的点数）一次，掷出点数的和小于5的概率为（　　）.

A. $\frac{1}{6}$　　B. $\frac{1}{8}$　　C. $\frac{1}{9}$　　D. $\frac{5}{18}$

7. 从编号为1，2，3，4，5的5张卡片中，随机抽取出2张，取出的2张卡片编号之和为7的概率为____________.

8. 中国数学家陈景润在哥德巴赫猜想的研究中取得了显著的成果．哥德巴赫猜想的常见表述为“任一大于2的偶数都可以表示为两个素数的和”，如$4=2+2$，$6=3+3$，$8=3+5$，$10=3+7$，…现从5，7，11，13这四个素数中：

（1）随机取一个数，这个数大于6的概率为__________；

（2）随机取两个不同的数，这两个数的和不等于18的概率为__________.

8.3 概率的简单性质

基础夯实

1．从装有 5 个红球和 5 个白球的罐子里任取 2 球，下列两个事件不是互斥事件的是（　　）.

A．“至少有一个红球”和“至少有一个白球”

B．“恰有一个红球”和“都是白球”

C．“至少有一个红球”和“都是白球”

D．“至多有一个红球”和“都是红球”

2．现有语文、数学、英语、物理、化学共 5 本书，从中任取 1 本，取到物理书或化学书的概率为（　　）.

A．$\frac{1}{5}$　　B．$\frac{2}{5}$　　C．$\frac{3}{5}$　　D．$\frac{4}{5}$

3．已知事件 A，B 为互斥事件，且 $P(A)=0.5$，$P(B)=0.3$，则 $P(A\cup B)=$__________.

4．甲、乙两人进行象棋比赛，甲获胜的概率为 0.4，两人下成和棋的概率为 0.2，则甲不输的概率为________.

5．某射击队员射击一次，命中各环数的概率如表 8-4 所示.

表 8-4

命中环数	10	9	8	7
概　率	0.28	0.30	0.22	0.08

若该队员射击一次，求：

（1）命中 9 环或 10 环的概率；

（2）至少命中 8 环的概率.

6．某人去外地开会，他乘高铁、轮船、汽车、飞机的概率分别为 0.4，0.1，0.2，0.3，求：

（1）他乘高铁或飞机的概率；

（2）他不乘轮船的概率.

能力提升

1．围棋盒子中有多粒黑子和白子，已知取出 2 粒棋子都是黑子的概率为$\frac{1}{7}$，取出 2 粒棋子都是白子的概率为$\frac{12}{35}$，则任意取出 2 粒棋子恰好是同一颜色的概率为（　　）.

A．$\frac{2}{7}$　　B．$\frac{17}{35}$　　C．$\frac{23}{35}$　　D．$\frac{6}{7}$

2．一人连续抛掷硬币两次，则与事件“至少有一次为正面”为互斥事件的是（　　）.

A．至多有一次为正面　　B．两次均为正面

C．只有一次为正面　　D．两次均为反面

3．已知事件 A，B 为互斥事件，且 $P(A\cup B)=0.8$，$P(A)=3P(B)$，则 $P(A)=$（　　）.

A．0.4　　B．0.6　　C．0.8　　D．0.2

4．某校高一年级派甲、乙、丙三个班参加学校组织的拔河比赛，已知甲、乙、丙三个班获得冠军的概率分别为$\frac{1}{6}$，$\frac{1}{12}$，$\frac{1}{4}$，则该年级在拔河比赛中获得冠军的概率为（　　）.

A．$\frac{1}{6}$　　B．$\frac{1}{3}$　　C．$\frac{1}{2}$　　D．$\frac{1}{4}$

5．某产品分甲、乙、丙三级，其中甲级产品属正品，乙、丙两级产品均属次品，若生产中出现乙级产品的概率为 0.02，出现丙级产品的概率为 0.01，则抽查一件成品，恰好是正品的概率为____________.

6．某射击运动员在一次射击训练中，命中 10 环的概率为 0.75，则他命中环数小于 10 的概率为___________.

7．某工厂生产甲、乙、丙 3 种型号的产品，且这 3 种产品的产量之比为2∶3∶4，现从所有产品中随机抽取 1 件，求：

（1）抽到的是甲或乙型号产品的概率；

（2）抽到的不是甲型号产品的概率.

本节测试

1．下列各组事件中，不是互斥事件的是（　　）．

A．一位运动员进行一次射击，“命中环数大于 8”与“命中环数小于 6”

B．统计一个班的数学成绩，“平均分不低于 90 分”与“平均分不高于 90 分”

C．播种 100 粒菜籽，“发芽 90 粒”与“发芽 80 粒”

D．检验某种产品，“合格率高于 70%”与“合格率低于 70%”

2．已知袋中装有3个黑球、4个白球，从中任取4个球，则下列事件中，是互斥事件但不是对立事件的是（　　）．

A．“至少有1个白球”和“至少有1个黑球”

B．“至少有2个白球”和“恰有3个黑球”

C．“至少有1个黑球”和“全是白球”

D．“恰有1个白球”和“至多有1个黑球”

3．箱子内装有一些大小相同的红球、白球和黑球，从中摸出 1 个球，已知摸出红球的概率为 0.38，摸出白球的概率为 0.34，则摸出黑球的概率为（　　）．

A．0.42　　B．0.28　　C．0.36　　D．0.62

4．甲、乙两人下棋，两人下成和棋的概率为 0.5，乙获胜的概率为 0.3，则甲获胜的概率为__________．

5．现有 20 张奖券，其中一等奖 1 张，二等奖 2 张，三等奖 5 张．设 A 表示事件“中一等奖”，B 表示事件“中二等奖”，C 表示事件“中三等奖”，则中奖的概率为__________．

真题实战

1．从一副不包含大王、小王，且黑桃、红桃、方块、梅花四种花色齐全的 52 张扑克牌中随机抽取一张，则：

（1）抽到黑桃牌的概率为__________；

（2）抽到黑桃牌或红桃牌的概率为__________．

2．在射击比赛中，已知某运动员射中 9 环的概率为 0.48，射中 9 环以下的概率为 0.28，则该运动员在一次射击中：

（1）射中 10 环以下的概率为__________；

（2）射中 10 环的概率为__________．

8.4 抽样方法

8.4.1 简单随机抽样

基础夯实

1．下列抽样方法是简单随机抽样的是（　　）.

A．某医院从 200 名医生中，挑选出 50 名优秀的医生参加最美医师评选活动

B．在平面直角坐标系中随机选取 10 个点

C．从 10 台手机中逐个有放回地随机抽取 2 台进行质量检验

D．某饮料公司从仓库中的 500 箱饮料中逐个抽取 10 箱饮料进行质量检查

2．为了解某地区高一年级 7 000 名学生的体重情况，从中抽查了 500 名学生的体重，则下列说法正确的是（　　）.

A．7 000 名学生是总体　　　　B．每名学生是个体

C．500 名学生是抽取的一个样本　　　　D．样本容量是 500

3．在简单随机抽样中，某一个个体被抽到的可能性（　　）.

A．与第 n 次抽样有关，第一次被抽到的可能性最大

B．与第 n 次抽样有关，第一次被抽到的可能性最小

C．与第 n 次抽样无关，每一次被抽到的可能性都相等

D．与第 n 次抽样无关，与被抽到的 n 个样本有关

4．某校为了解该校高二学生的视力情况，从高二年级的 582 名学生中抽取了 100 名进行检测．请指出该试验的总体、个体、样本和样本容量.

5．从某水站生产的 100 桶饮用水中采用抽签法随机抽取 5 桶饮用水进行检验，应该如何设计抽样方案？

能力提升

1．为了解一批钢管的内径，从中随机抽取一根，测量其内径．关于该试验中的总体与个体，下列说法正确的是（　　）.

A．总体是这批钢管，个体是每根钢管的内径

B．总体是这批钢管的内径，个体是被抽取的钢管的内径

C．总体是这批钢管的内径，个体是每根钢管的内径

D．总体是任何一个随机变量，个体是钢管

2．关于简单随机抽样，下列说法正确的是（　　）.

① 它要求被抽取的总体的个数有限；② 它是从总体中逐个进行抽取；③ 它是一种不放回抽样；④ 它是一种等可能性抽样.

A．①②③④　　B．③④　　C．①②③　　D．①③④

3．采用简单随机抽样从含有 8 个个体的总体中抽取一个容量为 4 的样本，个体甲被抽到的概率为（　　）.

A．$\frac{1}{2}$　　B．$\frac{1}{3}$　　C．$\frac{1}{4}$　　D．$\frac{1}{8}$

4．某县想要了解全县 60 000 户居民的月用水量，若采用合适的抽样方法抽取 300 户居民进行调查，得到其月用水量的平均数为 10.5 吨，则可以推测全县居民月用水量的平均数（　　）.

A．一定为 10.5 吨　　B．高于 10.5 吨　　C．低于 10.5 吨　　D．约为 10.5 吨

5．一个班级有 60 名学生，现采用简单随机抽样的方法，从中抽取 5 名学生作为班级代表参加座谈会，则学号为 01 的学生被抽到的可能性为__________.

6．下列抽样方法属于简单随机抽样的有__________.

① 从无限多个个体中抽取 50 个个体作为样本；

② 从 1 000 个个体中一次性抽取 50 个个体作为样本；

③ 将 1 000 个个体编号，将签放在一个足够大的不透明的容器内搅拌均匀，从中逐个抽取 50 个个体作为样本；

④ 福利彩票用摇奖机摇奖.

7．从某工厂生产的 500 件产品中采用抽签法随机抽取 10 件产品进行检验.

（1）如何设计抽样方案？

（2）每件产品被抽到的概率是多少？

8.4.2 系统抽样

基础夯实

1．某单位有 840 名职工，现将他们从 1 开始编号，采用系统抽样的方法，从中抽取 42 人进行问卷调查，在抽取的 42 人中，编号落在区间$[481,720]$上的人数为（　　）.

A．11　　B．12　　C．13　　D．14

2．现将 40 名学生从 1 开始编号，采用系统抽样的方法，从中抽取一个容量为 5 的样本，已知编号为 3，27 的学生在样本中，则样本中另外 3 名学生的编号分别为（　　）.

A．11，19，35　　B．13，23，33　　C．7，17，37　　D．15，27，39

3．为了解高三某班级 50 名同学的数学成绩，现将他们从 1 开始编号，采用系统抽样的方法，从中抽取一个容量为 5 的样本，已知抽取的编号有 6，16，46，则另外两名同学的编号为____________.

4．为评估某小区的房屋质量，现采用系统抽样的方法，从所有 800 套房屋中抽取 40 套进行检查．已知这 800 套房屋编号分别为$1,2,3,\cdots,800$，抽到的第一个房屋编号是 1，则抽到的其他房屋编号是哪些？

能力提升

1．为了解 1 200 名学生对学校某项教学改革试验的意见，打算从中抽取一个容量为 30 的样本，现采用系统抽样的方法，则分段间隔$k=$（　　）.

A．40　　B．30　　C．20　　D．12

2．将 20 名学生从 1～20 编号，现从中抽取 4 人做问卷调查，采用系统抽样的方法确定所抽取的编号可能为（　　）.

A．5，10，15，20　　B．2，4，10，14　　C．2，4，6，8　　D．5，8，11，14

3．某质检员采用系统抽样的方法从 500 件产品中抽取 10 件进行质检．将 500 件产品从 1～500 编号，按编号顺序平均分成 10 段，若在第一段中用抽签法确定的编号为 3，则在第 8 段中应抽取的编号为（　　）.

A．303　　B．403　　C．253　　D．353

4．某校高三年级有 1 200 名学生，为调查学生的数学成绩，计划采用系统抽样的方法抽取 30 名学生作为调查对象．将 1 200 名学生从 1～1 200 编号，按编号顺序平均分成 30 段，若从第一段中用抽签法确定的编号为 5，则在第 21 段应抽取的编号为__________．

5．某企业有 1 208 名员工，现采用系统抽样的方法，从中抽取 12 名员工进行问卷调查．

（1）如何设计抽样方案？

（2）求编号落在区间[51，550]上的员工人数．

8.4.3　分层抽样

基础夯实

1．某市为了解职工家庭的生活状况，先将职工按所从事的行业分为 8 类（每类家庭数不完全相同），再在每个行业内抽取职工家庭进行调查，这种抽样方法为__________．

2．某校有 1 200 名男生，800 名女生，现采用分层抽样的方法，从中抽取容量为 100 的样本，则应抽取的男生人数为__________．

3．某学校有 900 名学生，其中女生有 400 名．采用分层抽样的方法从该学校的学生中抽取一个容量为 45 的样本，则应抽取男生人数为__________．

4．某学校一至三年级共有 2 800 名学生，为了调查三个年级学生的健康状况，拟采用分层抽样的方法从中抽取一个容量为 70 的样本．已知一年级和二年级共有 1 720 名学生，则应从三年级抽取的学生人数为__________．

5．某公司生产 A，B，C 三种型号的轿车，产量分别为 2 000 辆、5 000 辆、1 500 辆．为检验该公司的产品质量，现采用分层抽样的方法，从中抽取 34 辆轿车进行检查，则 A 型轿车应抽取__________辆，B 型轿车应抽取__________辆，C 型轿车应抽取__________辆．

6．某学校一至三年级有学生 3 000 人，其中一年级与三年级的学生人数之比为 3∶4．若从全体学生中抽取一个容量为 50 的样本，则恰好抽取二年级学生 15 人，求各年级的学生人数．

能力提升

1．某工厂有 600 名员工，其中不到 30 岁的有 150 人，30～49 岁的有 400 人，50 岁及以上的有 50 人．为了解员工年龄与身体状况的相关指标，应选择的抽样方法为（　　）．

A．简单随机抽样　　B．系统抽样　　C．分层抽样　　D．不能确定

2．某校高一、高二、高三年级的学生人数之比为 2∶2∶3．现采用分层抽样的方法，从中抽取一个容量为 70 的样本，则应从高三年级抽取的学生人数为（　　）．

A．20　　B．30　　C．40　　D．50

3．某企业有员工 300 人，其中获得高级职称的有 30 人，获得中级职称的有 60 人，获得初级职称的有 100 人．现采用分层抽样的方法，从中抽取一个容量为 30 的样本，则抽取各职称的人数分别为（　　）．

A．3，6，10　　B．6，8，10　　C．6，12，20　　D．3，4，5

4．为了解机动车驾驶员（简称“驾驶员”）对某新法规的了解情况，现对甲、乙、丙、丁 4 个社区做分层抽样调查．已知甲社区有驾驶员 96 人，在甲、乙、丙、丁这 4 个社区抽取的驾驶员人数分别为 12，21，25，43，则这 4 个社区的驾驶员总人数为（　　）．

A．600　　B．800　　C．808　　D．909

5．某校共有三个年级，其中高一年级有 1 600 名学生．现采用分层抽样的方法，从全校学生中抽取 100 名学生进行体能测试，已知在高二年级中抽取了 36 名学生，在高三年级中抽取了 24 名学生，则该校高三年级有（　　）名学生．

A．510　　B．830　　C．960　　D．1 200

6．某公司甲、乙、丙三种型号产品的产量分别为 500，800，1 200．现采用分层抽样的方法，从中抽取 25 个产品进行检验，则应分别抽取甲、乙、丙三种型号的产品的数量为________、________、________．

7．某草莓园种植了 10 亩 A 品种草莓，20 亩 B 品种草莓，30 亩 C 品种草莓，为了检验施肥的效果，现准备抽取 3 亩草莓进行对比．如果采用分层抽样的方法进行抽样，请简单描述抽样过程．

本节测试

1．下列抽样试验中，适合采用抽签法的是（　　）．

A．从某厂生产的 30 000 件产品中抽取 600 件进行质量检验

B．从某厂生产的两箱（每箱 15 件）产品中抽取 6 件进行质量检验

C．从甲、乙两厂生产的两箱（每箱 15 件）产品中抽取 6 件进行质量检验

D．从某厂生产的 30 000 件产品中抽取 10 件进行质量检验

2．已知一个总体的容量为 800，分段间隔为 50，则该总体被平均分成了（　　）段．

A．40　　B．30　　C．16　　D．12

3．为了解高三年级 50 名学生的数学成绩，现采用系统抽样的方法，从中抽取一个容量为 5 的样本，已知抽取的编号有 3，23，43，则其他两名学生的编号为（　　）．

A．13，33　　B．13，53　　C．8，28　　D．18，28

4．为了考察某班学生的身高情况，从中抽取了 20 名学生进行身高测量，则总体为__________，个体为__________，样本为__________，样本容量为__________．

5．某报告厅有 50 排座位，每排有 60 个座位．在一次报告会中，报告厅坐满了听众，会后留下每排座位号为 16 的 50 名听众进行座谈，这里采用的抽样方法是__________．

6．采用分层抽样的方法从个体数为 N 的总体中抽取一个容量为 n 的样本，则每个个体被抽到的可能性为__________．

真题实战

1．某单位共有老、中、青年职工 400 人，其中青年职工 160 人，中年职工人数是老年职工人数的 2 倍．为了解职工的身体状况，现采用分层抽样的方法进行调查，在抽取的样本中青年职工有 32 人，则该样本中的老年职工人数为（　　）．

A．36　　B．27　　C．16　　D．8

2．一支田径队有男运动员 56 人、女运动员 42 人．若采用分层抽样的方法从全体运动员中抽取一个容量为 56 的样本，则样本中男运动员的人数为（　　）．

A．21　　B．18　　C．16　　D．14

3．某企业操作岗位、技术岗位和管理岗位的人数分别是 700，210，140．为了解该企业不同岗位员工的健康状况，采用分层抽样的方法，从这三个岗位的所有员工中随机抽取 300 人进行体检，则应抽取操作岗位的人数是__________．

4．某中学高一年级的学生人数为 700，高二年级的学生人数为 700，高三年级的学生人数为 600．现学校决定采用分层抽样的方法，从这三个年级抽取 100 名学生进行学习情况调查，

则应从高三年级抽取的学生人数为__________.

5．某职业学校有 A，B，C 三个专业，其中 A 专业有500 名学生．现采用分层抽样的方法在三个专业的学生中抽取60 名进行体质测试，已知在 B 专业学生中抽取了24 人，在 C 专业学生中抽取了16 人，则 B 专业的学生人数为__________.

6．从编号为 1～1 000 的总体中采用系统抽样的方法抽取 100 个样本，若抽取的第一个样本编号为 9，则抽取的第 100 个样本编号为__________.

7．某初级中学共有学生 2 000 名，各年级的男、女生人数如表 8-5 所示．已知在全校学生中随机抽取 1 名，抽到八年级女生的概率是 0.19.

表 8-5

年级 性别	七年级	八年级	九年级
女生	373	x	y
男生	377	370	z

（1）求 x 的值；

（2）现采用分层抽样的方法在全校抽取 48 名学生，问应在九年级抽取多少名学生？

8.5 统计图表

基础夯实

1．某工厂对 200 名员工的体重情况进行了统计，其频率分布直方图如图 8-1 所示，则体重（单位：kg）在区间[60，65) 内的人数为（　　）.

A．70　　B．80　　C．100　　D．120

2．某校高三年级 500 名学生的数学月考成绩（满分为 150 分）的频率分布直方图如图 8-2 所示，则分数不低于 130 的人数为（　　）.

A．75　　B．110　　C．125　　D．150

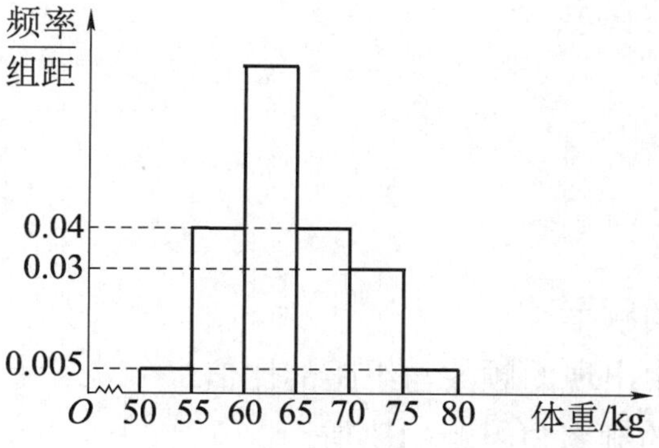

图 8-1

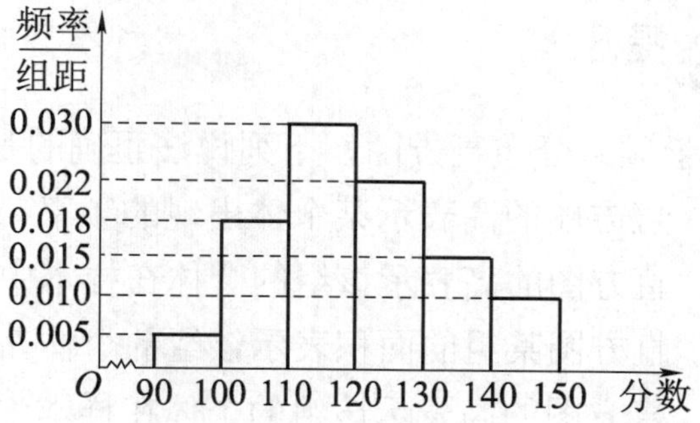

图 8-2

3．某校高二年级 1 000 名学生参加知识竞赛(满分：100 分)，成绩按 $[50,60)$，$[60,70)$，$[70,80)$，$[80,90)$，$[90,100]$ 分组，其频率分布直方图如图 8-3 所示，则竞赛成绩在 80 分以上的人数为（　　）.

A．500　　B．550

C．400　　D．800

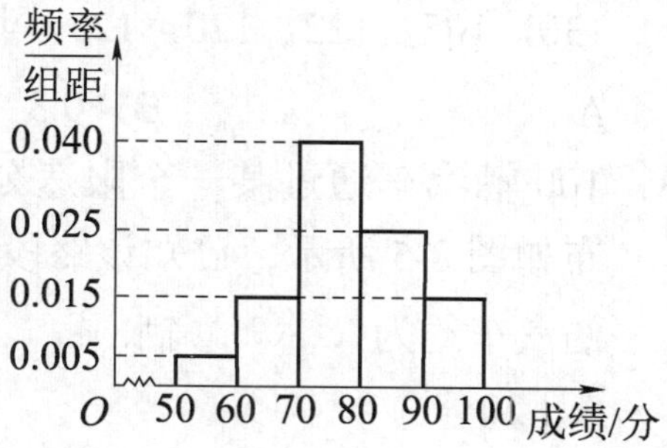

图 8-3

4．在频率分布直方图中，各个小矩形的面积之和等于__________.

5．已知一个容量为 n 的样本，某组样本的频率为 0.2，频数为 10，则该样本的容量 $n=$__________.

6．某报社收到了来自社会各界的大量文章，并从中选取了 60 篇，打算以专栏的形式在报纸上发表．已知这些文章的作者各不相同，且年龄集中在区间 $[15,65]$ 上，根据统计结果制作的频率分布直方图如图 8-4 所示．

（1）求 m 的值；

（2）年龄在区间 $[15,45)$ 内的作者有多少人？

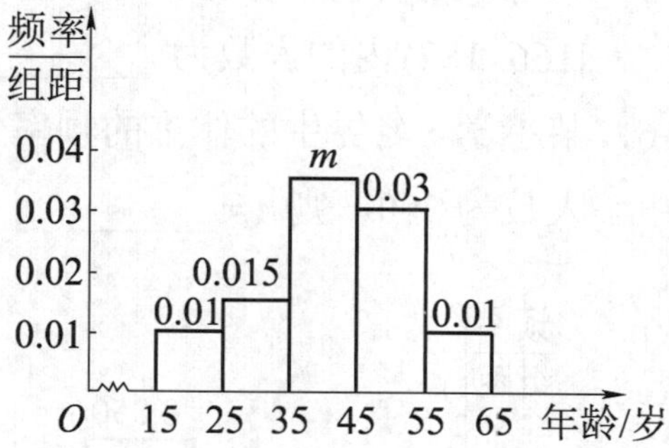

图 8-4

能力提升

1．关于频率分布直方图，下列说法正确的是（　　）．

A．直方图的高表示某个体出现的频率

B．直方图的高表示该组的个体在样本中出现的频率

C．直方图某组的面积表示该组的个体在样本中出现的频数与组距的比值

D．直方图的高表示该组的个体在样本中出现的频率与组距的比值

2．在一批产品中任取 10 个，测得它们的周长（单位：mm）如下：134，120，95，116，114，130，105，122，120，125．其中，数据在区间[124.5,134.5)内的频数是（　　）．

A．3　　B．0.3　　C．4　　D．0.4

3．100 辆汽车通过某一个限速公路的平均车速频率分布如图 8-5 所示．已知该路段限速 70 km/h，则超速的汽车约为（　　）辆．

A．20　　B．40

C．30　　D．10

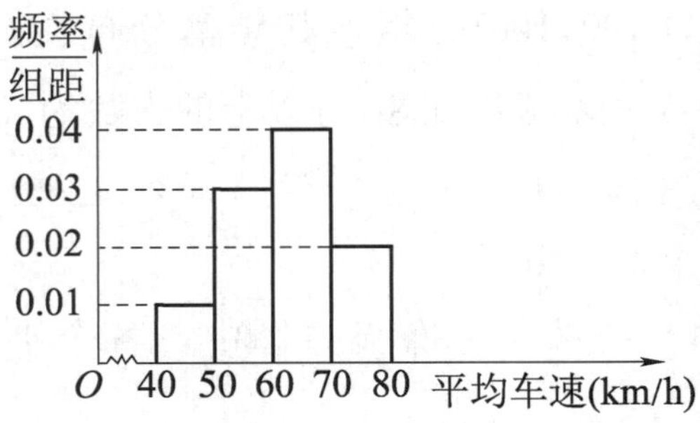

图 8-5

4．某工厂对 1 000 件产品进行生产误差抽样检测，其中样本数据的最大值为 0.2，最小值为 0.01，组数为 10，则组距可取__________．

5．从某校随机抽取 100 名男生，其身高的频率分布直方图如图 8-6 所示，则身高在区间[166,182)内的人数为__________．

6．某小学 n 名男生的体重的频率分布直方图如图 8-7 所示，已知体重在区间[40,45)内的男生人数为 200，则 $n=$__________．

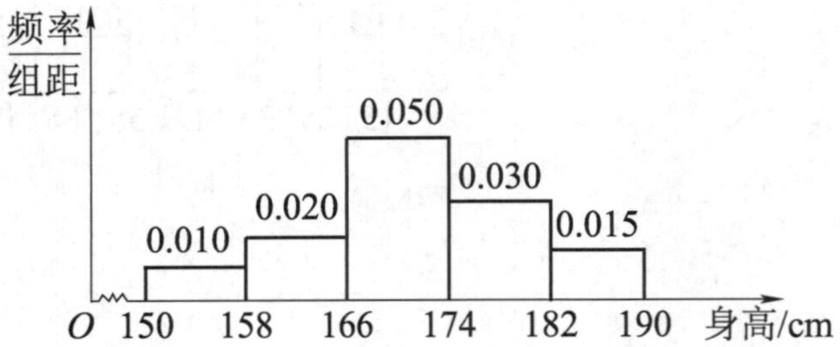

图 8-6

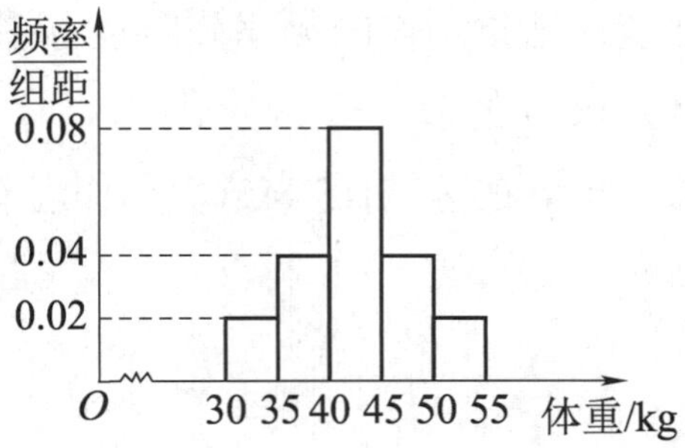

图 8-7

7．某班级 40 名学生的数学周测成绩如下：85，72，63，80，70，65，92，87，66，58，77，68，96，89，81，60，65，83，98，59，76，60，78，87，60，94，77，69，85，71，86，79，88，69，72，75，66，83，92，78．根据上述数据列频率分布表，绘制频率分布直方图．

本节测试

1．在用样本的频率分布估计总体的频率分布的过程中，下列说法正确的是（　　）．

A．总体的容量越大，估计越准确　　B．总体的容量越小，估计越准确

C．样本的容量越大，估计越准确　　D．样本的容量越小，估计越准确

2．一个容量为 100 的样本，已知某组的频率为 0.3，则该组的频数为（　　）．

A．3　　B．7　　C．30　　D．70

3．已知一组样本数据如下：9，13，18，8，15，10，14，19，16，11. 其中，数据在区间 $[10.5, 13)$ 内的频率为__________．

4．在参加世界杯足球赛的 32 支球队中，随机抽取 20 名队员，调查其年龄为 25，21，23，25，27，29，25，28，30，29，26，24，25，27，26，22，24，25，26，28．试填写频率分布表 8-6，并据此估计全体队员在哪个年龄段的人数最多，这个年龄段的人数占总人数的百分比，并绘制频率分布直方图．

表 8-6

分　组	频　数	频　率
$[20.5, 22.5)$		
$[22.5, 24.5)$		
$[24.5, 26.5)$		
$[26.5, 28.5)$		
$[28.5, 30.5]$		
合　计		

真题实战

1．某企业生产一批内径为25.40 mm的钢管，内径尺寸等级根据其样本在25.295～25.475 mm范围内的频率P划分，规定：$P\geqslant 0.9$为优，$0.8\leqslant P<0.9$为良，$0.7\leqslant P<0.8$为合格，$P<0.7$为不合格．若样本频率分布直方图如图8-8所示，则这批钢管的内径尺寸等级是（　　）．

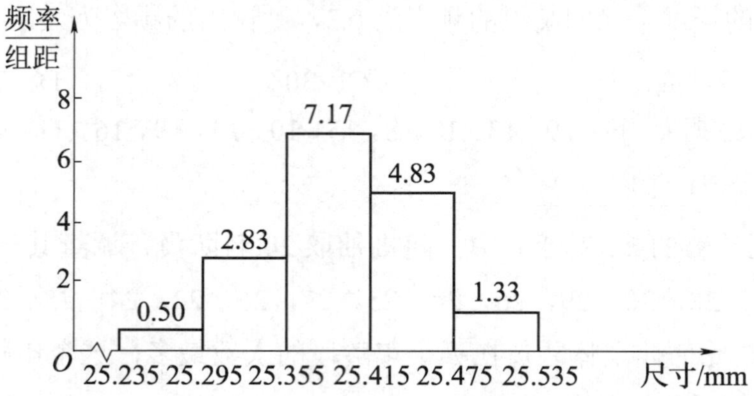

图 8-8

A．优　　B．良　　C．合格　　D．不合格

2．某校组织学生开展防疫知识测试，测试完毕后，对学生的成绩进行了统计，整理得到如图8-9所示的频率分布直方图．

（1）求直方图中a的值；

（2）若60分及以上为及格，求该校的及格率．

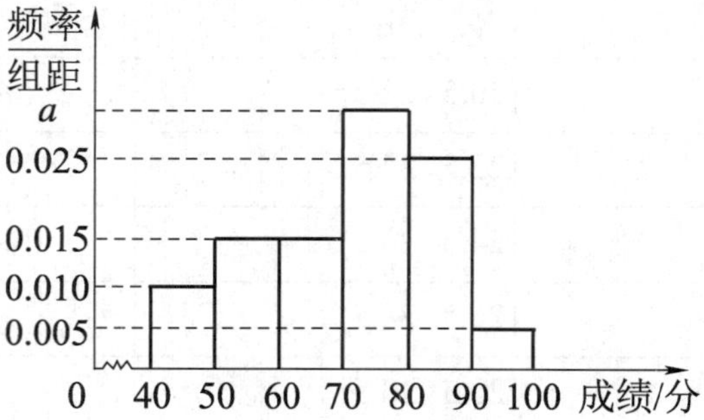

图 8-9

3．为调查某年级女生的健康状况，从该年级随机抽取100名女生，她们的体重（单位：kg）的频率分布直方图如图8-10所示．

（1）求图中a的值；

（2）估计该年级女生的体重在50 kg以上的概率．

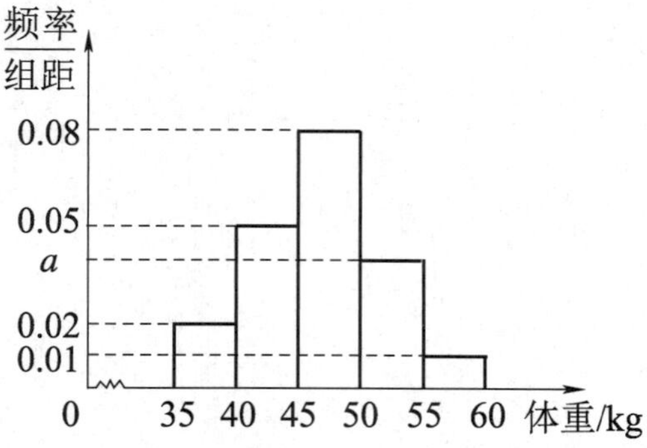

图 8-10

4．某市为了研究某种传染病患者的年龄结构，现从该市的此种传染病患者中随机抽取 500 个样本，他们的年龄的频率分布直方图如图 8-11 所示．

（1）求直方图中 a 的值；

（2）这 500 个样本中有多少年龄在 40～80 岁之间的传染病患者？

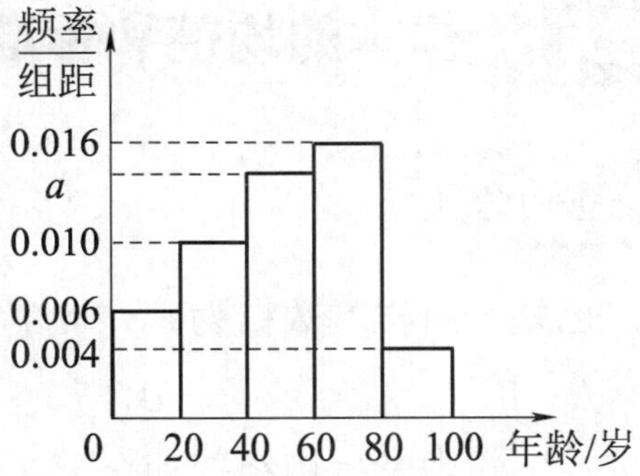

图 8-11

5．为了弘扬传统文化，某校举办了诗词大赛．现将抽取的 200 名学生的成绩从低到高依次分成六组：[40，50)，[50，60)，[60，70)，[70，80)，[80，90)，[90，100]，得到如图 8-12 所示的频率分布直方图．

（1）求 a 的值；

（2）若采用分层抽样的方法从 6 个小组中随机抽取 40 人，则应从第一组和第二组各抽取多少人？

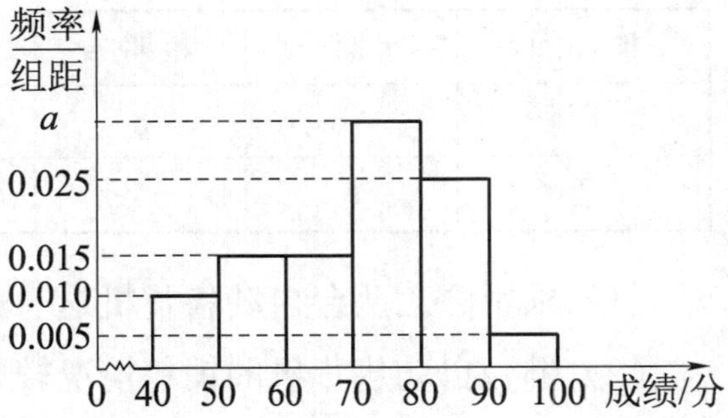

图 8-12

8.6 样本的均值和标准差

基础夯实

1．已知一组样本数据为 8，5，7，6，9，6，8，则该组数据的样本均值为（　　）．

A．8　　B．7　　C．6　　D．5

2．在一次中学生田径运动会上，参加男子跳高的 10 名运动员的成绩如表 8-7 所示，则这些运动员成绩的平均数是__________m．

表 8-7

成绩/m	1.50	1.60	1.65	1.70
人　数	2	2	4	2

3．在一次演讲比赛中，七位评委为甲选手打出的分数分别为：9.7，9.4，9.6，9.9，9.4，8.4，9.4．根据规则，将去掉一个最高分和一个最低分后的平均数作为选手的最后得分，则甲选手的最后得分为__________．（精确到一位小数）

4．已知甲、乙两台自动售货机一周售出的某种饮料（单位：瓶）的统计结果如表 8-8 所示．

表 8-8

时　间	星期一	星期二	星期三	星期四	星期五	星期六	星期日
甲	6	8	6	6	5	9	9
乙	6	5	7	8	6	9	8

（1）求甲、乙两台自动售货机这一周售出该饮料的日平均销售量；

（2）哪台自动售货机的销售情况较好？并说明理由．

能力提升

1．已知甲、乙两组数据的平均数都是 10，甲组数据的方差为 0.5，乙组数据的方差为 0.8，则（　　）．

A．甲组数据比乙组数据的波动大　　B．甲组数据比乙组数据的波动小

C．甲组数据与乙组数据的波动情况相同　　D．甲组数据与乙组数据的波动情况无法比较

2．已知超市采购 3 个品种的草莓，平均每个品种采购了 100 箱，其中 A 品种草莓采购了 60 箱，B 品种草莓的采购数量是 C 品种草莓的 2 倍，则 C 品种草莓的采购数量为（　　）.

A．80　　B．60　　C．40　　D．120

3．在某项体育比赛中，7 位裁判为一选手打出的分数分别为：90，89，90，95，93，94，93．去掉一个最高分和一个最低分后，所剩数据的方差为（　　）.

A．4.5　　B．4　　C．3.5　　D．3

4．已知一组样本数据为 a，0，1，2，3，若该组数据的样本均值为 2，则 $a=$________.

5．已知一组样本数据 m，8，9，6，4 的样本均值为 8，则样本标准差为________.

6．在一次跳远选拔比赛中，甲、乙两名运动员各进行了 10 次测试（单位：m），成绩如下．

甲：5.85，5.93，6.07，5.91，5.99，6.13，5.88，6.05，6.00，6.19，

乙：6.11，6.08，5.83，5.92，5.84，5.81，6.18，6.18，5.85，6.20．

如果你是教练，你会选哪位选手参加正式比赛？

7．甲、乙两名学生在某次标枪投掷比赛中各投掷 5 次，他们的成绩如表 8-9 所示．

表 8-9

甲的成绩/m	78	80	77	81	84
乙的成绩/m	76	80	85	82	77

（1）分别计算甲、乙成绩的平均数和方差；

（2）比较说明甲、乙成绩的稳定情况．

本节测试

1．下列统计量能够描述样本数据的稳定性的是（　　）.

A．样本最大值　　B．样本均值　　C．样本方差　　D．样本最小值

2．已知一组样本数据为7，6，4，9，8，2，则该组数据的样本均值为________.

3．已知一个样本标准差的计算公式为$s=\sqrt{\frac{1}{14}[(x_1-5)^2+(x_2-5)^2+\cdots+(x_n-5)^2]}$，则这个样本的样本容量为________，样本均值为________.

4．在一次射击比赛中，某运动员射击20次的成绩如表8-10所示，则该运动员成绩的平均数为________环.

表 8-10

单次成绩/环	7	8	9	10
次　数	4	6	6	4

5．某中学为了解高二年级学生阅读中华传统文化经典的实际情况，从高二年级随机抽取10名学生进行了两轮测试，并将两轮测试成绩的平均分作为该学生的考核成绩（单位：分），记录的数据如表8-11所示.

表 8-11

学　生	1	2	3	4	5	6	7	8	9	10
第一轮测试成绩	96	89	88	88	92	91	87	90	92	90
第二轮测试成绩	90	90	91	88	88	87	96	92	89	92

（1）从该校高二年级随机抽取一名学生，试估计这名学生考核成绩大于90分的概率；

（2）记抽取的10名学生第一轮测试的平均数和方差分别为$\overline{x}_1$，s_1^2，考核成绩的平均数和方差分别为$\overline{x}_2$，s_2^2，试比较$\overline{x}_1$与$\overline{x}_2$，s_1^2与s_2^2的大小.

真题实战

1．从总体中抽取一个样本：13，15，18，16，17，14，则样本平均数 $\bar{x}$ 为（　　）．

A．93　　B．16　　C．15.5　　D．15

2．某校共有男生 300 人，平均身高为 173 cm，女生 200 人，平均身高为 163 cm，则该校所有学生的平均身高为__________cm．

3．在一次“党史”知识竞赛中，参赛的 10 名学生的成绩如表 8-12 所示．

表 8-12

成　绩	92	95	96	98
人　数	1	2	4	3

则这 10 名学生的平均成绩是__________．

4．某企业对生产的某种产品进行抽样检验，测量抽取的样本产品的一项质量指标值，得到数据的频率分布如表 8-13 所示．

表 8-13

分　组	[75,85)	[85,95)	[95,105)	[105,115)	[115,125)
频　数	1	5	9	a	b
频　率	0.05	0.25	0.45	0.15	c

（1）求频率分布表中 a，b，c 的值；

（2）根据以上抽样调查数据，能否认为该企业生产的这种产品的该项指标符合“质量指标值不低于 95 的产品至少占全部产品的 80%”的规定？

（3）估计该产品这一质量指标的平均数及标准差．（同一组中的数据用该组区间的中间值为代表）

本章测试

一、单项选择题

1. 袋子里有 3 个红球，2 个黑球，从中任取 2 个球，则下列事件为互斥事件的是（　　）.

A. 至少有 1 个黑球；都是黑球　　B. 至少有 1 个黑球；至少有 1 个红球

C. 至少有 1 个红球；都是黑球　　D. 恰有 1 个红球；恰有 1 个黑球

2. 从 1，2，3，4，5 中任取两个不同的数，则取到一奇一偶的概率为（　　）.

A. $\frac{1}{3}$　　B. $\frac{1}{2}$　　C. $\frac{2}{5}$　　D. $\frac{3}{5}$

3. 掷一枚质地均匀的骰子，连续掷 2 次，则向上的点数不同的概率为（　　）.

A. $\frac{1}{6}$　　B. $\frac{1}{3}$　　C. $\frac{5}{6}$　　D. $\frac{2}{3}$

4. 掷一枚质地均匀的骰子，观察掷出的点数，点数为奇数或 2 的概率为（　　）.

A. $\frac{1}{3}$　　B. $\frac{2}{3}$　　C. $\frac{1}{6}$　　D. $\frac{1}{4}$

5. 已知一组数据 m，n，8，7，6 的平均数为 6，则 $m+n=$（　　）.

A. 6　　B. 7　　C. 8　　D. 9

6. 10 件产品中有 2 件次品，从这 10 件产品中任取 3 件进行检测，则下列事件为不可能事件的是（　　）.

A. 3 件产品都是次品　　B. 3 件产品都是正品

C. 3 件产品中至多有 2 件次品　　D. 3 件产品中至少有 1 件正品

7. 高三某班共有学生 56 人，其中女生 24 人，现采用分层抽样的方法，选取 14 人参加一项活动，则应选取女生的人数为（　　）.

A. 6　　B. 8　　C. 10　　D. 14

8. 在一次射击中，某射击运动员射中 10 环、9 环、8 环、7 环、7 环以下的概率分别为 0.1，0.2，0.3，0.3，0.1，则这名运动员在一次射击中至少射中 7 环的概率为（　　）.

A. 0.9　　B. 0.8　　C. 0.7　　D. 0.5

9. 某县有 30 个乡镇，编号分别为 $1,2,3,\cdots,30$．采用系统抽样的方法从中抽取 5 个乡镇，进行乡村振兴情况检查．若在第一段抽到的乡镇编号是 6，则在第三段抽到的乡镇编号是（　　）.

A. 30　　B. 24　　C. 18　　D. 12

二、填空题

10．已知一组样本数据2，4，3，1，5，m的均值为3，则$m=$__________.

11．设事件$A=${掷一枚硬币，出现正面向上}，事件$B=${若$x\in\mathbf{R}$，则$x^2\geqslant 0$}，事件$C=${买一张奖券，中奖}，事件 $D=${检验一只灯泡，合格}．其中，事件__________是必然事件，事件__________是随机事件.

12．袋子中有 2 个红球和 2 个白球，从中任取两球，恰好取到一个红球和一个白球的概率为__________.

13．某市一中、二中、三中三所学校的毕业生人数分别为 1 200，1 000，1 000．为了统计这三所学校的毕业生高考成绩在600分以上的人数，采用分层抽样的方法抽取10%的学生进行调查．在抽取的毕业生中，600 分以上的人数分别是：6，2，1，则这三所学校高考成绩在600 分以上的毕业生总人数约为__________.

三、解答题

14．某瓜农欲出售 5 000 kg 西瓜，现从中随机抽取 50 个西瓜组成样本，并将这些西瓜的质量按照$[3,4)$，$[4,5)$，$[5,6)$，$[6,7)$，$[7,8]$绘制成如图 8-13 所示的频率分布直方图.

（1）求从样本中抽取的西瓜不小于 5 kg 的概率；

（2）若瓜农每天卖出 200 个西瓜，则 5 天内能不能卖完这批西瓜？(同一组中的数据用该组区间的中间值为代表）

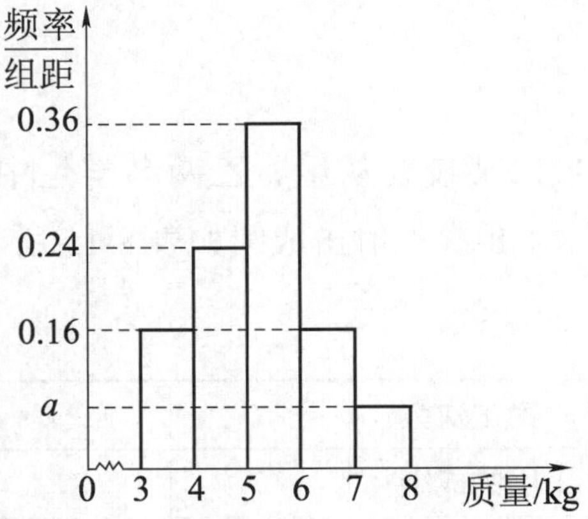

图 8-13

15．某职业学校随机抽取 20 名学生对学校的管理服务进行评分．学校的得分频率分布直方图如图 8-14 所示.

（1）求图中m的值；

（2）若评分超过 80 为优秀，估计该校学生对学校的评价为优秀的概率.

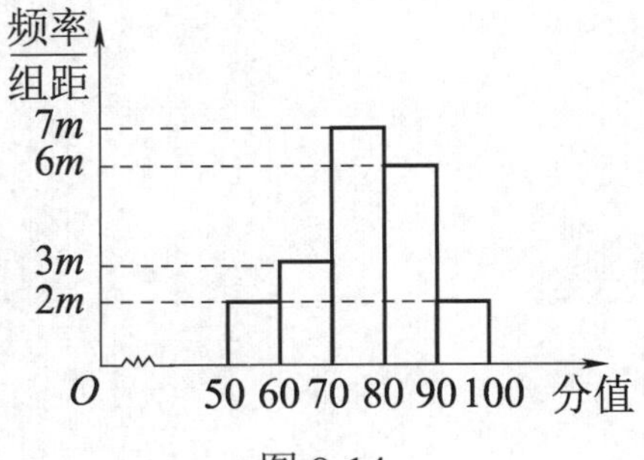

图 8-14

16．对某班级某次数学考试成绩进行统计，如表 8-14 所示，绘制成频率分布直方图如图 8-15 所示．

表 8-14

区　间	[60，70)	[70，80)	[80，90)	[90，100]
频　数	4	a	20	
频　率			0.5	

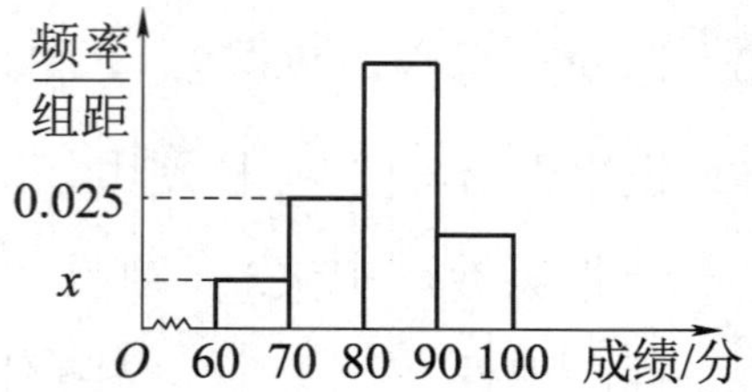

图 8-15

（1）求该班参加考试的人数；

（2）求 x 的值；

（3）求 a 的值．

17．某校要从甲、乙两名学生中选拔一人参加射击比赛，两名学生在相同条件下分别射击 8 次，射击成绩如表 8-15 所示．

表 8-15

射击次数	1	2	3	4	5	6	7	8
甲的成绩	7	8	10	9	7	8	8	7
乙的成绩	8	9	6	10	10	9	5	7

（1）计算甲、乙两人的平均成绩；

（2）应选哪名学生参加射击比赛？并说明理由．

目录

参考答案及解析

第5章 指数函数与对数函数

5.1 实数指数幂

5.1.1 有理数指数幂

基础夯实

1. D【解析】$\sqrt[3]{5^3\times 3^2}=(5^3\times 3^2)^{\frac{1}{3}}=5\times 3^{\frac{2}{3}}$．故选 D.

2. D【解析】$(-a^3)^4=(-1\times a^3)^4=(-1)^4\times(a^3)^4=a^{12}$，A 选项错误．$\left(\dfrac{n}{m}\right)^7=\dfrac{n^7}{m^7}=n^7\cdot m^{-7}$，B 选项错误．$\sqrt[12]{(-2)^4}=\sqrt[3]{2}$，C 选项错误．$\sqrt{\sqrt[3]{9}}=\sqrt{\sqrt[3]{3^2}}=3^{\frac{2}{3}\times\frac{1}{2}}=\sqrt[3]{3}$，D 选项正确．故选 D.

3. $e-2.5$【解析】$\sqrt{(e-2.5)^2}=|e-2.5|=e-2.5$．

能力提升

1. C【解析】$\left(3^{\frac{2}{3}}\right)^{-\frac{2}{3}}=3^{-\frac{4}{9}}\neq 1$，$3^{\frac{2}{3}}\times 3^{\frac{3}{2}}=3^{\frac{2}{3}+\frac{3}{2}}=3^{\frac{13}{6}}\neq 3$，$\left(3^{\frac{2}{3}}\right)^{\frac{3}{2}}=3$，$3^{\frac{3}{2}}\times 2^{\frac{2}{3}}=\sqrt{27}\times\sqrt[3]{4}\neq 6$．故选 C.

2. C【解析】原式$=2a-1+|1-2a|+1-a=2a-1+2a-1+1-a=3a-1$．故选 C.

3. $2\sqrt{2}$【解析】原式$=\dfrac{1}{\sqrt{2}}+\dfrac{1}{\sqrt{2}}+(\sqrt{2}+1)-1=2\sqrt{2}$．

5.1.2 实数指数幂

基础夯实

1. D【解析】$\sqrt[3]{a^6b^2}=(a^6b^2)^{\frac{1}{3}}=a^2b^{\frac{2}{3}}$．故选 D.

2. 10【解析】原式$=0.2^{3\times\left(-\frac{1}{3}\right)}+(5^4)^{\frac{1}{4}}=0.2^{-1}+5^{4\times\frac{1}{4}}=\left(\dfrac{1}{5}\right)^{-1}+5=10$．

解题技巧

（1）幂的指数为小数的，可先将其化成分数，再进行计算．

（2）不含字母的指数幂的运算应先将底数化成最简的形式，再进行指数运算．

3. $\pi+7$【解析】原式$=|3-\pi|+0+(0.1^4)^{-\frac{1}{4}}=\pi-3+10=\pi+7$．

4. 解：（1）$a^{\frac{2}{7}}=\sqrt[7]{a^2}$．

（2）$6^{-\frac{5}{4}}=\frac{1}{\sqrt[4]{6^5}}$．

（3）$a^2b^{\frac{3}{2}}=(a^4b^3)^{\frac{1}{2}}=\sqrt{a^4b^3}$．

能力提升

1．D【解析】$3^{2a-b}=3^{2a}\times3^{-b}=3^a\times3^a\times\frac{1}{3^b}=2\times2\times\frac{1}{4}=1$．故选 D.

2．BD【解析】$\sqrt[3]{x^3}=x$，A 选项错误．$(\sqrt[5]{-3})^5=-3$，C 选项错误．故选 BD.

3．$\frac{9}{4}$【解析】原式$=\frac{3^{\frac{3}{2}}\times3^{\frac{1}{3}}\times3^{\frac{1}{6}}}{2^{\frac{1}{2}}\times2^{\frac{3}{4}}\times2^{\frac{3}{4}}}=\frac{3^{\frac{3}{2}+\frac{1}{3}+\frac{1}{6}}}{2^{\frac{1}{2}+\frac{3}{4}+\frac{3}{4}}}=\frac{3^2}{2^2}=\frac{9}{4}$．

4．解：原式$=\frac{a^{\frac{13}{6}}\cdot a^{\frac{1}{2}}}{a^{\frac{1}{3}}\cdot a^{\frac{5}{2}}\cdot a^{\frac{1}{6}}}=a^{\frac{13}{6}+\frac{1}{2}-\frac{1}{3}-\frac{5}{2}-\frac{1}{6}}=a^{-\frac{1}{3}}$．

5．解：原式$=-6a^{\frac{2}{3}-\frac{1}{6}-\frac{1}{2}}b^{2-\frac{5}{6}-1}=-6b^{\frac{1}{6}}$．

本节测试

1．A【解析】原式$=a^{\frac{2}{5}}\cdot a^{\frac{1}{2}\times\frac{1}{2}}=a^{\frac{2}{5}+\frac{1}{4}}=a^{\frac{13}{20}}$．故选 A.

2．B【解析】原式$=\frac{a^{-1}b^{-1}\times a^3b^3}{(a^{-3}-b^{-3})\times a^3b^3}=\frac{a^2b^2}{b^3-a^3}$．故选 B.

3．$\frac{9}{4}$；$\frac{1}{64}$；3.6【解析】$\left(\frac{27}{8}\right)^{\frac{2}{3}}=\left(\frac{3}{2}\right)^{3\times\frac{2}{3}}=\left(\frac{3}{2}\right)^2=\frac{9}{4}$；$16^{-\frac{3}{2}}=(2^4)^{-\frac{3}{2}}=\frac{1}{64}$；$\left(\frac{1}{2}\right)^{-2}\times0.81^{\frac{1}{2}}=2^2\times0.9^{2\times\frac{1}{2}}=4\times0.9$ $=3.6$．

4．0【解析】原式$=0.064^{-\frac{1}{3}}-\sqrt[3]{\left(\frac{3}{2}\right)^3}-1=0.4^{3\times\left(-\frac{1}{3}\right)}-\frac{3}{2}-1=\frac{5}{2}-\frac{3}{2}-1=0$．

5．解：原式$=\left(\frac{1}{2}\right)^{3\times\frac{1}{3}}\times\frac{1}{e^2}+(5^2)^{-\frac{1}{2}}\times1=\frac{1}{2}\times\frac{1}{e^2}+5^{-1}=\frac{1}{2e^2}+\frac{1}{5}$．

6．解：原式$=(0.3^4)^{-\frac{1}{4}}\times9\times1=0.3^{-1}\times9=30$．

7．解：（1）因为$(x+x^{-1})^2=x^2+2\cdot x\cdot x^{-1}+(x^{-1})^2=x^2+2+x^{-2}=16$，所以$x^2+x^{-2}=14$．

（2）因为$\left(x^{-\frac{1}{2}}+x^{\frac{1}{2}}\right)^2=\left(x^{-\frac{1}{2}}\right)^2+2\cdot x^{-\frac{1}{2}}\cdot x^{\frac{1}{2}}+\left(x^{\frac{1}{2}}\right)^2=x^{-1}+2+x$，其中$x+x^{-1}=4$，所以$\left(x^{-\frac{1}{2}}+x^{\frac{1}{2}}\right)^2=6$．又因为$x^{-\frac{1}{2}}+x^{\frac{1}{2}}=\frac{1}{\sqrt{x}}+\sqrt{x}>0$，所以$x^{-\frac{1}{2}}+x^{\frac{1}{2}}=\sqrt{6}$．

真题实战

1．B【解析】因为$x^{\frac{3}{8}}=\left(x^{\frac{1}{2}}\right)^{\frac{3}{4}}=3^{\frac{3}{4}}$，所以$x^{\frac{1}{2}}=3$，解得$x=9$．故选 B.

2．$\frac{3}{2}$【解析】原式$=(3^4)^{\frac{3}{4}}\times3^{-3}+\sqrt{\frac{1}{4}}\times1=3^3\times\frac{1}{3^3}+\frac{1}{2}=\frac{3}{2}$．

5.2 指数函数

基础夯实

1. C【解析】因为 $-\frac{2}{3}\notin(0,1)\cup(1,+\infty)$，所以 $y=\left(-\frac{2}{3}\right)^x$ 不是指数函数．故选 C.

2. A【解析】当 $x=-1$ 时，$y=a^0-2=1-2=-1$，所以该函数的图像必过点 $(-1,-1)$．故选 A.

3. B【解析】由图可知，指数函数 $y=a^x$ 单调递减，$y=b^x$ 单调递增，所以 $0<a<1$，$b>1$．故选 B.

4. A【解析】根据指数函数的定义可得 $m^2-4m-4=1$，即 $m^2-4m-5=0$，解得 $m=-1$ 或 5．当 $m=5$ 时，$f(x)=3^x$，符合题意；当 $m=-1$ 时，$f(x)=(-3)^x$ 不是指数函数，故舍去．故选 A.

5. BC【解析】函数 $y=0.8^x$ 在其定义域上是减函数，也是非奇非偶函数．故选 BC.

6. $(-\infty,1]$；$[0,+\infty)$【解析】要使函数 $y=\sqrt{1-2^{x-1}}$ 有意义，则 $1-2^{x-1}\geqslant 0$，变形得 $2^{x-1}\leqslant 1$，即 $2^{x-1}\leqslant 2^0$．因为 $f(x)=2^x$ 在 $\mathbf{R}$ 内单调递增，所以 $x-1\leqslant 0$，解得 $x\leqslant 1$，即 $y=\sqrt{1-2^{x-1}}$ 的定义域为 $(-\infty,1]$，值域为 $[0,+\infty)$.

方法总结

求解析式中含有指数幂的函数的定义域的步骤：首先，利用求定义域的方法得到含有指数幂的不等式；其次，将不等式转化为底数相同的幂；最后，利用指数函数的单调性求出定义域.

7. $(1,+\infty)$【解析】因为 $-\frac{1}{3}>-1$，且 $a^{-\frac{1}{3}}>a^{-1}$，所以 $a>1$，即 a 的取值范围是 $(1,+\infty)$.

8. $\left(-\frac{6}{5},+\infty\right)$【解析】原不等式可化为 $(2^{-1})^{x-4}<(2^2)^{2x+5}$，即 $2^{4-x}<2^{4x+10}$．因为 $f(x)=2^x$ 在 $\mathbf{R}$ 内单调递增，所以 $4-x<4x+10$，解得 $x>-\frac{6}{5}$，即原不等式的解集为 $\left(-\frac{6}{5},+\infty\right)$.

解题技巧

（1）关于指数幂的不等式 $a^{f(x)}>a^{g(x)}\Rightarrow\begin{cases}f(x)>g(x), & a>1,\\ f(x)<g(x), & 0<a<1.\end{cases}$

（2）若关于指数幂的不等式中底数不同时，需先利用指数幂的运算性质，使两边底数相同再比较.

9. **解**：（1）因为底数 $a=1.7>1$，所以 $y=1.7^x$ 在 $\mathbf{R}$ 内单调递增.

（2）因为 $y=5^{-x}=\left(\frac{1}{5}\right)^x$，底数 $a=\frac{1}{5}<1$，所以 $y=5^{-x}$ 在 $\mathbf{R}$ 内单调递减.

（3）因为底数 $a=\frac{3}{4}<1$，所以 $y=\left(\frac{3}{4}\right)^x$ 在 $\mathbf{R}$ 内单调递减.

（4）因为 $y=5^{\frac{x}{3}}=\left(5^{\frac{1}{3}}\right)^x=(\sqrt[3]{5})^x$，底数 $a=\sqrt[3]{5}>1$，所以 $y=5^{\frac{x}{3}}$ 在 $\mathbf{R}$ 内单调递增.

10. **解**：将点 $(3,64)$ 代入函数 $f(x)=a^x$，得 $64=a^3$，解得 $a=4$，所以 $f(x)=4^x$，则 $f(-2)=4^{-2}=\frac{1}{16}$，$f(-1)=4^{-1}=\frac{1}{4}$，$f(1)=4$.

11．**解**：（1）因为 $f(x)=3^{-x^2+2x}\geqslant 1=3^0$，且函数 $y=3^x$ 在 $\mathbf{R}$ 内单调递增，所以 $-x^2+2x\geqslant 0$，解得 $0\leqslant x\leqslant 2$，即 x 的取值范围是 $[0,2]$．

（2）因为 $-x^2+2x=-(x-1)^2+1\leqslant 1$，所以 $f(x)=3^{-x^2+2x}\leqslant 3^1=3$．又因为 $f(x)=3^{-x^2+2x}>0$，所以 $f(x)$ 的值域为 $(0,3]$．

能力提升

1．B【解析】函数 $f(x)$ 的定义域为 $\mathbf{R}$，关于原点中心对称．因为 $f(-x)=2^{|-x|}=2^{|x|}=f(x)$，所以 $f(x)$ 为偶函数；当 $x\in(0,+\infty)$ 时，$f(x)=2^x$，因为 $2>1$，所以 $f(x)$ 在区间 $(0,+\infty)$ 内是增函数．故选 B．

2．B【解析】若 $a>1$，则 $f(x)=a^x$ 在区间 $[0,1]$ 上单调递增，可得 $f(1)+f(0)=5$，即 $a+1=5$，解得 $a=4$，符合题意；若 $0<a<1$，则 $f(x)=a^x$ 在区间 $[0,1]$ 上单调递减，可得 $f(0)+f(1)=5$，即 $1+a=5$，解得 $a=4$，不符合题意，舍去．综上，$a=4$．故选 B．

3．B【解析】根据指数函数的图像与底数之间的关系可得，在 y 轴右侧“底大图高”，可得 $c>d>1$；在 y 轴左侧“底大图低”，可得 $0<b<a<1$，所以 $b<a<1<d<c$．故选 B．

4．B【解析】原函数 $y=3^{\frac{3}{x-4}}$ 可看成是由 $y=3^u$ 与 $u=\dfrac{3}{x-4}$ 复合而成的函数，函数 $u=\dfrac{3}{x-4}$ 的值域是 $(-\infty,0)\cup(0,+\infty)$，所以 $y\neq 1$，故所求函数的值域为 $(0,1)\cup(1,+\infty)$．故选 B．

5．**解**：（1）这两个式子属于“同底异指”的情况，可利用指数函数的单调性比较大小．设 $f(x)=0.7^x$，因为 $0<0.7<1$，所以 $f(x)=0.7^x$ 是减函数．又 $-0.9>-1.2$，所以 $0.7^{-0.9}<0.7^{-1.2}$．

（2）这两个式子属于“异底异指”的情况，可通过调整底数将其化成同指数幂的形式．$2^{\frac{1}{2}}=(2^3)^{\frac{1}{6}}=8^{\frac{1}{6}}$，$5^{\frac{1}{3}}=(5^2)^{\frac{1}{6}}=25^{\frac{1}{6}}$．设 $f(x)=8^x$，$g(x)=25^x$，在第一象限内 $f(x)=8^x$ 的图像恒在 $g(x)=25^x$ 的图像下方，所以 $f\left(\dfrac{1}{6}\right)<g\left(\dfrac{1}{6}\right)$，即 $8^{\frac{1}{6}}<25^{\frac{1}{6}}$，故 $2^{\frac{1}{2}}<5^{\frac{1}{3}}$．

（3）这两个式子属于“异底异指”的情况，可通过取中间值来比较大小．设函数 $f(x)=1.7^x$，因为 $1.7>1$，所以 $f(x)$ 在 $\mathbf{R}$ 内单调递增，又因为 $2.8<3$，所以 $1.7^{2.8}<1.7^3$．又 $g(x)=x^3$ 在 $\mathbf{R}$ 内单调递增，且 $1.7<1.8$，所以 $1.7^3<1.8^3$．因此，$1.7^{2.8}<1.8^3$．

（4）这两个式子属于“异底异指”的情况，可通过取中间值来比较大小．设函数 $f(x)=0.5^x$，因为 $0<0.5<1$，所以 $f(x)$ 在 $\mathbf{R}$ 内单调递减，又因为 $0.5<0.6$，所以 $0.5^{0.5}>0.5^{0.6}$．又 $g(x)=x^{0.5}$ 在区间 $(0,+\infty)$ 内单调递增，且 $0.5<0.6$，所以 $0.5^{0.5}<0.6^{0.5}$，即 $0.5^{0.6}<0.6^{0.5}$．

方法总结

比较两个实数指数幂的大小的常用方法如下．

（1）对于“同底异指”的情况，可比较同一个指数函数的两个函数值，利用指数函数的性质得到大小关系．

（2）对于“同指异底”的情况，可转化为比较两个幂函数的值 $f(m)$ 和 $g(m)$，利用幂函数的性质得到大小关系．

（3）对于“异底异指”的情况，可转化为“异底同指”的形式进行比较，也可通过取中间值进行比较．此外，还可通过求差、求商或估值的方法进行比较．

6．**解**：（1）由题可知，$\begin{cases}a+b=3,\\a^2+b=5,\end{cases}$ 解得 $a=2$，$b=1$ 或 $a=-1$，$b=4$．因为 $a>0$，所以 $a=2$，$b=1$，即 $f(x)=2^x+1$．

（2）因为$x^2-(x-1)=\left(x-\frac{1}{2}\right)^2+\frac{3}{4}>0$，则$x^2>x-1$，且$f(x)=2^x+1$为增函数，所以$m>n$．

7．**解**：(1)**（方法一）**因为$f(x)$是**R**内的偶函数，则$f(x)=f(-x)$，即$2^x+m\cdot2^{-x}=2^{-x}+m\cdot2^x$，整理得$(1-m)2^x-(1-m)2^{-x}=(1-m)(2^x-2^{-x})=0$，所以$1-m=0$，解得$m=1$．

（方法二）因为$f(x)$是**R**内的偶函数，则$f(1)=f(-1)$成立，即$2^1+m\cdot2^{-1}=2^{-1}+m\cdot2^1$，整理得$2+\frac{m}{2}=\frac{1}{2}+2m$，解得$m=1$．

（2）由（1）可知，$f(x)=2^x+2^{-x}$，则$g(x)=\frac{2^x}{f(x)}=\frac{2^x}{2^x+2^{-x}}$，$g(-x)=\frac{2^{-x}}{2^{-x}+2^x}$，所以$g(x)+g(-x)=\frac{2^x}{2^x+2^{-x}}+\frac{2^{-x}}{2^{-x}+2^x}=\frac{2^x+2^{-x}}{2^x+2^{-x}}=1$，得证．

（3）由题可知，$f(x)=2^x+m\cdot2^{-x}\geqslant8$，令$2^x=t\,(t>0)$，则有$t+\frac{m}{t}\geqslant8$，即$m\geqslant-t^2+8t$．设$g(t)=-t^2+8t=-(t-4)^2+16$，当$t=4$时，$g(t)_{\max}=16$，所以$m\geqslant16$，即$m$的取值范围是$[16,+\infty)$．

本节测试

1．A【解析】$2^{x+y}=2^{x-1}\times2\times2^y=3\times2\times4=24$．故选A．

2．$\left(\frac{3}{2},+\infty\right)$【解析】不等式$9^{2x-3}>1$变形得$9^{2x-3}>9^0$，因为$y=9^x$在**R**内单调递增，所以$2x-3>0$，解得$x>\frac{3}{2}$，于是$x$的取值范围是$\left(\frac{3}{2},+\infty\right)$．

3．2【解析】由题可知，$2a-3=1$，解得$a=2$．

4．$[4,+\infty)$；$[0,+\infty)$【解析】要使函数$y=\sqrt{2^x-16}$有意义，需满足$2^x-16\geqslant0$，变形得$2^x\geqslant16$，即$2^x\geqslant2^4$．因为$f(x)=2^x$在**R**内单调递增，所以$x\geqslant4$，即函数$y=\sqrt{2^x-16}$的定义域为$[4,+\infty)$，值域为$[0,+\infty)$．

5．**解**：(1)函数$f(x)$的定义域为**R**，关于原点对称．因为$f(-x)=\frac{a^{-x}-a^x}{a^{-x}+a^x}=-\frac{a^x-a^{-x}}{a^x+a^{-x}}=-f(x)$，所以$f(x)$为奇函数．

（2）函数$f(x)=\frac{a^x-a^{-x}}{a^x+a^{-x}}=\frac{a^{2x}-1}{a^{2x}+1}$．任取$x_1$，$x_2$且$x_1<x_2$，则$f(x_1)-f(x_2)=\frac{a^{2x_1}-1}{a^{2x_1}+1}-\frac{a^{2x_2}-1}{a^{2x_2}+1}=\frac{2(a^{2x_1}-a^{2x_2})}{(a^{2x_1}+1)(a^{2x_2}+1)}$．当$a>1$时，$a^{2x_1}<a^{2x_2}$，则$a^{2x_1}-a^{2x_2}<0$，且$a^{2x_1}+1>0$，$a^{2x_2}+1>0$，所以$f(x_1)-f(x_2)<0$，即$f(x_1)<f(x_2)$，$f(x)$为增函数；当$0<a<1$时，$a^{2x_1}>a^{2x_2}$，则$a^{2x_1}-a^{2x_2}>0$，且$a^{2x_1}+1>0$，$a^{2x_2}+1>0$，所以$f(x_1)-f(x_2)>0$，即$f(x_1)>f(x_2)$，$f(x)$为减函数．

真题实战

1．B【解析】由$3^a=\left(\frac{1}{3}\right)^{-a}=\left(\frac{1}{3}\right)^c=\frac{1}{2}$，得$-a=c$．$y=\left(\frac{1}{3}\right)^x$在**R**内是减函数，由$\left(\frac{1}{3}\right)^b>\left(\frac{1}{3}\right)^{-1}$，得$b<-1$．由$\left(\frac{1}{3}\right)^1<\left(\frac{1}{3}\right)^c<\left(\frac{1}{3}\right)^0$，得$0<c<1$，故$-1<a<0$．综上，$b<a<c$．故选B．

2．B【解析】因为$2^{x^2+2x-4}\leqslant\frac{1}{2}$，则$x^2+2x-4\leqslant-1$，所以$(x+3)(x-1)\leqslant0$，解得$-3\leqslant x\leqslant1$．故选B．

3. $0<a<1$【解析】因为 $f(x)=1-a^x$ 是增函数，则 $y=a^x$ 是减函数，所以由指数函数的性质可得 $0<a<1$.

4. $\left[0,\frac{5}{2}\right]$【解析】当 $x\in[-1,1]$ 时，$f(x)=2^x+\frac{x}{2}$ 为增函数，且 $f(-1)=2^{-1}+\frac{-1}{2}=0$，$f(1)=2^1+\frac{1}{2}=\frac{5}{2}$，所以函数 $f(x)$ 的值域为 $\left[0,\frac{5}{2}\right]$.

5.3 对 数

5.3.1 对数的概念

基础夯实

1. D【解析】由 $\log_a\frac{1}{125}=-3$，得 $a^{-3}=\frac{1}{a^3}=\frac{1}{125}$，解得 $a=5$. 故选 D.
2. C【解析】由 $\log_3 b=2$，得 $3^2=b$. 故选 C.
3. D【解析】由 $2^a=9$，得 $\log_2 9=a$. 故选 D.
4. $\log_2\frac{1}{128}=-7$【解析】由 $2^{-7}=\frac{1}{128}$，得 $\log_2\frac{1}{128}=-7$.
5. $\left(\frac{1}{2}\right)^{-5}=32$【解析】由 $\log_{\frac{1}{2}}32=-5$，得 $\left(\frac{1}{2}\right)^{-5}=32$.

能力提升

1. AB【解析】$\lg 1\,000=3\lg 10=3$，A 选项正确. 由指数式与对数式的互化关系可知 B 选项正确. $\lg(\ln e)=\lg 1=0$，C 选项错误. 因为 $\ln 10\neq 1$，所以 $\lg(\ln 10)\neq 0$，D 选项错误. 故选 AB.
2. 7【解析】由 $\log_x\sqrt[3]{49}=\frac{2}{3}$，得 $x^{\frac{2}{3}}=\sqrt[3]{49}=7^{\frac{2}{3}}$，所以 $x=7$.
3. 解：由 $\log_{219}(x^2-3)=0$，得 $x^2-3=1$，解得 $x=\pm 2$.
4. 解：由 $\log_{13}\frac{x-1}{2}=1$，得 $\frac{x-1}{2}=13$，解得 $x=27$.

5.3.2 积、商、幂的对数

基础夯实

1. C【解析】原式 $=\lg(5\times 20)+0=\lg 100=2$. 故选 C.
2. B【解析】由对数运算的换底公式，得原式 $=\frac{\ln 3}{\ln 2}\times\frac{\ln 4}{\ln 3}\times\frac{\ln m}{\ln 4}=\frac{\ln m}{\ln 2}=\log_2 m=3$，所以 $m=8$. 故选 B.

方法总结

本题用到了公式 $\log_a b\cdot\log_b c=\log_a c$（$a>0$ 且 $a\neq 1$，$b>0$ 且 $b\neq 1$，$c>0$），其证明过程：由对数运算的换底公式，得 $\log_a b\cdot\log_b c=\frac{\ln b}{\ln a}\cdot\frac{\ln c}{\ln b}=\frac{\ln c}{\ln a}=\log_a c$.

3．$\frac{m}{n}$【解析】由对数运算的换底公式，得 $\log_5 4=\frac{\log_3 4}{\log_3 5}=\frac{m}{n}$．

4．解：原式 $=\frac{2\lg 2+\lg 2+\lg 5-1}{\lg 0.5^2+\lg 16}=\frac{2\lg 2+\lg(2\times 5)-1}{\lg(0.25\times 16)}=\frac{2\lg 2}{2\lg 2}=1$．

5．解：原式 $=(\log_{2^2}3+\log_{2^3}3)(\log_3 2+\log_{3^2}2)=\left(\frac{1}{2}\log_2 3+\frac{1}{3}\log_2 3\right)\left(\log_3 2+\frac{1}{2}\log_3 2\right)=\frac{5}{6}\log_2 3\times\frac{3}{2}\log_3 2=\frac{5}{4}$．

方法总结

本题用到了公式 $\log_{a^m}b=\frac{1}{m}\log_a b$（$a>0$ 且 $a\neq 1$，$b>0$，$m\neq 0$，$m\in\mathbf{R}$），其证明过程：由对数运算的换底公式，得 $\log_{a^m}b=\frac{\ln b}{\ln a^m}=\frac{\ln b}{m\ln a}=\frac{1}{m}\cdot\frac{\ln b}{\ln a}=\frac{1}{m}\log_a b$．

6．解：令 $t=2^x=3^y=5^z\ (t>0)$，则 $x=\log_2 t$，$y=\log_3 t$，$z=\log_5 t$，代入 $\frac{1}{x}+\frac{1}{y}+\frac{1}{z}=1$，得 $\frac{1}{\log_2 t}+\frac{1}{\log_3 t}+\frac{1}{\log_5 t}=1$，根据对数运算的换底公式，整理得 $\log_t 2+\log_t 3+\log_t 5=1$，即 $\log_t 30=1$，解得 $t=30$，因此 $x=\log_2 30$，$y=\log_3 30$，$z=\log_5 30$．

方法总结

本题用到了公式 $\frac{1}{\log_a b}=\log_b a$（$a>0$ 且 $a\neq 1$，$b>0$ 且 $b\neq 1$），其证明过程：由对数运算的换底公式，得 $\frac{1}{\log_a b}=\frac{\log_a a}{\log_a b}=\log_b a$．

能力提升

1．A【解析】$\log_2[\log_2(\log_2 4)]=\log_2(\log_2 2)=\log_2 1=0$．故选 A．

2．$2m+3n$【解析】原式 $=\log_7(4\times 27)=\log_7 4+\log_7 27=\log_7 2^2+\log_7 3^3=2\log_7 2+3\log_7 3=2m+3n$．

3．3【解析】原式 $=(2-\sqrt{2})^2\times 0+\left(\frac{3}{4}\right)^{3\times\frac{1}{3}}\times 4\lg 2+\frac{3}{2}\times 2\lg 5=3\lg 2+3\lg 5=3\lg(2\times 5)=3$．

4．13【解析】原对数方程可化为 $\lg\frac{x^2-2x-3}{x+1}=\lg 10$，则 $\frac{x^2-2x-3}{x+1}=10$，化简得 $x^2-12x-13=0$，解得 $x=-1$ 或13．当 $x=-1$ 时，$x^2-2x-3=0$，$x+1=0$，不符合题意，舍去，故原方程的解为 $x=13$．

5．解：原式 $=\lg 10^{-2}+\log_{5^{-2}}5^3+8+10\times 2+\log_2 3^2\times\log_3 5^2\times\log_5 2^3=-2-\frac{3}{2}\log_5 5+28+(2\times 2\times 3)\times\log_2 3\times\log_3 5\times\log_5 2=-2-\frac{3}{2}+28+12=\frac{73}{2}$．

本节测试

1．A【解析】由对数的换底公式，得 $\log_5 6=\frac{\lg 6}{\lg 5}=\frac{\lg(2\times 3)}{\lg 10-\lg 2}=\frac{\lg 2+\lg 3}{1-a}=\frac{a+b}{1-a}$．故选 A．

2．解：原式$=\ln e^{\frac{1}{3}}-2\ln e+\lg\left(\frac{30}{7}\times\frac{700}{3}\right)+2=\frac{1}{3}-2+\lg10^3+2=\frac{1}{3}-2+3+2=\frac{10}{3}$．

3．解：原式$=2-\sqrt{3}+\log_3 3^{2+3}+\sqrt[3]{3+5}-6-\tan\left(\pi-\frac{\pi}{3}\right)=2-\sqrt{3}+\log_3 3^5+\sqrt[3]{8}-6+\tan\frac{\pi}{3}=2-\sqrt{3}+5+2-6+\sqrt{3}=3$．

真题实战

1．C【解析】$\log_3\frac{1}{2}=\log_3 2^{-1}=-\log_3 2$，即$\log_3 2$与$\log_3\frac{1}{2}$互为相反数．故选C．

2．C【解析】$\log_2 4=2$对应的指数式为$2^2=4$，C选项错误．故选C．

3．C【解析】由题可知，$f(ab)=\lg(ab)=1$，$f(a^2)+f(b^2)=\lg a^2+\lg b^2=\lg a^2b^2=2\lg ab=2$．故选C．

4．$\frac{1}{8}$【解析】因为$\log_a 9=2$，则$2\log_a 3=2$，所以$a=3$，从而$2^{-a}=2^{-3}=\frac{1}{8}$．

5．2【解析】$\log_{0.3}0.4>\log_{0.3}1=0$，$\log_{0.3}4<\log_{0.3}1=0$，$\log_3 0.4<\log_3 1=0$，$\log_3 4>\log_3 1=0$，所以大于0的对数共有2个．

6．解：原式$=0+1+(3^3)^{\frac{1}{3}}+\lg10^{-2}+4=0+1+3-2+4=6$．

7．解：原式$=\frac{1}{2}\log_3 3^{-2}-3\log_2 2^5+5\times(-1)=\frac{1}{2}\times(-2)-3\times5-5=-21$．

8．解：原式$=\frac{\ln\sqrt{3}}{\ln\sqrt{2}}\times\frac{\ln\sqrt{4}}{\ln\sqrt{3}}\times\frac{\ln\sqrt{5}}{\ln\sqrt{4}}\times\frac{\ln\sqrt{6}}{\ln\sqrt{5}}\times\frac{\ln\sqrt{7}}{\ln\sqrt{6}}\times\frac{\ln\sqrt{8}}{\ln\sqrt{7}}=\frac{\ln\sqrt{8}}{\ln\sqrt{2}}=\log_{\sqrt{2}}\sqrt{8}=3\log_{\sqrt{2}}\sqrt{2}=3$．

9．解：原式$=\log_6(3\times12)+\ln e^{-\pi}+1+\left(\frac{4}{9}\right)^{\frac{1}{2}}+\pi-3=\log_6 6^2-\pi+1+\frac{2}{3}+\pi-3=2-\pi+\frac{5}{3}+\pi-3=\frac{2}{3}$．

10．解：由题可知，$f(0)=\left(\frac{1}{4}\right)^0=1$．因为$\log_4 1<\log_4 3<\log_4 4$，则$0<\log_4 3<1$，所以$f(\log_4 3)=4^{\log_4 3}=3$．

5.4 对数函数

基础夯实

1．B【解析】当$x=2$时，$y=\log_2(3\times2-5)=\log_2 1=0$，所以该函数的图像过点$(2,0)$．故选B．

2．D【解析】指数函数$y=a^x$与对数函数$y=\log_a x$（$a>0$且$a\neq1$）的图像关于直线$y=x$对称．故选D．

3．C【解析】当$0<a<1$时，$\frac{1}{a}>1$，$y=a^{-x}=\left(\frac{1}{a}\right)^x$在$\mathbf{R}$内是增函数，$y=\log_a x$在区间$(0,+\infty)$内是减函数．故选C．

4．27【解析】由$\log_3 x=3$，得$x=3^3=27$．

5．$(0,1)$【解析】因为$\log_a 4<\log_a 3$，且$4>3$，所以$0<a<1$，即常数a的取值范围是$(0,1)$．

6．$(3,+\infty)$【解析】要使函数$f(x)$有意义，需满足$x^2-2x-3>0$，解得$x<-1$或$x>3$，即$f(x)$的定义域为$(-\infty,-1)\cup(3,+\infty)$．原函数$f(x)=\lg(x^2-2x-3)$可以看作是由函数$f(u)=\lg u$和$u=x^2-2x-3$复合而成，因为函数$u(x)$的图像开口向上，对称轴为$x=1$，则$u(x)$在区间$(3,+\infty)$内单调递增，在区间$(-\infty,-1)$内单调递减，又$f(u)=\lg u$是其定义域内的增函数，所以复合函数$f(x)=\lg(x^2-2x-3)$的单调递增区间

是 $(3,+\infty)$.

解题技巧

先求出定义域，再根据“同增异减”的原则判断复合函数的单调性，确定单调区间.

7．解：（1）要使函数 $f(x)$ 有意义，需满足 $1-x^2>0$ ，解得 $-1<x<1$ ，即 $f(x)$ 的定义域为 $(-1,1)$. 原函数 $f(x)=\lg(1-x^2)$ 可以看作是由函数 $f(u)=\lg u$ 和 $u=1-x^2$ 复合而成，因为函数 $u(x)=1-x^2$ 的图像开口向下，对称轴为 $x=0$ ，则 $u(x)$ 在区间 $(-1,0)$ 内单调递增，在区间 $(0,1)$ 内单调递减，又 $f(u)=\lg u$ 是其定义域内的增函数，所以复合函数 $f(x)=\lg(1-x^2)$ 的单调递增区间是 $(-1,0)$ ，单调递减区间是 $(0,1)$.

（2）因为 $f(-x)=\lg[1-(-x)^2]=\lg(1-x^2)=f(x)$ ，所以 $f(x)$ 是偶函数.

能力提升

1．B【解析】要使函数有意义，需满足 $\begin{cases}32-2^x\geqslant 0,\\ x+1>0,\\ \ln(x+1)\neq 0,\end{cases}$ 解得 $-1<x<0$ 或 $0<x\leqslant 5$ ，即函数的定义域为 $(-1,0)\cup(0,5]$. 故选 B.

2．B【解析】因为底数 $a=\frac{1}{\mathrm{e}}<1$ ，则函数 $y=\log_{\frac{1}{\mathrm{e}}}x$ 在区间 $(0,+\infty)$ 内单调递减，所以 $\begin{cases}x-2<3,\\ x-2>0,\end{cases}$ 解得 $2<x<5$ ，即 x 的取值范围是 $(2,5)$. 故选 B.

3．$[2,+\infty)$ 【解析】因为 $0<\frac{1}{2}<1$ ，则 $g(x)=\log_{\frac{1}{2}}x$ 在区间 $(0,1]$ 内是减函数， $g(x)$ 的最小值为 $g(1)=\log_{\frac{1}{2}}1=0$ ，即 $g(x)\in[0,+\infty)$ ，所以 $f(x)=2+\log_{\frac{1}{2}}x$ 的值域为 $[2,+\infty)$.

4．$(0,1)\cup(2,+\infty)$ 【解析】由 $\log_a 2<1$ ，得 $\log_a 2<\log_a a$. 当 $a>1$ 时，函数 $y=\log_a x$ 在区间 $(0,+\infty)$ 内单调递增，由 $\log_a 2<\log_a a$ ，得 $a>2$ ；当 $0<a<1$ 时，函数 $y=\log_a x$ 在区间 $(0,+\infty)$ 内单调递减，由 $\log_a 2<\log_a a$ ，得 $a<2$ ，所以 $0<a<1$. 综上， a 的取值范围是 $(0,1)\cup(2,+\infty)$.

易错点　对于底数不确定的对数函数问题，要分为 $a>1$ 和 $0<a<1$ 两种情况进行讨论.

5．解：由题可知， $\begin{cases}4x-1>0,\\ 2x+3>0,\\ 4x-1>2x+3,\end{cases}$ 解得 $\begin{cases}x>\frac{1}{4},\\ x>-\frac{3}{2},\\ x>2,\end{cases}$ 所以 x 的取值范围是 $x>2$.

6．解：（1）由题可知， $f(1)=\log_2(1-a+2)=\log_2(3-a)=0$ ，解得 $a=2$.

（2）由（1）可知， $f(x)=\log_2(x^2-2x+2)$ ，要使函数 $f(x)$ 有意义，需满足 $x^2-2x+2>0$ ，解得 $x\in\mathbf{R}$. 函数 $f(x)=\log_2(x^2-2x+2)$ 可以看作是由函数 $f(u)=\log_2 u$ 和 $u=x^2-2x+2$ 复合而成，因为函数 $u(x)$ 的图像开口向上，对称轴为 $x=1$ ，则 $u(x)$ 在区间 $(-\infty,1)$ 内单调递减，在区间 $(1,+\infty)$ 内单调递增，又 $f(u)=\log_2 u$ 是其定义域内的增函数，所以复合函数 $f(x)=\log_2(x^2-2x+2)$ 的单调递减区间是 $(-\infty,1)$ ，单调递增区间是 $(1,+\infty)$ ，从而函数 $f(x)$ 在区间 $\left[0,\frac{3}{2}\right]$ 上的最小值为 $f(1)=\log_2(1^2-2\times1+2)=\log_2 1=0$ ，最大值为 $f(0)=\log_2(0^2-2\times0+2)=\log_2 2=1$ ，即 $f(x)$ 在区间 $\left[0,\frac{3}{2}\right]$ 上的值域是 $[0,1]$.

本节测试

1. B【解析】当 $x>0$ 时，$f(u)=2^u$ 为增函数，$u=\frac{1}{x}$ 为减函数，故 $f(x)=2^{\frac{1}{x}}$ 单调递减；由对数函数的性质，$g(x)=\log_{\frac{1}{2}}x$ 单调递减．故选 B.
2. $(-\infty,1)$【解析】要使函数 $f(x)$ 有意义，需满足 $1-x>0$，解得 $x<1$，故所求定义域为 $(-\infty,1)$．
3. $(-3,-1)$【解析】要使函数 $f(x)$ 有意义，需满足 $3-2x-x^2>0$，解得 $-3<x<1$，即函数的定义域为 $(-3,1)$．函数 $y=\log_{\frac{1}{3}}(3-2x-x^2)$ 可以看作是由函数 $f(u)=\log_{\frac{1}{3}}u$ 和 $u=3-2x-x^2$ 复合而成，因为函数 $u(x)$ 的图像开口向下，对称轴为 $x=-1$，则 $u(x)$ 在区间 $(-3,-1)$ 内单调递增，在区间 $(-1,1)$ 内单调递减，又 $f(u)=\log_{\frac{1}{3}}u$ 是其定义域内的减函数，所以复合函数 $y=\log_{\frac{1}{3}}(3-2x-x^2)$ 的单调递减区间是 $(-3,-1)$．
4. $c>a>b$【解析】a 可看成函数 $y=0.2^x$ 在 $x=3$ 处的函数值，画图观察可知 $0<a<1$；b 可看成函数 $y=\log_3 x$ 在 $x=0.2$ 处的函数值，画图观察可知 $b<0$；c 可看成函数 $y=3^x$ 在 $x=0.2$ 处的函数值，画图观察可知 $c>1$．因此，$c>a>b$．

解题技巧

比较大小的问题常常借助中间值来解决，中间值的选择需根据实际情况而定，一般考虑“0”“1”“-1”等.

5. 解：（1）由 $f(1)=3$ 得 $\log_a 4+1=3$，即 $\log_a 4=2$，解得 $a=2$；要使函数有意义，需满足 $x+3>0$，解得 $x>-3$，即 $f(x)$ 的定义域为 $(-3,+\infty)$．
（2）由（1）可知，函数 $f(x)$ 的解析式为 $f(x)=\log_2(x+3)+1$，因为 $f(x)$ 在区间 $[-2,5]$ 上是增函数，所以 $f(-2)\leqslant f(x)\leqslant f(5)$，即 $1\leqslant f(x)\leqslant 4$，从而 $f(x)$ 的取值范围是 $[1,4]$．

真题实战

1. C【解析】要使函数 $f(x)$ 有意义，需满足 $x^2-6x+5>0$，解得 $x>5$ 或 $x<1$，即函数 $f(x)$ 的定义域为 $(-\infty,1)\cup(5,+\infty)$．故选 C.
2. B【解析】$f(x)=\log_2 x$ 为对数函数，底数 $2>1$，则 $f(x)$ 在区间 $(0,+\infty)$ 内是增函数；$g(x)=\left(\frac{1}{3}\right)^x$ 为指数函数，底数 $0<\frac{1}{3}<1$，则 $g(x)$ 在区间 $(0,+\infty)$ 内是减函数．故选 B.
3. B【解析】由题可知，$0<2-a<1$，则 $-2<-a<-1$，解得 $1<a<2$．故选 B.
4. A【解析】当 $x\in(0,1)$ 时，由函数图像，得 $\ln x<0$，$x^{\frac{1}{3}}\in(0,1)$，$e^x\in(1,e)$，则 $e^x>x^{\frac{1}{3}}>\ln x$．故选 A.
5. D【解析】$a=\log_{\sqrt{2}}\sqrt{3}>\log_{\sqrt{2}}\sqrt{2}=1$；$b=\log_{\sqrt{3}}\sqrt{2}<\log_{\sqrt{3}}\sqrt{3}=1$，$b=\log_{\sqrt{3}}\sqrt{2}>\log_{\sqrt{3}}1=0$；$c=\log_{0.3}\sqrt{2}<0$．综上，$c<b<a$．故选 D.
6. C【解析】不等式 $\log_2|x-1|>1$，即 $\log_2|x-1|>\log_2 2$，$|x-1|>2$，解得 $x<-1$ 或 $x>3$，所以不等式 $\log_2|x-1|>1$ 的解集为 $(-\infty,-1)\cup(3,+\infty)$．故选 C.
7. 0【解析】因为 $f(2+x)=f(2-x)$，所以函数 $f(x)$ 关于 $x=2$ 对称，又 $f(x)$ 是偶函数，则 $f(2+x)=f(x-2)$，

于是 $f(x+4)=f(x)$，函数 $f(x)$ 的周期为 4，从而 $f(2\,063)=f(3)=f(1)=|\log_3 1|=0$．

8．**解**：（1）将点 $(4,2)$ 代入函数 $f(x)=\log_a x$，得 $\log_a 4=2$，解得 $a=2$．

（2）由（1）可知，函数 $f(x)=\log_2 x$，$g(x)=f(x^2-2x+m)=\log_2(x^2-2x+m)$．因为 $g(x)$ 的定义域为 $\mathbf{R}$，所以 $x^2-2x+m>0$ 在 $\mathbf{R}$ 内恒成立，故 $\Delta=(-2)^2-4m<0$，解得 $m>1$，即 m 的取值范围是 $(1,+\infty)$．

5.5 指数函数与对数函数的应用

基础夯实

1．A【解析】设第 4 年造林的亩数为 y，由题可知，$y=1\,000\times(1+20\%)^3=1\,728$．故选 A.

2．A【解析】设经过 3 小时后，细菌可由 10 个分裂为 a 个，由题可知，$a=10\times2^9=5120$．故选 A.

3．$a(1+x)^3$【解析】第 1 年本息为 $a(1+x)$ 元，第 2 年本息为 $a(1+x)^2$ 元，故第 3 年小明可取款 $a(1+x)^3$ 元.

4．7【解析】设该放射性元素的质量衰减到一半需要 n 年，由题可知，$500(1-10\%)^n=250$，即 $\left(\frac{9}{10}\right)^n=\frac{1}{2}$，等式两边同时取对数，得 $n\lg\frac{9}{10}=\lg\frac{1}{2}$，即 $n(\lg9-1)=-\lg2$，解得 $n=\frac{\lg2}{1-2\lg3}\approx6.543\approx7$．

5．**解**：设 x 年后库存商品剩余的价值是 y 万元，由题可知，$y=10(1-10\%)^x=10\times0.9^x$．当 $x=5$ 时，$y=10\times0.9^5\approx5.90$，所以 5 年后该商品剩余的价值约为 5.90 万元.

解题技巧

复利、人口增长、折旧、衰变等问题，通常需要用到指数函数模型来解决，常用的模型为 $y=ca^x$，其中 c 为大于 0 的常数．当 $a>1$ 时，该模型叫作指数增长模型；当 $0<a<1$ 时，该模型叫作指数衰减模型.

6．**解**：由题可知，$-1.45-(-26.7)=\frac{5}{2}\lg\frac{E_1}{E_2}$，得 $\frac{5}{2}\lg\frac{E_1}{E_2}=25.25$，$\lg\frac{E_1}{E_2}=10.1$，解得 $\frac{E_1}{E_2}=10^{10.1}$，所以太阳与天狼星的亮度比值为 $10^{10.1}$．

能力提升

1．B【解析】设 12 个月后本息共为 a 元，由题可知，$a=10\,000\times(1+0.4\%)^{12}\approx10\,491$（元），所以 12 个月后小李大约能获得 $10\,491-10\,000=491$（元）利息．故选 B.

2．B【解析】设两年后的价格为 y 元，由题可知，$y=2\,560\times(1-25\%)^4=810$（元）．故选 B.

3．11.11%【解析】设每次降价的百分率为 x，由题可知，$162(1-x)^2=128$，解得 $x=\frac{1}{9}\approx11.11\%$．

4．3【解析】设该咖啡店的年销售额达到 400 万元还需要 x 年，由题可知，$400=200(1+20\%)^{1+x}$，即 $1.2^{1+x}=2$，等式两边同时取对数，得 $1+x=\log_{1.2}2\approx3.8$，解得 $x=2.8\approx3$．

5．**解**：由题可知，$5+\lg V=4.9$，得 $\lg V=-0.1$，解得 $V=10^{-0.1}=\frac{1}{10^{0.1}}=\frac{1}{\sqrt[10]{10}}=\frac{1}{1.259}\approx0.8$．

6．**解**：设该工厂计划的年产值的平均增长率为 a，从去年起 x 年后的年产值为 y（万元），由题可知，$y=512(1+a)^x\ (x\in\{1,2,3,4,5\})$，代入 $x=5$，$y=1\,024$，得 $1\,024=512(1+a)^5$，解得 $a=\sqrt[5]{2}-1\approx0.149$，所以该工厂计划的年产值的平均增长率约为 14.9%.

7．**解**：（1）本利和 y 随存期 x 变化的函数解析式为 $y=a(1+r)^x$，$x\in\mathbf{N}^*$．

（2）将 $a=10\,000$，$r=3\%$，$x=5$ 代入函数 $y=a(1+r)^x$，得 $y=10\,000\times(1+3\%)^5=10\,000\times1.03^5\approx11\,593$，即 5 期后的本利和为 11 593 元.

本节测试

1．D【解析】设该产品的现销售量为 a，第 x 年该产品的销售量为 $\frac{a}{2}$，由题可知，$a(1-15\%)^x=\frac{1}{2}a$，即 $0.85^x=0.5$，$x=\log_{0.85}0.5=\frac{\lg0.5}{\lg0.85}\approx4.2$，所以该产品在未来的第 5 年销售量将降低一半．故选 D.

2．2 657【解析】设第 x 月的用电量为 y kW·h，由题可知，$y=5\,000\times(1-10\%)^{x-1}$，令 $x=7$，得 $y=5\,000\times(1-10\%)^6\approx2\,657$.

3．解：设 x 年后超市的营业额可以达到现在的 3 倍，即达到 60 万元，由题可知，$20(1+25\%)^x=60$，解得 $x=\log_{1.25}3\approx4.923\,3$，所以约 5 年后超市的营业额可以达到现在的 3 倍.

4．解：令 $v=2\,000\ln\left(1+\frac{M}{m}\right)=12\,000$，得 $\frac{M}{m}=\mathrm{e}^6-1$．因此，当燃料的质量是火箭的质量的 e^6-1 倍时，火箭的最大速度可以达到 12 km/s.

5．解：设经过 x 年该地的年生产总值为 y 亿元，由题可知，$y=3\,000\times(1+6.8\%)^x\ (0\leqslant x\leqslant5)$，令 $y=3\,900$，得 $3\,900=3\,000\times1.068^x$，即 $1.068^x=1.3$，解得 $x=\log_{1.068}1.3=\frac{\lg1.3}{\lg1.068}\approx3.931$．因此，经过 4 年该地的年生产总值能达到 3 900 亿元.

6．解：设该物品的价格经过 y 年后为 x 元，由题可知，$x=(1+5\%)^y=1.05^y$，即 $y=\log_{1.05}x$，令 $x=2$，得 $y=\log_{1.05}2\approx14.21$，所以该物品的价格在 15 年后会翻一番.

真题实战

1．B【解析】贷款第一年的本息总额是 $25(1+5.76\%)$ 万元，按复利计算利息，则贷款第二年的本息总额是 $25(1+5.76\%)^2$ 万元，贷款第三年的本息总额是 $25(1+5.76\%)^3$ 万元．故选 B.

2．A【解析】由题可知，技术升级后第一年该公司总耗电量为 $m(1-r\%)$，第二年总耗电量为 $m(1-r\%)^2$，则第三年该公司总耗电量为 $m(1-r\%)^3$．故选 A.

3．32【解析】由题可知，$\mathrm{e}^b=72$，$\mathrm{e}^{7k+b}=48$，所以 $\mathrm{e}^{7k}=\frac{\mathrm{e}^{7k+b}}{\mathrm{e}^b}=\frac{48}{72}=\frac{2}{3}$，则 $\mathrm{e}^{14k+b}\cdot\mathrm{e}^{7k}=48\times\frac{2}{3}=32$.

本章测试

一、单项选择题

1．C【解析】因为 $\ln\mathrm{e}^{\mathrm{e}}=\mathrm{e}$，所以 $N=\mathrm{e}^{\mathrm{e}}$．故选 C.

2．D【解析】原式 $=-a+(b-a)+b=2b-2a$．故选 D.

3．B【解析】因为函数 $y=2^x$ 在 $\mathbf{R}$ 内单调递增，且 $-2\,034>-2\,035$，所以 $2^{-2\,034}>2^{-2\,035}$，A 选项错误．因为函数 $y=\lg x$ 在区间 $(0,+\infty)$ 内单调递增，且 $0.7<0.8$，所以 $\lg0.7<\lg0.8$，B 选项正确．因为函数 $y=\log_3 x$ 在区间 $(0,+\infty)$ 内单调递增，且 $2<3$，所以 $\log_3 2<\log_3 3=1$，C 选项错误．根据对数函数的特点，因为 $0<0.2<1$ 且 $0<0.1<1$，所以 $\log_{0.2}0.1>0$；因为 $2>1$ 且 $0<0.1<1$，则 $\log_2 0.1<0$，所以 $\log_{0.2}0.1>\log_2 0.1$，

D选项错误．故选B．

4．A【解析】由题可知$13-x>0$，即$x<13$，所以函数$y=\log_2(13-x)$的定义域是$(-\infty,13)$．故选A．

5．A【解析】因为$f(-x)=2^{-x}-2^{x}=-(2^{x}-2^{-x})=-f(x)$，所以$f(x)=2^{x}-2^{-x}$是奇函数．故选A．

6．B【解析】因为$y=\left(\frac{1}{2}\right)^x$为减函数，所以$a<b$．当$y=\left(\frac{1}{2}\right)^x>1$时，$x<0$，所以$a<b<0$．故选B．

7．A【解析】原不等式变形得$2^2<2^{-x}<2^3$，因为$y=2^x$在$\mathbf{R}$内单调递增，所以$2<-x<3$，解得$-3<x<-2$．故选A．

8．D【解析】因为$\log_8[\log_3(\log_2 x)]=0$，所以$\log_3(\log_2 x)=1$，可得$\log_2 x=3$，解得$x=8$，则$x^{\frac{1}{2}}=8^{\frac{1}{2}}=\sqrt{8}=2\sqrt{2}$．故选D．

二、填空题

9．$(1,101]$【解析】由$\lg(x-1)\leqslant 2$，得$\lg(x-1)\leqslant\lg 100$，所以$0<x-1\leqslant 100$，解得$1<x\leqslant 101$，即不等式的解集为$(1,101]$．

10．4【解析】因为$f(\mathrm{e})=\ln\mathrm{e}=1$，所以$f[f(\mathrm{e})]=f(1)=\ln 1=0$，故$f\{f[f(\mathrm{e})]\}=f(0)=4$．

11．$(0,27)$【解析】要使函数$y=\frac{1}{\sqrt{3-\log_3 x}}$有意义，则$\begin{cases}3-\log_3 x>0,\\ x>0,\end{cases}$变形得$\begin{cases}\log_3 x<\log_3 27,\\ x>0,\end{cases}$因为函数$f(x)=\log_3 x$在区间$(0,+\infty)$内单调递增，所以$0<x<27$，即函数的定义域为$(0,27)$．

12．-2【解析】当$x>0$时，$f(x)=f(x-5)$，函数的周期为5，则$f(3\,023)=f(604\times5+3)=f(3)=f(-2)=\log_{\frac{1}{2}}4=-2$．

13．$\left(\frac{1}{4},\frac{1}{3}\right]$【解析】当$x_1\neq x_2$时，$\frac{f(x_1)-f(x_2)}{x_1-x_2}<0$，所以$f(x)$为减函数，则$\begin{cases}0<2-4a<1,\\ 0<a<1,\\ (2-4a)^1\geqslant\log_a 1+\frac{2}{3},\end{cases}$即$\begin{cases}\frac{1}{4}<a<\frac{1}{2},\\ 0<a<1,\\ a\leqslant\frac{1}{3},\end{cases}$所以实数$a$的取值范围是$\left(\frac{1}{4},\frac{1}{3}\right]$．

三、解答题

14．解：原式$=3^{3\times\frac{1}{3}}+2^{(-2)\times\left(-\frac{1}{2}\right)}+\log_5\frac{3}{15}=3+2-1=4$．

15．解：（1）因为$y=\left(\frac{3}{2}\right)^x$在$\mathbf{R}$内单调递增，所以$\left(\frac{3}{2}\right)^{\frac{4}{3}}>\left(\frac{3}{2}\right)^{\frac{3}{4}}$．

（2）因为$y=\log_{0.4}x$在区间$(0,+\infty)$内单调递减，所以$\log_{0.4}3.5>\log_{0.4}4.5$．

16．解：原不等式变形得$\log_2(x^2-x+6)>\log_2 8$，于是$x^2-x+6>8$，即$x^2-x-2>0$，解得$x<-1$或$x>2$，故原不等式的解集为$(-\infty,-1)\cup(2,+\infty)$．

17．解：要使函数$f(x)$有意义，需满足$x^2+x-2>0$，解得$x<-2$或$x>1$，即$f(x)$的定义域为$(-\infty,-2)\cup(1,+\infty)$．原函数$f(x)=\log_{\frac{1}{2}}(x^2+x-2)$可看作是由函数$f(u)=\log_{\frac{1}{2}}u$和$u=x^2+x-2$复合而成，因为函

数 $u(x)=x^2+x-2$ 的图像开口向上，对称轴为 $x=-\frac{1}{2}$．则 $u(x)$ 在区间 $(-\infty,-2)$ 内单调递减，在区间 $(1,+\infty)$ 内单调递增，又 $f(u)=\log_{\frac{1}{2}}u$ 是其定义域内的减函数，所以复合函数 $y=\log_{\frac{1}{2}}(x^2+x-2)$ 的单调递增区间是 $(-\infty,-2)$．

18．**解**：（1）将点 $(-2,1)$ 代入 $f(x)=\log_6(x^2-bx-4)$，得 $1=\log_6(4+2b-4)$，解得 $b=3$，所以函数 $f(x)=\log_6(x^2-3x-4)$．

（2）由（1）可知，$f(x)=\log_6(x^2-3x-4)$，要使该函数有意义，需满足 $x^2-3x-4>0$，解得 $x<-1$ 或 $x>4$，即函数 $f(x)$ 的定义域为 $(-\infty,-1)\cup(4,+\infty)$．

19．**解**：（1）因为 $f(x)$ 是定义在 **R** 内的奇函数，所以 $f(0)=0$，即 $f(0)=2^0+0+b=0$，解得 $b=-1$．

（2）由（1）可知，当 $x\geqslant 0$ 时，$f(x)=2^x+x-1$；当 $x<0$ 时，$-x>0$，则 $f(-x)=2^{-x}-x-1$．因为 $f(x)$ 是定义在 **R** 内的奇函数，则 $-f(-x)=f(x)$，所以当 $x<0$ 时，$f(x)$ 的解析式为 $f(x)=-2^{-x}+x+1$．

（3）因为 $f(x)=\begin{cases}2^x+x-1, & x\geqslant 0,\\ -2^{-x}+x+1, & x<0,\end{cases}$ 则 $f(-1)=-2^1-1+1=-2$，$f(3)=2^3+3-1=10$，所以 $f(-1)+f(3)=-2+10=8$．

20．**解**：设经过 x 年，甲产品的年产量会超过乙产品的年产量，则 $10(1+50\%)^x>40(1+20\%)^x$，即 $\left(\frac{5}{4}\right)^x>4$，等式两边取对数，得 $x>\frac{2\lg 2}{\lg 5-2\lg 2}=\frac{2\times 0.301}{0.699-2\times 0.301}\approx 6.21$．因此，至少经过 7 年，甲产品的年产量会超过乙产品的年产量．

第6章 直线与圆的方程

6.1 两点间距离公式和线段的中点坐标公式

基础夯实

1．A【**解析**】由线段的中点坐标公式，得线段 AB 的中点坐标为 $\left(\frac{3+7}{2},\frac{-4+6}{2}\right)$，即 $(5,1)$．故选 A．

2．A【**解析**】由两点间距离公式，得 $|AB|=\sqrt{(1+2)^2+(3+1)^2}=5$．故选 A．

3．$(-1,-8)$【**解析**】由题可知，点 P 是点 A 与点 B 的中点．设点 B 的坐标为 (x,y)，由线段的中点坐标公式，得 $0=\frac{1+x}{2}$，$-3=\frac{2+y}{2}$，解得 $x=-1$，$y=-8$．因此，点 B 的坐标为 $(-1,-8)$．

解题技巧

如果点 A 与点 B 关于点 P 对称，那么点 P 即为线段 AB 的中点，可以利用线段的中点坐标公式，求解对称点的坐标．

4．-7 或 9【**解析**】由两点间距离公式，得 $|AB|=\sqrt{(7-1)^2+(x-1)^2}=\sqrt{x^2-2x+37}=10$，整理得 $x^2-2x-63=0$，解得 $x=-7$ 或 9．

易错点 利用两点间距离公式和线段的中点坐标公式解题时，应注意公式的特点，两点间距离公式是两点对应坐标之差的平方和的算术平方根；线段的中点坐标公式是两点对应坐标之和的一半.

5. **解**：设点 B 的坐标为 (x,y)，由线段的中点坐标公式，得 $\frac{6+x}{2}=-1$，$\frac{2+y}{2}=4$，解得 $x=-8$，$y=6$，即点 B 的坐标为 $(-8,6)$．由两点间距离公式，得线段 AB 的长度为 $|AB|=\sqrt{(-8-6)^2+(6-2)^2}=2\sqrt{53}$．

能力提升

1. D【解析】因为点 M 是线段 AB 的中点，所以 $1=\frac{-8+y}{2}$，解得 $y=10$．故选 D.

2. D【解析】由两点间距离公式，得线段 AB 的长度为 $|AB|=\sqrt{(2-x)^2+(3-1)^2}=\sqrt{x^2-4x+8}=\sqrt{13}$，整理得 $x^2-4x-5=0$，解得 $x=-1$ 或 5．因此，点 A 的坐标为 $(-1,1)$ 或 $(5,1)$，则线段 AB 的中点坐标为 $\left(\frac{1}{2},2\right)$ 或 $\left(\frac{7}{2},2\right)$．故选 D.

3. $(3,-4)$【解析】在平面直角坐标系中，任意一点关于 x 轴的对称点，其坐标变化为“横坐标不变，纵坐标变成相反数”．因此，点 $A(3,4)$ 关于 x 轴的对称点的坐标为 $(3,-4)$．

4. $(\sqrt{34},0)$【解析】设点 A 的坐标为 $(x,0)$，由两点间距离公式，得 $x=\sqrt{5^2+(-3)^2}=\sqrt{34}$，所以点 A 的坐标为 $(\sqrt{34},0)$．

5. **解**：设 AB 边上的中点 D 的坐标为 (x,y)，由线段的中点坐标公式，得 $x=\frac{2+1}{2}=\frac{3}{2}$，$y=\frac{0-2}{2}=-1$，即点 D 的坐标为 $\left(\frac{3}{2},-1\right)$．由两点间距离公式，得 $|CD|=\sqrt{\left(\frac{3}{2}+1\right)^2+(-1-3)^2}=\frac{\sqrt{89}}{2}$．因此，$AB$ 边上的中线 CD 的长度为 $\frac{\sqrt{89}}{2}$．

本节测试

1. B【解析】由线段的中点坐标公式，得线段 AB 的中点坐标为 $\left(\frac{2-6}{2},\frac{9+3}{2}\right)$，即 $(-2,6)$．故选 B.

2. D【解析】由两点间距离公式，得 $|AB|=\sqrt{(0-5)^2+(12-0)^2}=13$．故选 D.

3. $(7,2)$【解析】设点 $(-3,-4)$ 关于点 $(2,-1)$ 的对称点的坐标是 (a,b)，由线段的中点坐标公式，得 $\frac{-3+a}{2}=2$，$\frac{-4+b}{2}=-1$，解得 $a=7$，$b=2$，故所求点的坐标为 $(7,2)$．

4. $(0,-5)$【解析】设点 B 的坐标为 (x,y)，由线段的中点坐标公式，得 $2=\frac{4+x}{2}$，$-1=\frac{3+y}{2}$，解得 $x=0$，$y=-5$，即点 B 的坐标为 $(0,-5)$．

5. **证明**：因为线段 AC 的中点坐标为 $\left(2,\frac{1}{2}\right)$，且点 C 的坐标为 $(1,-1)$，由线段的中点坐标公式，所以点 A 的坐标为 $(3,2)$．又因为 $AB^2=(-2-3)^2+(1-2)^2=26$，$AC^2=(1-3)^2+(-1-2)^2=13$，$BC^2=(1+2)^2+$

$(-1-1)^2=13$，则 $AC=BC$，且 $AC^2+BC^2=AB^2$，所以 $\triangle ABC$ 是等腰直角三角形，得证.

真题实战

1．D【解析】由线段的中点坐标公式，得线段 AB 的中点坐标为 $(-2,3)$．故选 D.

2．D【解析】设点 N 的坐标为 (x,y)，由线段的中点坐标公式，得 $-1=\dfrac{3+x}{2}$，$2=\dfrac{-3+y}{2}$，解得 $x=-5$，$y=7$，即点 N 的坐标为 $(-5,7)$．故选 D.

3．D【解析】由两点间距离公式，得 $|AB|=\sqrt{(-4-2)^2+(-3-5)^2}=10$．故选 D.

4．A【解析】直线 $x-3y-6=0$ 与 x，y 轴的交点 M，N 的坐标分别为 $(6,0)$，$(0,-2)$，由两点间距离公式，得 $|MN|=\sqrt{(0-6)^2+(-2-0)^2}=\sqrt{40}=2\sqrt{10}$．故选 A.

5．C【解析】设点 $(1,-1)$ 关于点 $(0,0)$ 的对称点的坐标是 (a,b)，由线段的中点坐标公式，得 $\dfrac{1+a}{2}=0$，$\dfrac{-1+b}{2}=0$，解得 $a=-1$，$b=1$，故所求点的坐标为 $(-1,1)$．故选 C.

6．证明：因为 $AB^2=(2-5)^2+(1-2)^2=10$，$AC^2=(2-1)^2+(1-4)^2=10$，$BC^2=(5-1)^2+(2-4)^2=20$，则 $AB=AC$，且 $AB^2+AC^2=BC^2$，所以 $\triangle ABC$ 是等腰直角三角形，得证.

6.2 直线的方程

6.2.1 直线的倾斜角与斜率

基础夯实

1．D【解析】每一条直线都有倾斜角，且倾斜角的取值范围是 $[0,\pi)$，A 和 B 选项说法正确．与 x 轴、y 轴垂直的直线的倾斜角分别为 $\dfrac{\pi}{2}$ 和 0，C 选项说法正确．当直线的倾斜角 $\alpha\neq\dfrac{\pi}{2}$ 时，直线的斜率 $k=\tan\alpha$，D 选项说法错误．故选 D.

2．D【解析】由直线的斜率公式，得斜率 $k=\dfrac{6-4}{4-3}=2$．故选 D.

3．D【解析】由直线斜率的定义，得斜率 $k=\tan\dfrac{5\pi}{6}=\tan\left(\pi-\dfrac{\pi}{6}\right)=-\tan\dfrac{\pi}{6}=-\dfrac{\sqrt{3}}{3}$．故选 D.

4．1【解析】设直线的斜率为 k，由直线的斜率公式，得斜率 $k=\tan\dfrac{\pi}{4}=1$.

能力提升

1．A【解析】由直线斜率的定义，得斜率 $k=\tan\alpha=\dfrac{y_2-y_1}{x_2-x_1}=\dfrac{\sqrt{3}-0}{1-a}=-\sqrt{3}$，解得 $a=2$．故选 A.

2．D【解析】设直线 l_1，l_2 的斜率分别为 k_1，k_2，则 $k_1=\tan\dfrac{\pi}{3}=\sqrt{3}$．因为直线 $l_1\perp l_2$，所以 $k_1\cdot k_2=\sqrt{3}k_2=-1$，解得 $k_2=-\dfrac{\sqrt{3}}{3}$．故选 D.

方法总结

计算直线斜率的方法：① 定义法，若已知直线的倾斜角，则可根据直线斜率的定义，将直线的倾斜角 α 代入公式 $k=\tan\alpha\left(\alpha\neq\frac{\pi}{2}\right)$，得到的正切值即为所求斜率；② 公式法，若已知直线上任意两点的坐标，则可将其代入公式 $k=\frac{y_2-y_1}{x_2-x_1}$ $(x_1\neq x_2)$，即可计算出直线的斜率．

3．C【解析】由直线的斜率公式，得斜率 $k=\frac{m^2-4}{-2-m}=1$，解得 $m=-2$ 或 1．当 $m=-2$ 时，P，Q 两点坐标相同，故舍去，则 $m=1$．故选 C.

4．B【解析】由直线的斜率公式，得斜率 $k=\frac{\sqrt{3}+2-5}{1-\sqrt{3}}=\sqrt{3}$．又直线倾斜角的范围是 $0\leqslant\alpha<\pi$，所以该直线的倾斜角 $\alpha=\frac{\pi}{3}$．故选 B.

6.2.2 直线的点斜式方程与斜截式方程

基础夯实

1．C【解析】直线 $y=-\sqrt{3}x+\frac{1}{2}$ 的斜率 $k=-\sqrt{3}$，即 $\tan\alpha=-\sqrt{3}$．又直线倾斜角的范围是 $0\leqslant\alpha<\pi$，所以该直线的倾斜角为 $\frac{2\pi}{3}$．故选 C.

2．C【解析】由直线的斜率 $k=2$，可设直线方程为 $y=2x+b$，代入点 $(1,3)$，得 $3=2+b$，解得 $b=1$，所以该直线的斜截式方程为 $y=2x+1$．故选 C.

3．A【解析】由题可知，直线 l 的斜率 $k=\tan\frac{3\pi}{4}=-1$，且 l 在 y 轴上的截距为 -5，则 l 的斜截式方程为 $y=-x-5$．故选 A.

易错点 截距与距离不同．截距是实数，可正、可负、可为 0；距离是一个非负数．

4．$\frac{\pi}{4}$【解析】因为直线 $y=x+2$ 的斜率 $k=\tan\alpha=1$，且直线倾斜角的范围是 $0\leqslant\alpha<\pi$，所以该直线的倾斜角 $\alpha=\frac{\pi}{4}$.

5．解：直线 l 的倾斜角为 $\alpha=\frac{2\pi}{3}$，则其斜率为 $k=\tan\frac{2\pi}{3}=\tan\left(\pi-\frac{\pi}{3}\right)=-\tan\frac{\pi}{3}=-\sqrt{3}$，因为该直线过点 $P(-1,2)$，所以直线 l 的点斜式方程为 $y-2=-\sqrt{3}(x+1)$.

能力提升

1．D【解析】直线 $x=\frac{\pi}{6}$ 垂直于 x 轴，该直线的斜率不存在，倾斜角为 $\frac{\pi}{2}$．故选 D.

2．A【解析】垂直于 x 轴的直线方程可设为 $x=a$，又直线过点 $(4,6)$，所以该直线的方程为 $x=4$．故选 A.

方法总结

特殊直线方程的形式及其说明如下.

（1）过点 $M(x_0, y_0)$ 与 y 轴垂直的直线方程为 $y=y_0$，其斜率 $k=0$.

（2）过点 $M(x_0, y_0)$ 与 x 轴垂直的直线方程为 $x=x_0$，其斜率 k 不存在.

（3）过原点的直线方程可表示为 $Ax+By=0$（A，B 不同时为 0）或 $y=kx$.

3. A【解析】直线 $\sqrt{3}x-3y+1=0$ 的斜率 $k=\frac{\sqrt{3}}{3}=\tan\theta$，且 $\theta\in[0,\pi)$，则直线 $\sqrt{3}x-3y+1=0$ 的倾斜角 $\theta=\frac{\pi}{6}$，所以直线 l 的倾斜角 $\alpha=2\theta=\frac{\pi}{3}$. 故选 A.

4. D【解析】A 选项中，斜率 $k=1$. B 选项中，方程可化为 $y=-\frac{\sqrt{5}}{5}x+\sqrt{5}$，斜率 $k=-\frac{\sqrt{5}}{5}$. C 选项中，斜率 $k=2$. D 选项中，方程可化为 $x=3$，斜率不存在. 故选 D.

5. **解**：设线段 AB 的中点坐标为 (x, y)，由线段的中点坐标公式，得 $x=\frac{2+0}{2}=1$，$y=\frac{-1+5}{2}=2$，即中点坐标为 $(1,2)$，则直线 l 过点 $(1,2)$，且斜率 $k=\tan\frac{\pi}{3}=\sqrt{3}$，所以直线 l 的点斜式方程为 $y-2=\sqrt{3}(x-1)$.

6. **解**：**（方法一）**设直线 l 在 y 轴上的截距为 b，且 l 在 x 轴上的截距为 $a=6$，则直线 l 与两坐标轴的交点为 $(6,0)$，$(0,b)$. 由题可知，$\frac{1}{2}\times6\times|b|=12$，解得 $b=\pm4$. 当 $a=6$，$b=4$ 时，直线 l 的斜率 $k_1=\frac{4-0}{0-6}=-\frac{2}{3}$，$l$ 的斜截式方程为 $y=-\frac{2}{3}x+4$；当 $a=6$，$b=-4$ 时，直线 l 的斜率 $k_2=\frac{-4-0}{0-6}=\frac{2}{3}$，$l$ 的斜截式方程为 $y=\frac{2}{3}x-4$. 综上，直线 l 的斜截式方程为 $y=-\frac{2}{3}x+4$ 或 $y=\frac{2}{3}x-4$.

（方法二）设直线 l 在 y 轴上的截距为 b，且 l 在 x 轴上的截距为 $a=6$，则直线 l 与两坐标轴的交点为 $(6,0)$，$(0,b)$. 由题可知，$\frac{1}{2}\times6\times|b|=12$，解得 $b=\pm4$. 将 $a=6$，$b=4$ 代入截距式方程中，得 $\frac{x}{6}+\frac{y}{4}=1$，整理得斜截式方程 $y=-\frac{2}{3}x+4$. 将 $a=6$，$b=-4$ 代入截距式方程中，得 $\frac{x}{6}+\frac{y}{-4}=1$，整理得斜截式方程 $y=\frac{2}{3}x-4$. 综上，直线 l 的斜截式方程为 $y=-\frac{2}{3}x+4$ 或 $y=\frac{2}{3}x-4$.

方法总结

已知 a，b 分别是直线 l 在 x 轴和 y 轴上的非零截距，则直线 l 的**截距式方程**为 $\frac{x}{a}+\frac{y}{b}=1\,(a\neq0,\ b\neq0)$.

6.2.3 直线的一般式方程

基础夯实

1. C【解析】将 $x=0$ 代入直线方程 $x+5y+10=0$，解得 $y=-2$，即直线 $x+5y+10=0$ 在 y 轴上的截距为 -2 . 故选 C.

2. A【解析】由题可知，直线的斜截式方程为 $y=\sqrt{3}x-3$，可化为 $\sqrt{3}x-y-3=0$. 故选 A.

3．A【解析】由题可知，直线的斜率为$\tan\frac{2\pi}{3}=-\sqrt{3}$，设直线方程为$y=-\sqrt{3}x+b$，代入点$A(-2,\sqrt{3})$，得$\sqrt{3}=2\sqrt{3}+b$，解得$b=-\sqrt{3}$，所以直线的斜截式方程为$y=-\sqrt{3}x-\sqrt{3}$，可化为$\sqrt{3}x+y+\sqrt{3}=0$．故选A．

4．**解：**将$x=0$代入直线方程$5x-2y+12=0$，解得$y=6$，即该直线的纵截距为6．将$y=0$代入直线方程$5x-2y+12=0$，解得$x=-\frac{12}{5}$，即该直线的横截距为$-\frac{12}{5}$．因此，直线$5x-2y+12=0$与坐标轴围成的三角形的面积为$S=\frac{1}{2}|a||b|=\frac{1}{2}\times\left|-\frac{12}{5}\right|\times6=\frac{36}{5}$．

解题技巧

直线l与两坐标轴围成的三角形为直角三角形，该三角形的面积$S=\frac{1}{2}|a||b|$，其中，a，b分别为直线l的横截距和纵截距．

能力提升

1．B【解析】将$x=0$代入直线方程$5x-2y-10=0$，解得$y=-5$，则$b=-5$．将$y=0$代入直线方程$5x-2y-10=0$，解得$x=2$，则$a=2$．故选B．

2．A【解析】直线$mx-y+2m+1=0$可化为$m(x+2)=y-1$，由直线的点斜式方程，得直线恒过点$(-2,1)$．故选A．

3．$4x-3y-10=0$【解析】因为直线倾斜角的取值范围是$[0,\pi)$，则$\sin\alpha=\sqrt{1-\cos^2\alpha}=\sqrt{1-\left(\frac{3}{5}\right)^2}=\frac{4}{5}$，所以直线的斜率为$k=\tan\alpha=\frac{\sin\alpha}{\cos\alpha}=\frac{4}{3}$．又直线过点$(1,-2)$，则直线的点斜式方程为$y+2=\frac{4}{3}(x-1)$，故所求直线的一般式方程为$4x-3y-10=0$．

4．一【解析】将$y=0$代入直线方程$Ax+By-C=0$，得横截距$\frac{C}{A}$；将$x=0$代入直线方程$Ax+By-C=0$，得纵截距$\frac{C}{B}$．因为$AC<0$，$BC<0$，则A与C异号，B与C异号，所以直线的横截距$\frac{C}{A}<0$，纵截距$\frac{C}{B}<0$，从而直线不过第一象限．

5．**解：（方法一）**当直线l的斜率不存在时，因为直线过点$A(-4,2)$，所以l的方程为$x=-4$，此时l在x轴、y轴上的截距不相等，故舍去；当直线l的斜率存在时，设l的点斜式方程为$y-2=k(x+4)$，又l在x轴、y轴上的截距相等，即$2+4k=-\frac{2}{k}-4$，解得$k=-\frac{1}{2}$或-1，所以l的点斜式方程为$y-2=-\frac{1}{2}(x+4)$或$y-2=-(x+4)$，整理得一般式方程为$x+2y=0$或$x+y+2=0$．

（方法二）设直线l在x轴、y轴上的截距为a．当$a=0$时，直线l经过原点和点$A(-4,2)$，则直线l的斜率$k=\frac{2}{-4}=-\frac{1}{2}$，所以$l$的点斜式方程为$y=-\frac{1}{2}x$，整理得一般式方程为$x+2y=0$；当$a\neq0$时，可设直线$l$的方程为$\frac{x}{a}+\frac{y}{a}=1$，代入点$A(-4,2)$，得$\frac{-4}{a}+\frac{2}{a}=1$，解得$a=-2$，整理得$l$的一般式方程为$x+y+2=0$．

本节测试

1．C【解析】因为直线过点$P(0,2)$且斜率为2，所以直线的点斜式方程为$y-2=2x$，整理得一般式方程为

$2x-y+2=0$．故选 C．

2．D【解析】因为直线过点$(5,2)$，且斜率$k=\tan\frac{\pi}{4}=1$，所以直线的点斜式方程为$y-2=x-5$，整理得一般式方程为$x-y-3=0$．故选 D．

3．D【解析】因为直线l上的点$(1,2)$与$(1,4)$的横坐标相同，则直线l的斜率不存在，所以直线l的方程可表示为$x=1$．故选 D．

4．A【解析】当$x=0$时，$y=8$；当$y=0$时，$x=12$，即直线l在x轴和y轴上的截距分别为 12 和 8．因此，直线l与两坐标轴围成的三角形的面积$S=\frac{1}{2}\times12\times8=48$．故选 A．

5．$-\frac{2}{3}$【解析】将点$A(a,4)$代入直线方程$3x+y-2=0$，得$3a+4-2=0$，解得$a=-\frac{2}{3}$．

6．$-\frac{3}{2}$【解析】（方法一）由直线的斜率公式，得直线l的斜率$k=\frac{1-9}{-1-3}=2$，则l的点斜式方程为$y-1=2(x+1)$，整理得l的一般式方程为$2x-y+3=0$．将$y=0$代入直线方程，解得$x=-\frac{3}{2}$，所以直线l在x轴上的截距为$-\frac{3}{2}$．

（方法二）将点$(3,9)$和$(-1,1)$代入直线的两点式方程，得$\frac{y-9}{1-9}=\frac{x-3}{-1-3}$，整理得直线$l$的一般式方程为$2x-y+3=0$．将$y=0$代入直线方程，解得$x=-\frac{3}{2}$，所以直线$l$在$x$轴上的截距为$-\frac{3}{2}$．

方法总结

已知$A(x_1,y_1)$，$B(x_2,y_2)$是直线l上的两点，且$x_1\neq x_2$，$y_1\neq y_2$，则直线l的**两点式方程**为$\frac{y-y_1}{y_2-y_1}=\frac{x-x_1}{x_2-x_1}(x_1\neq x_2,\ y_1\neq y_2)$．

7．**解：**（1）由题可知，直线的横截距$a=-3$，纵截距$b=5$，代入直线的截距式方程，得$\frac{x}{-3}+\frac{y}{5}=1$，整理得所求直线方程为$5x-3y+15=0$．

（2）设直线的方程为$y=-x+m$，代入点$M(0,-2)$，得$-2=0+m$，解得$m=-2$，故所求直线方程为$y=-x-2$，可化为$x+y+2=0$．

8．**解：**将$x=0$代入直线方程$x+3y-6=0$，解得$y=2$，即点B的坐标为$(0,2)$．将$y=0$代入直线方程$x+3y-6=0$，解得$x=6$，即点A的坐标为$(6,0)$．从而线段AB的中点坐标为$(3,1)$．设直线l的斜截式方程为$y=kx-2$，代入点$(3,1)$，得$1=3k-2$，解得$k=1$，所以直线l的一般式方程为$x-y-2=0$．

真题实战

1．B【解析】直线$y=-\frac{2}{3}x+1$的斜率为$-\frac{2}{3}$．故选 B．

2．D【解析】由直线的斜率公式，得斜率$k=\frac{9-3}{4-6}=-3$．故选 D．

3．C【解析】由直线的斜率公式，得直线 $y=\sqrt{3}x-23$ 的斜率 $k=\sqrt{3}$，即 $\tan\alpha=\sqrt{3}$．又直线倾斜角的范围是 $0\leqslant\alpha<\pi$，所以该直线的倾斜角为 $\alpha=\frac{\pi}{3}$．故选 C.

4．B【解析】由直线斜率的定义，得斜率 $k=\tan\frac{2\pi}{3}=-\sqrt{3}$．故选 B.

5．D【解析】$x=\sqrt{3}$ 是垂直于 x 轴的直线，由直线倾斜角的定义，得倾斜角 $\alpha=\frac{\pi}{2}$．故选 D.

6．B【解析】由直线斜率的定义，得斜率 $k=\tan\frac{\pi}{3}=\sqrt{3}$，又直线过点 $(-1,2)$，所以直线的点斜式方程为 $y-2=\sqrt{3}(x+1)$．故选 B.

7．A【解析】将 $y=0$ 代入直线方程 $x-4y+3=0$，解得 $x=-3$，即直线在 x 轴上的截距为 -3．故选 A.

8．B【解析】由直线的斜率公式，得直线 l 的斜率 $k=\frac{12-2}{5-0}=2$，则 l 的点斜式方程为 $y-2=2(x-0)$，整理得 l 的一般式方程为 $2x-y+2=0$．因为点 $B(2,m)$ 在直线上，将 B 点坐标代入直线方程，解得 $m=6$．故选 B.

9．ABCD【解析】A 选项中，$y=-2x+3$，即 $2x+y-3=0$．B 选项中，$y-2=-2\left(x-\frac{1}{2}\right)$ 整理可得 $y=-2x+3$．C 选项中，$\frac{y-1}{3-1}=\frac{x-1}{0-1}$ 整理可得 $y=-2x+3$．D 选项中，$6x+3y-9=0$，等式两边同时除以 3 可得 $2x+y-3=0$．故选 ABCD.

10．AC【解析】由直线的斜率公式，得直线 l 的斜率为 $k=\frac{1-0}{0-(-1)}=1$，因为直线 l 过点 $A(-1,0)$，则直线的点斜式方程为 $y=x+1$，其一般式方程为 $x-y+1=0$．故选 AC.

11．√【解析】将原点 $(0,0)$ 代入直线方程 $5x+3y+c=0$，得 $c=0$，题干表述正确.

6.3 两条直线的位置关系

6.3.1 两条直线平行

基础夯实

1．B【解析】A 和 D 选项的两条直线相交．B 选项的两条直线相互平行．C 选项的两条直线垂直．故选 B.

2．B【解析】若直线 $ax+2y+2=0$ 与 $3x-y-2=0$ 平行，则 $A_1B_2-A_2B_1=a\times(-1)-3\times2=0$，且 $B_1C_2-B_2C_1=2\times(-2)-(-1)\times2\neq0$，解得 $a=-6$．故选 B.

方法总结

已知直线 l_1：$A_1x+B_1y+C_1=0$，l_2：$A_2x+B_2y+C_2=0$，若 l_1 与 l_2 平行，则 $A_1B_2-A_2B_1=0$ 且 $B_1C_2-B_2C_1\neq0$．

3．**解**：设所求直线方程为 $3x+5y+m=0$，代入点 $(-7,6)$，得 $-21+30+m=0$，解得 $m=-9$，故所求直线方程为 $3x+5y-9=0$．

方法总结

求与直线 $Ax+By+C=0$ 平行的直线方程时，可设所求直线方程为 $Ax+By+m=0\,(m\neq C)$．

能力提升

1．C【解析】直线 $2x-y+k=0$ 的斜截式方程为 $y=2x+k$，直线 $4x-2y+1=0$ 的斜截式方程为 $y=2x+\frac{1}{2}$，当 $k=\frac{1}{2}$ 时，两直线重合；当 $k\neq\frac{1}{2}$ 时，两直线平行，所以两直线的位置关系是平行或重合．故选 C．

2．C【解析】因为两直线平行，所以 $A_1B_2-A_2B_1=2(a+5)-2a\times 6a=-12a^2+2a+10=0$，且 $B_1C_2-B_2C_1=6a\times(-11)-(a+5)\times(-5)=-61a+25\neq 0$，解得 $a=-\frac{5}{6}$ 或1．故选 C．

3．A【解析】由题可知，两直线斜率相等，则 $\frac{7-3}{1-(-1)}=-\frac{m}{3m-7}$，解得 $m=2$．故选 A．

4．-3【解析】因为 l_1 与 l_2 平行，所以 $A_1B_2-A_2B_1=2\times 3-m(m+1)=-m^2-m+6=0$，且 $B_1C_2-B_2C_1=(m+1)\times(-2)-3\times(-2)=-2m+4\neq 0$，解得 $m=-3$．

5．解：将 $x=0$ 代入直线 l：$3x+by-1=0$，得 $y=\frac{1}{b}$；将 $y=0$ 代入直线 l：$3x+by-1=0$，得 $x=\frac{1}{3}$，即 l 在 x 轴和 y 轴上的截距分别为 $\frac{1}{3}$ 和 $\frac{1}{b}$，则 l 与两坐标轴围成的三角形的面积 $S=\frac{1}{2}\times\frac{1}{3}\times\frac{1}{b}=\frac{1}{24}$，解得 $b=4$，所以 l 的方程为 $3x+4y-1=0$．又所求直线与 l 平行，则设所求直线方程为 $3x+4y+m=0$，代入点 $(3,3)$，得 $3\times 3+4\times 3+m=0$，解得 $m=-21$，故所求直线方程为 $3x+4y-21=0$．

6.3.2　两条直线相交

基础夯实

1．B【解析】联立 $\begin{cases}2x-y+1=0,\\2x+3y-3=0,\end{cases}$ 解得 $\begin{cases}x=0,\\y=1,\end{cases}$ 即直线 l_1 与 l_2 的交点坐标为 $(0,1)$．故选 B．

2．D【解析】直线 $\sqrt{2}x+2y+1=0$ 的斜率为 $k_1=-\frac{\sqrt{2}}{2}$，直线 $x-\sqrt{2}y+3=0$ 的斜率为 $k_2=\frac{\sqrt{2}}{2}$，$k_1\neq k_2$，且 $k_1\cdot k_2=-\frac{1}{2}\neq -1$，所以两条直线相交，但不垂直．故选 D．

3．C【解析】因为直线 $x+5y-1=0$ 与 $5x+ay+2=0$ 垂直，所以 $A_1A_2+B_1B_2=5+5a=0$，解得 $a=-1$．故选 C．

方法总结

已知直线 l_1：$A_1x+B_1y+C_1=0$，l_2：$A_2x+B_2y+C_2=0$，若 l_1 与 l_2 垂直，则 $A_1A_2+B_1B_2=0$．

4．A【解析】设直线 l 的斜率为 k，因为直线 l 与已知直线垂直，所以 $\frac{2}{3}k=-1\Rightarrow k=-\frac{3}{2}$．又直线过点 $(0,2)$，所以直线的点斜式方程为 $y-2=-\frac{3}{2}(x-0)$，整理得直线 l 的方程为 $3x+2y-4=0$．故选 A．

5．A【解析】因为直线 $3x+6y-4=0$ 的斜率为 $-\frac{A}{B}=-\frac{3}{6}=-\frac{1}{2}$，所以直线 l 的斜率为 $k=2$．将 $x=0$ 代入直线

方程 $3x+6y-4=0$，得两直线在 y 轴上的截距为 $\frac{2}{3}$，所求直线的斜截式方程为 $y=2x+\frac{2}{3}$，整理得 $6x-3y+2=0$．故选 A.

6．**解**：因为直线 l 与直线 $x+2y+3=0$ 垂直，所以设直线 l 的方程为 $2x-y+m=0$，代入点 $P(1,3)$，得 $2\times1-3+m=0$，解得 $m=1$，故直线 l 的方程为 $2x-y+1=0$．

方法总结

求与直线 $Ax+By+C=0$ 垂直的直线方程时，可设所求方程为 $Bx-Ay+m=0$．

能力提升

1．A【解析】所求直线与直线 $3x-4y+6=0$ 垂直，设所求直线方程为 $4x+3y+m=0$，代入点 $P(4,-1)$，得 $4\times4+3\times(-1)+m=0$，解得 $m=-13$，故所求直线的方程为 $4x+3y-13=0$．故选 A.

2．D【解析】设所求直线方程为 $y=a$，因为直线过点 $(2,-1)$，所以该直线方程为 $y=-1$．故选 D.

3．B【解析】因为直线 $ax+(1-a)y=4$ 与 $(a-1)x+(2a+3)y-5=0$ 垂直，所以 $a(a-1)+(1-a)(2a+3)=0$，即 $-(a-1)(a+3)=0$，解得 $a=-3$ 或 1．故选 B.

4．B【解析】直线 l_1 过点 $A(-4,0)$，$B(0,3)$，则其斜率 $k_1=\frac{3-0}{0-(-4)}=\frac{3}{4}$．又直线 l_2 的斜率 $k_2=1$，则 $k_1\neq k_2$ 且 $k_1k_2\neq-1$，所以直线 l_1 与 l_2 相交，但不垂直．故选 B.

5．2【解析】直线 l_2：$y=2x+2$ 可化为 $2x-y+2=0$，因为直线 l_1：$x+ay+1=0$ 与 l_2：$2x-y+2=0$ 垂直，所以 $A_1A_2+B_1B_2=2-a=0$，解得 $a=2$．

6．$3x+y+4=0$【解析】由线段的中点坐标公式，得线段 AB 的中点坐标为 $(-2,2)$．因为 $k_{AB}=\frac{1-3}{-5-1}=\frac{1}{3}$，且点 A，B 所在直线与直线 l 垂直，所以直线 l 的斜率为 $k=-3$，则直线 l 的点斜式方程为 $y-2=-3(x+2)$，一般式方程为 $3x+y+4=0$．

7．$x-2y-1=0$【解析】由题可知，线段 AB 的中点坐标为 $\left(\frac{2+4}{2},\frac{3-1}{2}\right)$，即 $(3,1)$，线段 AB 所在直线的斜率 $k_1=\frac{-1-3}{4-2}=-2$，则线段 AB 的垂直平分线的斜率为 $k_2=\frac{-1}{k_1}=\frac{1}{2}$，所以线段 AB 的垂直平分线的点斜式方程为 $y-1=\frac{1}{2}(x-3)$，整理得 $x-2y-1=0$．

8．**解**：联立 $\begin{cases}2x+y+8=0,\\x+y=-3,\end{cases}$ 解得 $\begin{cases}x=-5,\\y=2,\end{cases}$ 即两直线的交点为 $(-5,2)$．所求直线与直线 $2x+3y=16$ 垂直，设所求直线为 $3x-2y+m=0$，代入点 $(-5,2)$，得 $-15-4+m=0$，解得 $m=19$，故所求直线方程为 $3x-2y+19=0$．

9．**解**：联立 $\begin{cases}2x+3y=2a+1,\\4x+y=a,\end{cases}$ 解得 $\begin{cases}x=\frac{a-1}{10},\\y=\frac{3a+2}{5}.\end{cases}$ 因为两条直线的交点位于第二象限，所以 $x=\frac{a-1}{10}<0$，$y=\frac{3a+2}{5}>0$，解得 $-\frac{2}{3}<a<1$，即 a 的取值范围是 $\left(-\frac{2}{3},1\right)$．

10．**解**：（1）直线 l 的倾斜角为 $\alpha=\frac{\pi}{6}$，则其斜率为 $\frac{\sqrt{3}}{3}$，因为该直线过点 $P(\sqrt{3},2)$，所以直线 l 的点斜式方

程为 $y-2=\frac{\sqrt{3}}{3}(x-\sqrt{3})$，整理得 $x-\sqrt{3}y+\sqrt{3}=0$.

（2）因为直线 m 与直线 l 垂直，所以直线 m 的斜率为 $-\sqrt{3}$，且直线 m 过点 $(1,\sqrt{3})$，则直线 m 的方程为 $y-\sqrt{3}=-\sqrt{3}(x-1)$，即 $y=-\sqrt{3}x+2\sqrt{3}$，可得直线 m 与 x 轴的交点坐标为 $(2,0)$，与 y 轴的交点坐标为 $(0,2\sqrt{3})$，故直线 m 与两坐标轴围成的三角形的面积为 $\frac{1}{2}\times2\sqrt{3}\times2=2\sqrt{3}$.

6.3.3 点到直线的距离

基础夯实

1. B【解析】由点到直线的距离公式，得 $d=\frac{|5|}{\sqrt{7^2+1^2}}=\frac{\sqrt{2}}{2}$. 故选 B.

2. C【解析】由点到直线的距离公式，得 $d=\frac{|8-3m+1|}{\sqrt{4^2+(-3)^2}}=\frac{|9-3m|}{5}=3$，即 $|9-3m|=15$，解得 $m=-2$ 或 8. 故选 C.

3. $\frac{14\sqrt{5}}{5}$【解析】由点到直线的距离公式，得 $d=\frac{|4+4+6|}{\sqrt{2^2+(-1)^2}}=\frac{14}{\sqrt{5}}=\frac{14\sqrt{5}}{5}$.

4. $\frac{18}{5}$【解析】直线 $y=\frac{3}{4}x+\frac{1}{4}$ 可化为 $3x-4y+1=0$，由点到直线的距离公式，得 $d=\frac{|9+8+1|}{\sqrt{3^2+(-4)^2}}=\frac{18}{5}$.

5. $15\pm\sqrt{53}$【解析】点 $M(3,b)$ 到直线 $7x-2y+9=0$ 的距离 $d=\frac{|21-2b+9|}{\sqrt{7^2+(-2)^2}}=\frac{|30-2b|}{\sqrt{53}}=2$，解得 $b=15\pm\sqrt{53}$.

能力提升

1. D【解析】当 OM 垂直于直线 $3x+4y-12=0$ 时，线段 OM 最小. 由点到直线的距离公式，得线段 OM 的最小值为 $d=\frac{|0+0-12|}{\sqrt{3^2+4^2}}=\frac{12}{5}$. 故选 D.

2. $[0,10]$【解析】由点 $P(4,a)$ 到直线 $4x-3y-1=0$ 的距离不大于 3，得 $d=\frac{|4\times4-3a-1|}{\sqrt{4^2+(-3)^2}}\leqslant3$，解得 $0\leqslant a\leqslant10$，故 a 的取值范围是 $[0,10]$.

3. $\frac{3\sqrt{5}}{10}$【解析】直线 $2x+y-5=0$ 过点 $(0,5)$，该点到直线 $4x+2y-7=0$ 的距离即为梯形的高，所以 $h=\frac{|4\times0+2\times5-7|}{\sqrt{4^2+2^2}}=\frac{3}{2\sqrt{5}}=\frac{3\sqrt{5}}{10}$.

易错点

（1）运用点到直线的距离公式时，需要将直线方程化为一般式后才能代入计算.

（2）两条平行线间的距离，也是其中一条直线上任意一点到另一条直线的距离. 为计算方便，应在其中一条直线上尽量选取坐标值比较简单的点.

4．**解**：设与两直线等距离的直线方程为$3x+4y+C=0$．由题可知，所求直线与两直线的距离d_1与d_2满足$d_1=d_2$，即$\frac{|C-(-1)|}{\sqrt{3^2+4^2}}=\frac{|C-7|}{\sqrt{3^2+4^2}}$，解得$C=3$，故所求直线方程为$3x+4y+3=0$．

方法总结

已知直线l_1：$Ax+By+C_1=0$与l_2：$Ax+By+C_2=0$平行，则l_1与l_2之间的距离为$d=\frac{|C_1-C_2|}{\sqrt{A^2+B^2}}$．

本节测试

1．A【解析】直线$-2x-6y+8=0$可化为$x+3y-4=0$，所以两条直线重合．故选A.

2．B【解析】设垂线的方程为$x+2y+m=0$，因为垂线过点$(3,2)$，则$3+2\times2+m=0$，解得$m=-7$．联立$\begin{cases}2x-y+1=0,\\x+2y-7=0,\end{cases}$解得$\begin{cases}x=1,\\y=3,\end{cases}$即垂足的坐标为$(1,3)$．故选B.

3．D【解析】（方法一）从所求直线上任取一点(x_0,y_0)，则点(x_0,y_0)关于点$(1,-1)$的对称点$(2-x_0,-2-y_0)$在直线$2x+3y-6=0$上，即$2(2-x_0)+3(-2-y_0)-6=0$，整理得所求直线方程为$2x+3y+8=0$．故选D.

（方法二）由题可知，所求直线与直线$2x+3y-6=0$平行，设所求直线方程为$2x+3y+m=0$，则点$(1,-1)$到两直线的距离相等，即$\frac{|2-3-6|}{\sqrt{2^2+3^2}}=\frac{|2-3+m|}{\sqrt{2^2+3^2}}$，解得$m=-6$或8．当$m=-6$时，两直线重合，故舍去，则$m=8$，所求直线方程为$2x+3y+8=0$．故选D.

4．D【解析】因为点(x_0,y_0)关于直线$y=-x$的对称点为$(-y_0,-x_0)$，所以点$(2,1)$关于直线$y=-x$的对称点的坐标为$(-1,-2)$．故选D.

方法总结

求任意一点关于直线l的对称点的坐标的解题依据是：① 两对称点的连线与直线l垂直；② 两对称点连线的中点在直线l上．

（1）设点$A(x_1,y_1)$关于直线$Ax+By+C=0$的对称点为$B(x_2,y_2)$，则由$\begin{cases}\frac{y_2-y_1}{x_2-x_1}\times\left(-\frac{A}{B}\right)=-1,\\A\frac{x_1+x_2}{2}+B\frac{y_1+y_2}{2}+C=0\end{cases}$可解出$x_2$，$y_2$．

（2）点$A(x_0,y_0)$关于直线$y=x$的对称点为$B(y_0,x_0)$．

（3）点$A(x_0,y_0)$关于直线$y=-x$的对称点为$B(-y_0,-x_0)$．

5．2【解析】由点到直线的距离公式，得$d=\frac{|3\times(-2)+4\times5-4|}{\sqrt{3^2+4^2}}=2$．

6．$\frac{1}{10}$【解析】直线$3x+4y-2=0$可化为$6x+8y-4=0$，则直线$6x+8y-4=0$与$6x+8y-5=0$平行，由两平行线间的距离公式，得$d=\frac{|C_2-C_1|}{\sqrt{A^2+B^2}}=\frac{|-5+4|}{\sqrt{6^2+8^2}}=\frac{1}{10}$．

7．**解**：（1）设所求直线方程为$3x-2y+m=0$，代入点$(2,3)$，得$3\times2-2\times3+m=0$，解得$m=0$，故所求直线方程为$3x-2y=0$．

（2）设所求直线方程为 $2x-3y+m=0$，代入点 $(-2,3)$，得 $2\times(-2)-3\times3+m=0$，解得 $m=13$，故所求直线方程为 $2x-3y+13=0$．

真题实战

1. B【解析】由题可知，$A_1A_2+B_1B_2=4\times5+5\times(-4)=0$，所以两直线垂直．故选 B.
2. B【解析】因为直线 l_1：$2x+3y-6=0$ 与 l_2：$4x+6y+3=0$ 满足 $A_1B_2-A_2B_1=2\times6-4\times3=0$，且 $B_1C_2-B_2C_1=3\times3-6\times(-6)\neq0$，所以两直线平行．故选 B.
3. C【解析】由题可知，$A_1B_2-A_2B_1=2\times3-a\times1=0$，$B_1C_2-B_2C_1=1\times(-5)-3\times1\neq0$，解得 $a=6$．故选 C.
4. A【解析】因为所求直线与直线 $x-2y-1=0$ 垂直，设所求直线方程为 $2x+y+m=0$，代入点 $(0,0)$，解得 $m=0$，故所求直线的方程为 $2x+y=0$．故选 A.
5. B【解析】由直线的斜率公式，得直线 AB 的斜率 $k=\dfrac{3-5}{-6-1}=\dfrac{2}{7}$．又直线过点 $M(-4,1)$，所以直线 l 的点斜式方程为 $y-1=\dfrac{2}{7}(x+4)$，整理得一般式方程为 $2x-7y+15=0$．故选 B.
6. B【解析】两条平行直线之间的距离 $d=\dfrac{|8-(-2)|}{\sqrt{1^2+2^2}}=2\sqrt{5}$．故选 B.
7. ABC【解析】直线 $y=2x+1$ 的斜率 $k=2$，纵截距 $b=1$．A 选项中，直线 $2x-y+3=0$ 的斜率 $k=2$，纵截距 $b=3$，则直线 $y=2x+1$ 与直线 $2x-y+3=0$ 平行．B 选项中，直线 $y=2x-1$ 的斜率 $k=2$，纵截距 $b=-1$，则直线 $y=2x+1$ 与直线 $y=2x-1$ 平行．C 选项中，直线 $4x-2y-1=0$ 的斜率 $k=2$，纵截距 $b=-\dfrac{1}{2}$，则直线 $y=2x+1$ 与直线 $4x-2y-1=0$ 平行．D 选项中，直线 $y=x+1$ 的斜率 $k=1$，则直线 $y=2x+1$ 与直线 $y=x+1$ 不平行．故选 ABC.

6.4 圆

6.4.1 圆的标准方程

基础夯实

1. $x^2+y^2=1$【解析】由题可知，圆的标准方程为 $x^2+y^2=1$．
2. $(x+2)^2+(y-1)^2=2$【解析】由题可知，圆的半径为 $r=|PO|=\sqrt{(-2+3)^2+(1-0)^2}=\sqrt{2}$，又圆心为 $(-2,1)$，所以圆的标准方程为 $(x+2)^2+(y-1)^2=2$．
3. $(x+3)^2+(y-4)^2=25$【解析】由题可知，圆心 $(-3,4)$ 到原点的距离 $d=\sqrt{3^2+(-4)^2}=5=r$，故所求圆的标准方程为 $(x+3)^2+(y-4)^2=25$．
4. 2【解析】将点 $(1,\sqrt{3})$ 代入圆的方程 $x^2+y^2=m$，解得 $m=4$，故圆的半径 $r=2$．
5. **解**：（1）由线段的中点坐标公式，得 $A(4,-2)$，$B(-2,8)$ 两点的中点坐标为 $(1,3)$，即圆心 O 的坐标为 $(1,3)$．由两点间距离公式，得 $|OA|=\sqrt{(4-1)^2+(-2-3)^2}=\sqrt{34}$，即所求圆的半径为 $\sqrt{34}$，故所求圆的标准方程为 $(x-1)^2+(y-3)^2=34$．

（2）由题可知，点 $A(1,2)$ 到原点的距离即为所求圆的半径，则 $r=\sqrt{1^2+2^2}=\sqrt{5}$，故所求圆的方程为

$(x-1)^2+(y-2)^2=5$.

能力提升

1. A【解析】由圆的方程 $(x+2)^2+(y-3)^2=9$，得圆心坐标为 $(-2,3)$，半径为 $r=3$，则点 $M(-3,5)$ 到圆心 $(-2,3)$ 的距离为 $d=\sqrt{(-3+2)^2+(5-3)^2}=\sqrt{5}$．因为 $d<r$，所以点 M 在圆内．故选 A.

2. C【解析】因为所求圆与 y 轴相切，所以圆心 $P(2,-3)$ 到 y 轴的距离 $d=r=2$，故所求圆的方程为 $(x-2)^2+(y+3)^2=4$．故选 C.

3. 解：(1) 当线段 AB 为圆的直径时，过点 A，B 的圆的半径最小，从而周长最小，则线段 AB 的中点 $(0,1)$ 为圆心，半径为 $r=\frac{1}{2}|AB|=\sqrt{10}$，故所求圆的方程为 $x^2+(y-1)^2=10$.

(2)（方法一）因为直线 AB 的斜率为 $k=-3$，线段 AB 的中点坐标为 $(0,1)$，所以线段 AB 的垂直平分线的方程为 $y-1=\frac{1}{3}x$，整理得 $x-3y+3=0$，联立 $\begin{cases}x-3y+3=0,\\2x-y-4=0,\end{cases}$ 解得 $\begin{cases}x=3,\\y=2,\end{cases}$ 即圆心坐标为 $C(3,2)$，又半径为 $r=|AC|=\sqrt{(3-1)^2+(2+2)^2}=2\sqrt{5}$，故所求圆的方程为 $(x-3)^2+(y-2)^2=20$.

（方法二）设圆的方程为 $(x-a)^2+(y-b)^2=r^2$，因为点 $A(1,-2)$ 和点 $B(-1,4)$ 在圆上，且圆心在直线 $2x-y-4=0$ 上，所以 $\begin{cases}(1-a)^2+(-2-b)^2=r^2,\\(-1-a)^2+(4-b)^2=r^2,\\2a-b-4=0,\end{cases}$ 解得 $\begin{cases}a=3,\\b=2,\\r^2=20,\end{cases}$ 故所求圆的方程为 $(x-3)^2+(y-2)^2=20$.

6.4.2 圆的一般方程

基础夯实

1. B【解析】由圆的方程 $x^2+y^2-6x+8y=0$，得圆心坐标为 $(3,-4)$，半径为 $r=\frac{\sqrt{36+64-0}}{2}=5$．故选 B.

2. 解：设圆的方程为 $x^2+y^2+Dx+Ey+F=0$，代入点 $A(-2,1)$，$B(2,-1)$，$C(0,5)$，得 $\begin{cases}5-2D+E+F=0,\\5+2D-E+F=0,\\25+5E+F=0,\end{cases}$

解得 $\begin{cases}D=-2,\\E=-4,\\F=-5,\end{cases}$ 所以圆的一般方程为 $x^2+y^2-2x-4y-5=0$.

能力提升

1. A【解析】因为圆心坐标为 $(3,4)$，所以 $\begin{cases}-\frac{a}{2}=3,\\-\frac{b}{2}=4,\end{cases}$ 解得 $\begin{cases}a=-6,\\b=-8,\end{cases}$ 则圆的半径为 $r=\frac{\sqrt{D^2+E^2-4F}}{2}=\frac{\sqrt{(-6)^2+(-8)^2-4\times(-6)}}{2}=\sqrt{31}$．故选 A.

2. $\left(-\infty,\frac{1}{4}\right)\cup(1,+\infty)$【解析】由题可知，圆的半径为 $r=\frac{\sqrt{D^2+E^2-4F}}{2}=\frac{\sqrt{16m^2+4-20m}}{2}$，则 $16m^2+4-$

$20m>0$，解得 $m<\frac{1}{4}$ 或 $m>1$，所以 m 的取值范围是 $\left(-\infty,\frac{1}{4}\right)\cup(1,+\infty)$．

3．**解**：将 $x=0$ 代入直线方程 $5x+3y-6=0$，解得 $y=2$，即圆心坐标为 $(0,2)$．设圆的标准方程为 $x^2+(y-2)^2=r^2$，代入点 $A(2,3)$，解得 $r^2=5$，所以圆的标准方程为 $x^2+(y-2)^2=5$，整理得一般方程为 $x^2+y^2-4y-1=0$．

4．**解**：（1）由圆的方程 $x^2+y^2+2x-4y=0$，得圆心坐标为 $(-1,2)$．将圆心 $(-1,2)$ 代入直线方程 $4x+y+a=0$，解得 $a=2$，所以直线 l 的一般式方程为 $4x+y+2=0$．

（2）将 $y=0$ 代入直线 l 的方程中，解得 $x=-\frac{1}{2}$，即直线 l 在 x 轴上的截距为 $-\frac{1}{2}$．将 $x=0$ 代入直线 l 的方程，解得 $y=-2$，即直线 l 在 y 轴上的截距为 -2．

本节测试

1．B【解析】圆 $x^2+y^2+2x+4y+1=0$ 的半径为 $r=\frac{\sqrt{2^2+4^2-4\times1}}{2}=2$．故选 B．

2．**解**：（1）设圆的方程为 $x^2+y^2+Dx+Ey+F=0$，因为圆过点 $A(0,0)$，$B(1,1)$，$C(1,-5)$，所以 $\begin{cases}F=0,\\2+D+E+F=0,\\26+D-5E+F=0,\end{cases}$ 解得 $\begin{cases}D=-6,\\E=4,\\F=0,\end{cases}$ 故所求圆的方程为 $x^2+y^2-6x+4y=0$．

（2）设圆心为 $M(a,0)$，因为圆过点 $A(-1,1)$，$B(1,3)$，所以 $|MA|=|MB|$，$|MA|^2=|MB|^2$，即 $(-1-a)^2+1^2=(1-a)^2+3^2$，解得 $a=2$，则圆心坐标为 $M(2,0)$，半径为 $r=|MA|=\sqrt{(-1-2)^2+1^2}=\sqrt{10}$，从而圆的方程为 $(x-2)^2+y^2=10$．

3．**解**：因为点 $A(3,2)$ 到圆心 $(2,1)$ 的距离 $d_1=\sqrt{(2-3)^2+(1-2)^2}=\sqrt{2}<2=r$，所以点 $A(3,2)$ 在圆 C 内．因为点 $B(2,-1)$ 到圆心 $(2,1)$ 的距离 $d_2=\sqrt{(2-2)^2+(1+1)^2}=2=r$，所以点 $B(2,-1)$ 在圆 C 上．

4．**解**：因为圆 C 的圆心在 x 轴上，设圆心为 $(c,0)$，圆的半径为 r，则圆 C 的标准方程为 $(x-c)^2+y^2=r^2$，代入点 $A(1,0)$，$B(-2,\sqrt{3})$，得 $\begin{cases}(1-c)^2+0=r^2,\\(-2-c)^2+3=r^2,\end{cases}$ 解得 $\begin{cases}c=-1,\\r=2,\end{cases}$ 所以圆 C 的标准方程为 $(x+1)^2+y^2=4$．

真题实战

1．D【解析】圆 $x^2+y^2-6x-7=0$ 的标准方程为 $(x-3)^2+y^2=16$，则圆心坐标为 $(3,0)$，半径为 $r=4$．A 选项中，由两点间距离公式，得点 $(0,\sqrt{7})$ 到圆心的距离 $d=\sqrt{(0-3)^2+(\sqrt{7}-0)^2}=4=r$，点在圆上．B 选项中，点 $(7,0)$ 到圆心的距离 $d=\sqrt{(7-3)^2+(0-0)^2}=4=r$，点在圆上．C 选项中，点 $(-2,0)$ 到圆心的距离 $d=\sqrt{(-2-3)^2+(0-0)^2}=5>r$，点在圆外．D 选项中，点 $(2,1)$ 到圆心的距离 $d=\sqrt{(2-3)^2+(1-0)^2}=\sqrt{2}<r$，点在圆内．故选 D．

2．D【解析】由圆的方程 $(x-2)^2+(y+3)^2=4$，得圆心坐标为 $(2,-3)$，半径为 2．故选 D．

3．A【解析】由圆的方程 $(x+m)^2+(y+n)^2=m+n$，得圆心坐标为 $(-m,-n)$，半径为 $r=\sqrt{m+n}$．已知圆心为 $(-3,-9)$，则 $m=3$，$n=9$，半径为 $r=\sqrt{3+9}=2\sqrt{3}$．故选 A．

4．B【解析】圆 $x^2+y^2-8x+2y+13=0$ 的标准方程为 $(x-4)^2+(y+1)^2=4$，则圆心坐标为 $(4,-1)$，半径为 $r=2$．故选 B．

5．D【解析】由题可知，圆心是线段 MN 的中点，由线段的中点坐标公式，得圆心坐标为$\left(\frac{2+6}{2},\frac{0+4}{2}\right)$，即$(4,2)$．故选 D．

6．C【解析】设圆的标准方程为$(x-a)^2+(y-b)^2=r^2\ (r>0)$，因为点$O(0,0)$，$A(0,6)$和$B(8,0)$在圆上，所以$\begin{cases}(0-a)^2+(0-b)^2=r^2,\\(0-a)^2+(6-b)^2=r^2,\\(8-a)^2+(0-b)^2=r^2,\end{cases}$解得$\begin{cases}a=4,\\b=3,\\r=5,\end{cases}$从而圆的面积为$S=\pi r^2=\pi\times5^2=25\pi$．故选 C．

7．×【解析】由圆的方程$(x+1)^2+(y-3)^2=5$，得圆心坐标为$(-1,3)$，题干表述错误．

8．**解**：因为圆过点$A(1,2)$且与两坐标轴相切，所以圆心的横、纵坐标必相等且等于半径．设圆心为(r,r)，则圆的方程为$(x-r)^2+(y-r)^2=r^2$，代入点$A(1,2)$，得$(1-r)^2+(2-r)^2=r^2$，解得$r=1$或5，所以圆的方程为$(x-1)^2+(y-1)^2=1$或$(x-5)^2+(y-5)^2=25$．

6.5 直线与圆的位置关系

基础夯实

1．B【解析】因为圆$x^2+y^2-10y=0$的圆心坐标为$(0,5)$，所以圆心到直线$3x+4y-5=0$的距离为$d=\frac{|4\times5-5|}{\sqrt{3^2+4^2}}=3$．故选 B．

2．B【解析】由圆的方程$(x-2)^2+(y+1)^2=1$，得圆心坐标为$(2,-1)$，半径为$r=1$，则圆心$(2,-1)$到直线$2x-y+4=0$的距离$d=\frac{|4+1+4|}{\sqrt{2^2+(-1)^2}}=\frac{9\sqrt5}{5}$，又$d>r$，所以直线$2x-y+4=0$与圆$(x-2)^2+(y+1)^2=1$相离．故选 B．

3．-7或3【解析】由圆的方程$(x-2)^2+y^2=5$，得圆心坐标为$(2,0)$，半径为$r=\sqrt5$．因为直线$x+2y+m=0$与圆$(x-2)^2+y^2=5$相切，所以圆心$(2,0)$到直线$x+2y+m=0$的距离$d=\frac{|2+m|}{\sqrt{1^2+2^2}}=r=\sqrt5$，解得$m=-7$或$3$．

4．$\sqrt{14}$【解析】由题可知，圆心坐标为$(2,0)$，半径为$r=2$，圆心到直线$x+y-1=0$的距离$d=\frac{|2+0-1|}{\sqrt2}=\frac{\sqrt2}{2}$，故直线被圆所截弦长为$2\sqrt{r^2-d^2}=\sqrt{14}$．

5．**解**：由圆$x^2+y^2-4x-2y+1=0$，得圆心坐标为$(2,1)$，半径为2．因为切线过点$P(2,-3)$，所以设切线方程为$y=k(x-2)-3$，即$kx-y-2k-3=0$．又因为圆心$(2,1)$到切线的距离为2，所以$\frac{|-1-3|}{\sqrt{1+k^2}}=2$，解得$k=\pm\sqrt3$．当$k=\sqrt3$时，切线方程为$y=\sqrt3x-2\sqrt3-3$；当$k=-\sqrt3$时，切线方程为$y=-\sqrt3x+2\sqrt3-3$．综上，所求直线方程为$y=\sqrt3x-2\sqrt3-3$和$y=-\sqrt3x+2\sqrt3-3$．

方法总结

过圆外一点(x_0,y_0)求圆的切线方程：① 若切线的斜率存在，设切线方程为$y-y_0=k(x-x_0)$，令圆心到切线的距离d和半径r相等，求出斜率k，然后代入切线方程．② 若切线的斜率不存在，则需检验圆是否有一条垂直于x轴的切线$x=x_0$．

能力提升

1．A【解析】圆 $x^2+y^2-2x+4y=0$ 的标准方程为 $(x-1)^2+(y+2)^2=5$，则圆心坐标为 $(1,-2)$，半径为 $r=\sqrt{5}$．因为圆心 $(1,-2)$ 到直线 $2x-y+1=0$ 的距离 $d=\dfrac{|2+2+1|}{\sqrt{5}}=\dfrac{5}{\sqrt{5}}=\sqrt{5}=r$，所以直线与圆相切．故选 A.

2．C【解析】圆 $(x-2)^2+(y+1)^2=r$ 的圆心坐标为 $(2,-1)$，则圆心 $(2,-1)$ 到直线 $x+\sqrt{3}y-2=0$ 的距离 $d=\dfrac{|2-\sqrt{3}-2|}{\sqrt{1+3}}=\dfrac{\sqrt{3}}{2}$，从而弦长 $2\sqrt{r^2-d^2}=2\times\sqrt{r^2-\dfrac{3}{4}}=3$，解得 $r=\sqrt{3}$．故选 C.

3．A【解析】因为点 $P(2,-1)$ 为弦 AB 的中点，弦 AB 的垂直平分线过圆心 $(1,0)$，则弦 AB 的垂直平分线的斜率 $k=\dfrac{0-(-1)}{1-2}=-1$，所以直线 AB 的斜率 $k'=1$，直线 AB 的方程为 $y-(-1)=x-2$，即 $x-y-3=0$．故选 A.

4．D【解析】联立 $\begin{cases}y=x-1,\\(x-3)^2+(y-4)^2=4,\end{cases}$ 整理得 $x^2-8x+15=0$，由韦达定理，得 $x_1+x_2=8$，于是线段 AB 的中点的横坐标为 $\dfrac{x_1+x_2}{2}=4$，代入直线方程，得线段 AB 的中点的纵坐标为 3，即线段 AB 的中点坐标为 $(4,3)$．故选 D.

5．B【解析】由圆的方程 $(x-a)^2+y^2=2$，得圆心坐标为 $(a,0)$，半径为 $r=\sqrt{2}$．因为直线 $x-y+1=0$ 与圆有公共点，则直线与圆相切或相交，所以圆心 $(a,0)$ 到直线 $x-y+1=0$ 的距离 $d=\dfrac{|a+1|}{\sqrt{1^2+(-1)^2}}\leqslant r$，即 $\dfrac{|a+1|}{\sqrt{2}}\leqslant\sqrt{2}$，解得 $-3\leqslant a\leqslant 1$，即常数 a 的取值范围是 $[-3,1]$．故选 B.

6．$x-2y+5=0$【解析】因为 $(-1)^2+2^2=5$，所以点 $(-1,2)$ 在圆上，从而以点 $(-1,2)$ 为切点的圆的切线方程为 $y-y_0=-\dfrac{x_0-a}{y_0-b}(x-x_0)$，即 $y-2=-\dfrac{-1-0}{2-0}(x+1)$，整理得 $x-2y+5=0$．

7．-12 或 14【解析】由圆的方程 $x^2+y^2-2x+2y=0$，得圆心坐标为 $(1,-1)$，圆的半径为 $r=\sqrt{2}$．因为圆心 $(1,-1)$ 到直线 $2x+3y+m=0$ 的距离 $d=\dfrac{|2-3+m|}{\sqrt{2^2+3^2}}=\sqrt{13}$，所以 $m=-12$ 或 14.

8．$[3,7]$【解析】由题可知，圆心坐标为 $C(1,1)$，半径为 $r=2$．因为 $|PC|=\sqrt{(4-1)^2+(5-1)^2}=5>2$，则点 P 在圆 C 外，所以 $|PQ|$ 的最小值为 $|PC|-r=5-2=3$，$|PQ|$ 的最大值为 $|PC|+r=5+2=7$，从而 $|PQ|$ 的取值范围是 $[3,7]$．

9．**解：** 设圆心 C 的坐标为 $(a,2a)$，圆的半径为 r，则圆的方程为 $(x-a)^2+(y-2a)^2=r^2$．将点 $A(3,2)$，$B(1,6)$ 代入圆的方程，得 $\begin{cases}(3-a)^2+(2-2a)^2=r^2,\\(1-a)^2+(6-2a)^2=r^2,\end{cases}$ 解得 $\begin{cases}a=2,\\r=\sqrt{5},\end{cases}$ 所以圆 C 的标准方程为 $(x-2)^2+(y-4)^2=5$．

10．**解：**（1）圆 $x^2+y^2-4x-2y-20=0$ 的标准方程为 $(x-2)^2+(y-1)^2=25$，则圆心坐标为 $(2,1)$，半径为 $r=5$．

（2）设直线的 l 斜率为 k，当 k 存在时，过点 $(-1,3)$ 的直线 l 的方程为 $y-3=k(x+1)$，即 $kx-y+k+3=0$，因为弦长为 8，所以半弦长为 4，则圆心到直线 l 的距离 $d=\sqrt{5^2-4^2}=3$，由点到直线的距离公式，得 $d=\dfrac{|2k-1+k+3|}{\sqrt{k^2+(-1)^2}}=\dfrac{|3k+2|}{\sqrt{k^2+1}}=3$，解得 $k=\dfrac{5}{12}$，则 $y=\dfrac{5}{12}x+\dfrac{41}{12}$；当 k 不存在时，直线 $x=-1$ 满足条件．综上，直线 l 的方程为 $y=\dfrac{5}{12}x+\dfrac{41}{12}$ 或 $x=-1$．

11．**解**：（1）由圆C的方程，得圆心坐标为$(1,3)$，半径为$r=\frac{\sqrt{(-2)^2+(-6)^2-4\times9}}{2}=1$．因为圆心$(1,3)$到直线$l$的距离$d=\frac{|3+12-25|}{\sqrt{3^2+4^2}}=2>r$，所以直线$l$与圆$C$相离.

（2）因为直线l与圆C相离，所以圆C上的点到直线l的最大距离为$d+r=2+1=3$，最小距离为$d-r=2-1=1$．

本节测试

1．D【解析】由圆的方程，得圆心坐标为$(0,0)$，圆的半径为$r=1$．直线$y=-x+2$可化为$x+y-2=0$．因为圆心$(0,0)$到直线$x+y-2=0$的距离$d=\frac{|-2|}{\sqrt{1^2+1^2}}=\sqrt{2}>1$，所以直线与圆相离．故选D.

2．A【解析】由圆的方程，得圆心坐标为$(-1,2)$．因为直线$y=x+a$是圆的一条对称轴，所以该直线经过圆心$(-1,2)$，将点$(-1,2)$代入直线方程$y=x+a$，解得$a=3$．故选A.

3．$(x-1)^2+(y+2)^2=2$【解析】设圆心为(a,b)，则圆心到直线$x+y-1=0$的距离与圆心到点$(2,-1)$的距离相等，故有$\begin{cases}2a+b=0,\\ \frac{|a+b-1|}{\sqrt{1^2+1^2}}=\sqrt{(a-2)^2+(b+1)^2},\end{cases}$ 解得$\begin{cases}a=1,\\ b=-2,\end{cases}$ 可得圆的半径为$r=\sqrt{(1-2)^2+(-2+1)^2}=\sqrt{2}$，故所求圆的方程为$(x-1)^2+(y+2)^2=2$．

4．**解**：圆$x^2+y^2-2x=0$的标准方程为$(x-1)^2+y^2=1$，则圆心坐标为$(1,0)$，半径为$r=1$，所以圆心到直线的距离$d=\frac{|1+a+1|}{\sqrt{(1+a)^2+1}}=r=1$，解得$a=-1$．

5．**解**：由题可知，点$P(-2,2)$到圆心的距离大于圆的半径，所以点$P(-2,2)$在圆外，当切线斜率不存在时，切线方程为$x+2=0$，符合题意．当切线斜率存在时，设切线的斜率为k，所求直线方程为$y-2=k(x+2)$，即$kx-y+2+2k=0$，由于圆心$(-1,0)$到切线的距离$d=r=1$，故$\frac{|-k+2+2k|}{\sqrt{k^2+1}}=1$，即$(k+2)^2=k^2+1$，解得$k=-\frac{3}{4}$，此时，圆的切线方程为$y-2=-\frac{3}{4}(x+2)$，整理得一般式方程为$3x+4y-2=0$．综上，所求切线方程为$x+2=0$或$3x+4y-2=0$．

6．**解**：（1）因为所求圆与直线$x+7y+2=0$相切，所以点$A(3,-5)$到直线$x+7y+2=0$的距离$d=r=\frac{|3+7\times(-5)+2|}{\sqrt{1^2+7^2}}=3\sqrt{2}$，故所求圆的方程为$(x-3)^2+(y+5)^2=18$．

（2）由线段的中点坐标公式，得点$A(5,2)$，$B(3,-2)$的中点坐标为$(4,0)$，$k_{AB}=\frac{-2-2}{3-5}=2$，所以线段$AB$的垂直平分线的斜率为$-\frac{1}{2}$，则线段$AB$的垂直平分线的点斜式方程为$y=-\frac{1}{2}(x-4)$，即$x+2y-4=0$．联立$\begin{cases}x+2y-4=0,\\ 2x-y-3=0,\end{cases}$ 解得$\begin{cases}x=2,\\ y=1,\end{cases}$ 即所求圆的圆心坐标为$(2,1)$，则点$A(5,2)$到圆心$(2,1)$的距离$d=r=\sqrt{(5-2)^2+(2-1)^2}=\sqrt{10}$，故所求圆的标准方程为$(x-2)^2+(y-1)^2=10$．

真题实战

1. C【解析】圆的圆心坐标为$(0,0)$，半径为$r=2$，圆心$(0,0)$到直线$3x+4y-10=0$的距离$d=\frac{|-10|}{\sqrt{3^2+4^2}}=2=r$，所以直线与圆相切．故选C．
2. D【解析】设切线方程为$y-2=k(x-0)$，整理得一般式方程$kx-y+2=0$，则圆心$(0,0)$到该切线的距离$d=\frac{|k\times 0-0+2|}{\sqrt{k^2+(-1)^2}}=\frac{2}{\sqrt{k^2+1}}=r=2$，解得$k=0$，故所求切线方程为$y=2$．故选D．
3. B【解析】由圆的方程$x^2+y^2=4$，得圆心坐标为$(0,0)$，半径为$r=2$．设切线与圆的切点为N，则$MN^2+ON^2=OM^2$，$MN=\sqrt{OM^2-ON^2}=\sqrt{3^2-2^2}=\sqrt{5}$．故选B．
4. A【解析】$(x-1)^2+(y+2)^2=5$表示圆心坐标为$(1,-2)$，半径为$r=\sqrt{5}$的圆．A选项中，圆心到直线的距离$d=\frac{|2+2+1|}{\sqrt{2^2+(-1)^2}}=\sqrt{5}=r$，则直线与圆相切．B选项中，圆心到直线的距离$d=\frac{|2+2-1|}{\sqrt{2^2+(-1)^2}}=\frac{3\sqrt{5}}{5}<r$，则直线与圆相交．C选项中，圆心到直线的距离$d=\frac{|2-2+1|}{\sqrt{2^2+1^2}}=\frac{\sqrt{5}}{5}<r$，则直线与圆相交．D选项中，圆心到直线的距离$d=\frac{|2-2-1|}{\sqrt{2^2+1^2}}=\frac{\sqrt{5}}{5}<r$，则直线与圆相交．故选A．
5. **解**：（1）圆C的标准方程为$(x+1)^2+y^2=9$，所以圆C的圆心坐标为$(-1,0)$，半径为3．因为圆心C到直线l的距离为$1<3$，所以直线l与圆C相交．

   （2）当直线l的斜率存在时，设直线l的方程为$y-2=k(x+2)$，整理得$y-kx-2k-2=0$，因为圆心C到直线l的距离为1，所以$d=\frac{|k-2k-2|}{\sqrt{1+(-k)^2}}=1$，解得$k=-\frac{3}{4}$，则直线$l$的方程为$y-2=-\frac{3}{4}(x+2)$，整理得$3x+4y-2=0$；当直线$l$的斜率不存在时，即直线$l$垂直于$x$轴，因为直线$l$过点$P(-2,2)$，所以直线$l$的方程为$x=-2$，符合题意．综上，直线$l$的方程为$3x+4y-2=0$或$x=-2$．
6. **解**：（1）由圆心坐标为$C(5,-3)$，半径为$r=5$，得圆C的标准方程为$(x-5)^2+(y+3)^2=25$．

   （2）联立$\begin{cases}(x-5)^2+(y+3)^2=25,\\ x+2y-4=0,\end{cases}$解得$\begin{cases}x=2,\\ y=1\end{cases}$或$\begin{cases}x=10,\\ y=-3,\end{cases}$即直线与圆的交点为$M(2,1)$，$N(10,-3)$．因为$k_{MC}=\frac{1-(-3)}{2-5}=-\frac{4}{3}$，所以过点$M(2,1)$的切线斜率$k_1=-\frac{1}{k_{MC}}=\frac{3}{4}$，切线方程为$y-1=\frac{3}{4}(x-2)$，整理得$3x-4y-2=0$；因为$k_{NC}=\frac{-3-(-3)}{10-5}=0$，所以过点$N(10,-3)$的切线斜率$k_2$不存在，切线方程为$x-10=0$．综上，过$M$，$N$两点的圆$C$的切线方程分别为$3x-4y-2=0$和$x-10=0$．
7. **解**：（1）设点C的坐标为$(a,0)$，将点C代入直线方程$x+y+1=0$，解得$a=-1$，所以点C的坐标为$(-1,0)$，圆C的半径为$r=|MC|=\sqrt{(2+1)^2+(4-0)^2}=5$，从而圆$C$的标准方程为$(x+1)^2+y^2=25$．

   （2）圆心$C(-1,0)$到直线$x-y+5=0$的距离$d=\frac{|-1-0+5|}{\sqrt{1^2+(-1)^2}}=2\sqrt{2}$，所以弦长$|AB|=2\sqrt{25-(2\sqrt{2})^2}=2\sqrt{17}$．
8. **解**：（1）设圆的方程为$x^2+(y-2)^2=r^2$．因为圆与直线相切，所以圆心C到直线的距离d与圆的半径r相等，即$d=r=\frac{|0-2-4|}{\sqrt{1^2+(-1)^2}}=3\sqrt{2}$，故所求圆的标准方程为$x^2+(y-2)^2=18$．

（2）x 轴可表示为 $y=0$，且 x 轴与圆相交，联立 $\begin{cases}x^2+(y-2)^2=18,\\ y=0,\end{cases}$ 解得 $x_1=\sqrt{14}$，$x_2=-\sqrt{14}$，从而 x 轴被圆所截弦长为 $|x_1-x_2|=2\sqrt{14}$．

9．**解**：（1）由圆心坐标 $(-1,1)$，半径 $r=\sqrt{2}$，得圆的标准方程为 $(x+1)^2+(y-1)^2=2$．

（2）圆心到直线 $x+y-1=0$ 的距离 $d=\dfrac{|-1\times1+1\times1-1|}{\sqrt{1^2+1^2}}=\dfrac{\sqrt{2}}{2}$，则 $d<r$，所以直线与圆相交．设直线与圆相交于 A，B 两点，则 $|AB|=2\sqrt{r^2-d^2}=2\sqrt{(\sqrt{2})^2-\left(\dfrac{\sqrt{2}}{2}\right)^2}=\sqrt{6}$．

6.6 直线与圆的方程应用举例

基础夯实

解：点 $M(-2,3)$ 关于 x 轴的对称点 M' 的坐标为 $(-2,-3)$．因为反射光线所在直线经过点 M'，P，所以反射光线所在直线的斜率为 $k=\dfrac{-3-0}{-2-1}=1$，故直线 $M'P$ 的点斜式方程为 $y-0=x-1$，即反射光线所在直线的方程为 $x-y-1=0$．

能力提升

解：设以水面所在的位置为 x 轴，O 为原点，建立平面直角坐标系，使圆心 C 在 y 轴上，如图 6-1 所示．由题可知，$A(-10,0)$，$B(10,0)$，$P(0,4)$，$D(-5,0)$，$E(5,0)$．设圆的标准方程为 $(x-a)^2+(y-b)^2=r^2$，则 $\begin{cases}(-10-a)^2+b^2=r^2,\\ (10-a)^2+b^2=r^2,\\ a^2+(4-b)^2=r^2,\end{cases}$ 解得 $\begin{cases}a=0,\\ b=-10.5,\\ r^2=210.25,\end{cases}$ 所以圆的标准方程为 $x^2+(y+10.5)^2=210.25$．将点 D 的横坐标 $x=-5$ 代入圆的标准方程，得 $y\approx3.1$．因为船在水面以上的高为 3 m，且 $3<3.1$，所以这条船能从桥下通过．

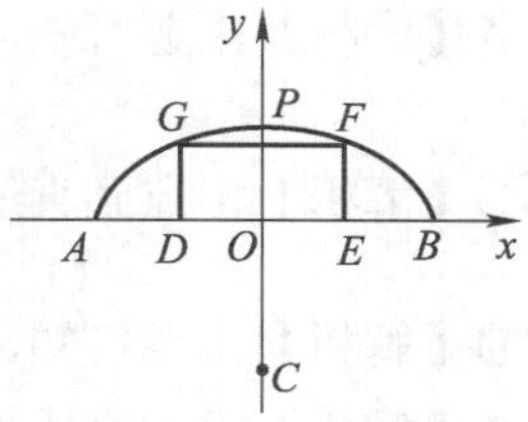

图 6-1

本节测试

解：（1）由题可知，$E(-3\sqrt{3},0)$，$F(3\sqrt{3},0)$，$M(0,3)$，因为所求圆的圆心在 y 轴上，所以设圆的方程为 $x^2+(y-b)^2=r^2\ (b\in\mathbf{R}，r>0)$．将点 $F(3\sqrt{3},0)$，$M(0,3)$ 代入圆的方程，得 $\begin{cases}(3\sqrt{3})^2+b^2=r^2,\\ 0^2+(3-b)^2=r^2,\end{cases}$ 解得 $\begin{cases}b=-3,\\ r^2=36,\end{cases}$ 故所求圆的标准方程为 $x^2+(y+3)^2=36$．

（2）设限高为 h，作 $CP\perp AD$，交圆弧于点 P，则 $|CP|=h+0.5$．将点 P 的横坐标 $x=\sqrt{11}$ 代入圆的方程，得 $(\sqrt{11})^2+(y+3)^2=36$，解得 $y=2$ 或 $y=-8$（舍去），所以 $h=|CP|-0.5=(2+2)-0.5=3.5\,(\text{m})$，故车辆通过隧道的限制高度为 3.5 m．

真题实战

1．**解**：（1）点 $A(-2,4)$ 关于 $x=2$ 的对称点为 $A'(6,4)$．因为 $A'(6,4)$ 和 $B(2,0)$ 在直线 l 上，所以直线 l 的斜率 $k=\dfrac{4-0}{6-2}=1$，则直线 l 的方程为 $y-0=1\times(x-2)$，化简得 $y-x+2=0$．

（2）由题可知，以线段 AB 为直径的圆的圆心为 $C(0,2)$，半径为 $r=2\sqrt{2}$，所以该圆的方程为 $x^2+(y-2)^2=8$．圆心 $C(0,2)$ 到直线 l 的距离 $d=\dfrac{|2-0+2|}{\sqrt{1+1}}=\dfrac{4}{\sqrt{2}}=2\sqrt{2}=r$，所以该圆与直线 l 相切．

2．**解**：（1）设该圆弧所在圆的半径为 r，则 $(r-20)^2+40^2=r^2$，解得 $r=50$，从而圆心为 $(0,-30)$，故所求圆的方程为 $x^2+(y+30)^2=2\,500$．

（2）将 $x=30$ 代入 $x^2+(y+30)^2=2\,500$，得 $30^2+(y+30)^2=2\,500$，解得 $y=10$．因为 $9<10$，所以小船能通过（1）中的石拱桥．

本章测试

一、单项选择题

1．A【解析】由题可知，该直线的斜率 $k=\dfrac{3-2}{1-(-1)}=\dfrac{1}{2}$．故选 A．

2．D【解析】由点到直线的距离公式，得 $d=\dfrac{|3\times0-4\times(-1)+1|}{\sqrt{3^2+(-4)^2}}=1$．故选 D．

3．D【解析】由题可知，$A_1A_2+B_1B_2=a(a+2)+1=0$，即 $a^2+2a+1=0$，解得 $a=-1$．故选 D．

4．D【解析】设与直线 $3x-4y=0$ 平行的直线方程为 $3x-4y+m=0$，因为直线过点 $P(1,1)$，所以 $3\times1-4\times1+m=0$，解得 $m=1$，故所求直线方程为 $3x-4y+1=0$．故选 D．

5．A【解析】因为直线 $2x+y+1=0$ 与 $x-2y-3=0$ 满足 $A_1A_2+B_1B_2=2\times1+1\times(-2)=0$，所以两直线垂直．故选 A．

6．A【解析】将直线在 x 轴和 y 轴上的截距 3 和 2 代入直线的截距式方程，得 $\dfrac{x}{3}+\dfrac{y}{2}=1$，整理得一般式方程为 $2x+3y-6=0$．故选 A．

7．B【解析】将原点 $(0,0)$ 代入方程 $x^2+y^2+2x+2y+m=0$ 中，解得 $m=0$，则圆的半径为 $r=\dfrac{\sqrt{D^2+E^2-4F}}{2}=\dfrac{\sqrt{4+4}}{2}=\sqrt{2}$．故选 B．

8．D【解析】根据圆的方程 $x^2+(y-1)^2=4$ 可得圆心坐标为 $(0,1)$，半径为 $r=2$．因为直线 $kx-y-5=0$ 与圆 $x^2+(y-1)^2=4$ 相切，所以圆心 $(0,1)$ 到直线 $kx-y-5=0$ 的距离 $d=r$，即 $\dfrac{|-1-5|}{\sqrt{k^2+1}}=2$，解得 $k=\pm2\sqrt{2}$．故选 D．

9．D【解析】圆心 $(3,3)$ 到直线 $3x+4y-11=0$ 的距离 $d=\dfrac{|9+12-11|}{\sqrt{3^2+4^2}}=2$，圆的半径为 $r=3$，故弦长 $|AB|=2\sqrt{r^2-d^2}=2\sqrt{5}$．故选 D．

二、填空题

10．$x-y-2=0$【解析】由直线的斜率公式，得直线 l 的斜率 $k=\frac{2-(-1)}{4-1}=1$，则直线 l 的点斜式方程为 $y-(-1)=x-1$，整理得直线 l 的方程为 $x-y-2=0$．

11．$3x+5y+19=0$【解析】从所求直线上任取一点 (x_0,y_0)，则点 (x_0,y_0) 关于点 $(2,-3)$ 的对称点 $(4-x_0,-6-y_0)$ 在直线 $3x+5y-1=0$ 上，即 $3(4-x_0)+5(-6-y_0)-1=0$，整理得所求直线方程为 $3x+5y+19=0$．

12．27【解析】由圆的一般方程可得，圆心坐标为 $(1,0)$，半径为 $r=6$．因为直线与圆相切，所以圆心 $(1,0)$ 到直线 $3x+4y+m=0$ 的距离 $d=r=\frac{|3+0+m|}{\sqrt{3^2+4^2}}=\frac{|3+m|}{5}=6$，解得 $m=27$ 或 -33．又 $m>0$，所以 $m=27$．

13．$x-2y-2=0$【解析】圆 $x^2+y^2-4x=0$ 的圆心坐标为 $(2,0)$，设所求直线方程为 $x-2y+C=0$，代入点 $(2,0)$，解得 $C=-2$，故所求直线方程为 $x-2y-2=0$．

14．6【解析】由题可知，圆心坐标为 $(0,0)$，半径为 $r=4$．因为圆心到点 $(2,0)$ 的距离为 $d=2<4$，则点 $(2,0)$ 在圆内，所以点 $(2,0)$ 到圆 $x^2+y^2=16$ 上的点的最大距离为 $d+r=2+4=6$．

三、解答题

15．**解**：由题可知，直线的斜率 $k=2$，又直线过点 $(-3,-2)$，则直线的点斜式方程为 $y+2=2(x+3)$，整理得一般式方程为 $2x-y+4=0$．

16．**解**：圆 C 的圆心在 x 轴上，则设圆心 C 的坐标为 $(a,0)$，圆的半径为 r．又圆经过点 $P(5,1)$ 和 $Q(1,3)$，所以 $|CP|=|CQ|=r$，即 $\sqrt{(a-5)^2+(0-1)^2}=\sqrt{(a-1)^2+(0-3)^2}$，解得 $a=2$，则圆心 C 的坐标为 $(2,0)$，半径为 $r=|CP|=\sqrt{(2-5)^2+(0-1)^2}=\sqrt{10}$，故所求圆的标准方程为 $(x-2)^2+y^2=10$．

17．**解**：设所求切线的斜率为 k，则切线方程为 $y+1=k(x-1)$，即 $kx-y-1-k=0$．由圆的一般方程，得圆心坐标为 $(1,1)$，半径为 $r=\sqrt{2}$．因为直线与圆相切，所以圆心 $(1,1)$ 到直线 $kx-y-1-k=0$ 的距离 $d=r=\frac{|k-1-1-k|}{\sqrt{k^2+1}}=\sqrt{2}$，解得 $k=\pm1$，故所求切线方程为 $x+y=0$ 或 $x-y-2=0$．

18．**解**：（1）因为圆 C 与直线 $x-\sqrt{3}y-5=0$ 相切，则圆心 $(1,0)$ 到直线 $x-\sqrt{3}y-5=0$ 的距离 $d=r=\frac{|1-5|}{\sqrt{1^2+(-\sqrt{3})^2}}=2$，所以圆 C 的标准方程为 $(x-1)^2+y^2=4$，整理得一般方程为 $x^2+y^2-2x-3=0$．

（2）因为 $(3-1)^2+1^2=5>4$，所以点 $(3,1)$ 在圆 C 外．若切线的斜率存在，则设切线方程为 $y-1=k(x-3)$，即 $kx-y-3k+1=0$，圆心 $(1,0)$ 到该切线的距离 $d=r=\frac{|k-3k+1|}{\sqrt{k^2+(-1)^2}}=2$，解得 $k=-\frac{3}{4}$，则切线方程为 $3x+4y-13=0$．若切线的斜率不存在，则切线方程为 $x=3$．综上，过点 $(3,1)$ 且与圆 C 相切的直线方程为 $3x+4y-13=0$ 和 $x=3$．

方法总结

过圆外一点作圆的切线一般有两条，若求得斜率 k 为一个值，则另一条切线的斜率可能不存在．

第7章 简单几何体

7.1 多面体

7.1.1 棱柱

基础夯实

1．D【解析】由三棱柱的概念可知，三棱柱有 9 条棱，6 个顶点．故选 D.
2．C【解析】有两个相邻侧面是矩形的棱柱是直棱柱，A 和 B 选项错误，C 选项正确．侧棱垂直于底面的棱柱是直棱柱，若侧棱不与底面垂直，则这个棱柱不是直棱柱，D 选项错误．故选 C.

解题技巧

掌握直棱柱的概念和性质，可以通过举反例对错误命题或说法进行辨析．

3．C【解析】由正棱柱的性质可知，正棱柱的两个底面是全等的正多边形，A 选项正确．由正棱柱的性质可知其侧棱都相等，且与高相等，B 选项正确．正棱柱的侧面可能是全等的正方形，也可能是全等的长方形，即正棱柱的侧面都是全等的矩形，C 选项错误．由正棱柱的性质可知其侧棱相互平行且垂直于底面，D 选项正确．故选 C.
4．B【解析】设铸成的大正方体铸件的棱长为 a．由题可知，该大正方体铸件的体积为三个小正方体铁块的体积之和，即 $V_{大正方体}=a^3=3^3+4^3+5^3=216$，解得 $a=6$．故选 B.

解题技巧

本题考查正方体体积的计算公式．正方体是一种特殊的正四棱柱．

5．B【解析】因为正三棱柱的底面为正三角形，侧面是全等的矩形，所以这个正三棱柱的侧面积为 $S_{侧}=ch=4\times3\times5=60$．故选 B.
6．直；斜【解析】侧棱垂直于底面的棱柱称为直棱柱，侧棱不垂直于底面的棱柱称为斜棱柱．
7．36【解析】因为正四棱柱的底面为正方形，所以 $S_{底}=3^2=9$．正四棱柱是底面为正方形的直棱柱，所以可以用直棱柱的体积公式求解．由直棱柱的体积公式，得 $V=S_{底}h=9\times4=36$，即该正四棱柱的体积为 36.
8．解：设长方体的三条棱长分别为 a，$2a$，$3a$．因为长方体的表面积为 $S=2\times(a\times2a+a\times3a+2a\times3a)=22a^2=88$，解得 $a=2$，所以长方体的三条棱长分别为 2，4，6，体积为 $V=2\times4\times6=48$．

能力提升

1．A【解析】由正棱柱的概念可知，A 选项正确．当正棱柱的底面是正方形时，该正棱柱是正四棱柱，不一定是正方体，B 选项错误．正棱柱的所有棱长不一定都相等，C 选项错误．侧棱垂直于底面的棱柱称为直棱柱，其底面可能是矩形，也可能不是矩形，D 选项错误．故选 A.
2．D【解析】A 选项中，棱柱和棱锥的底面可以是三角形、四边形、五边形、六边形等，A 和 B 选项错误．侧棱垂直于底面的棱柱称为直棱柱，但不一定为正棱柱，C 选项错误．平面以平行于底面的角度截棱柱所得的两部分仍为棱柱，D 选项正确．故选 D.

3．C【解析】设长方体相交于一个顶点的三条棱长分别为a，$2a$，$3a$．因为长方体的体对角线为长、宽、高的平方和的算术平方根，即$\sqrt{a^2+(2a)^2+(3a)^2}=\sqrt{14a^2}=2\sqrt{7}$，解得$a=\sqrt{2}$，所以长方体相交于一个顶点的三条棱长分别为$\sqrt{2}$，$2\sqrt{2}$，$3\sqrt{2}$．因此，该长方体的表面积为$S=2\times(3\sqrt{2}\times2\sqrt{2}+3\sqrt{2}\times\sqrt{2}+2\sqrt{2}\times\sqrt{2})=44$．故选C.

4．B【解析】因为棱柱的底面是边长为2的正三角形，则棱柱底面的面积$S_{底}=\frac{1}{2}\times2\times\sqrt{3}=\sqrt{3}$，所以该棱柱的体积$V=S_{底}h=\sqrt{3}\times4=4\sqrt{3}$．故选B.

5．$30\sqrt{3}-15\pi$【解析】由题可知，正六棱柱的底面积$S_{底}=6\times\frac{1}{2}\times2\times\sqrt{3}=6\sqrt{3}\,(cm^2)$，则$V_{正六棱柱}=S_{底}h=6\sqrt{3}\times5=30\sqrt{3}\,(cm^3)$．因为所切割的圆柱体与正六棱柱的侧面相切，所以圆柱的底面半径$r=\sqrt{3}$，$V_{圆柱}=\pi r^2h=\pi\times(\sqrt{3})^2\times5=15\pi\,(cm^3)$，则剩余部分几何体的体积$V=V_{正六棱柱}-V_{圆柱}=30\sqrt{3}-15\pi\,(cm^3)$．

6．8【解析】由题可知，正四棱柱的全面积为$S_{全}=ch+2S_{底}=1\times4\times1.5+2\times1^2=8\,(m^2)$，故需要8 m^2的彩纸.

7．解：由题可知，等腰梯形的腰为$\sqrt{\left(\frac{60-48}{2}\right)^2+8^2}=10\,(cm)$，则$S_{侧}=ch=(2\times10+60+48)\times100=12\,800\,(cm^2)$．又因为$S_{底}=\frac{1}{2}\times(60+48)\times8=432\,(cm^2)$，所以$V=S_{底}h=432\times100=43\,200\,(cm^3)$．因此，该油槽的侧面积为$12\,800\ cm^2$，体积为$43\,200\ cm^3$．

7.1.2 直观图的画法

基础夯实

1．C【解析】由斜二测画法的规则可知，$\angle x'O'y'=45°$．故选C.

2．D【解析】根据斜二测画法的规则还原的四边形$OACB$如图7-1所示．由图可知，最长的线段是BC．故选D.

3．A【解析】在正方形$O'A'B'C'$中，$O'A'=2$，$O'B'=2\sqrt{2}$．根据斜二测画法的原则还原的平面图形如图7-2所示，其中，$OA=2$，$OB=4\sqrt{2}$，则$AB=\sqrt{OA^2+OB^2}=6$．因此，原平面图形的周长为$2\times(2+6)=16$．故选A.

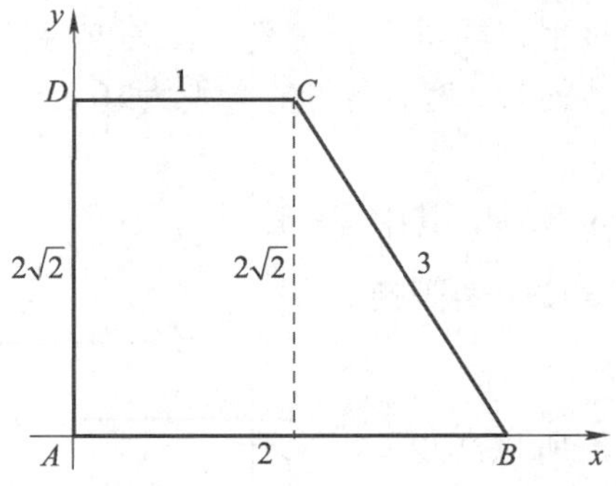

图7-1

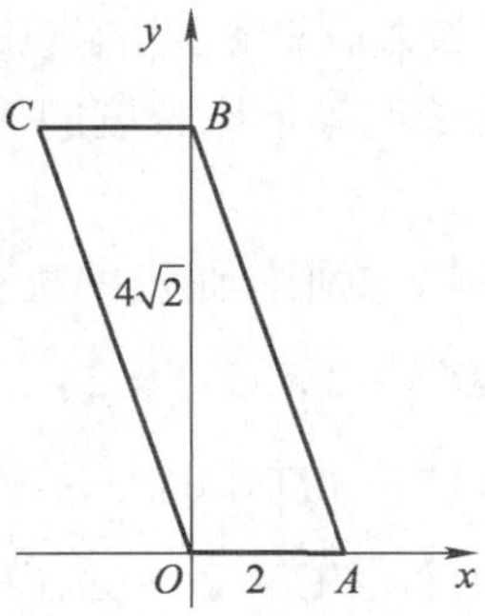

图7-2

4．斜二测画法【解析】画直观图使用的方法是斜二测画法.

5．90°【解析】由斜二测画法的规则可知，$\angle x'O'z'=90°$．

6．解：（1）以下底AB所在的直线为x轴，以高AD所在的直线为y轴，建立平面直角坐标系Axy，如图7-3所示.

（2）对应x轴和y轴画出x'轴和y'轴，且$\angle x'A'y'=45°$，得斜坐标系$A'x'y'$，在x'轴正向取$A'B'=AB$，在

y' 轴正向取一点 D'，使 $A'D'=\frac{1}{2}AD$，过点 D' 向右作 $A'B'$ 的平行线，在平行线上取一点 C'，使 $C'D'=CD$，如图 7-4 所示.

（3）依次连接四点 A'，B'，C'，D'，所得梯形 $A'B'C'D'$ 就是直角梯形 $ABCD$ 的直观图，如图 7-5 所示.

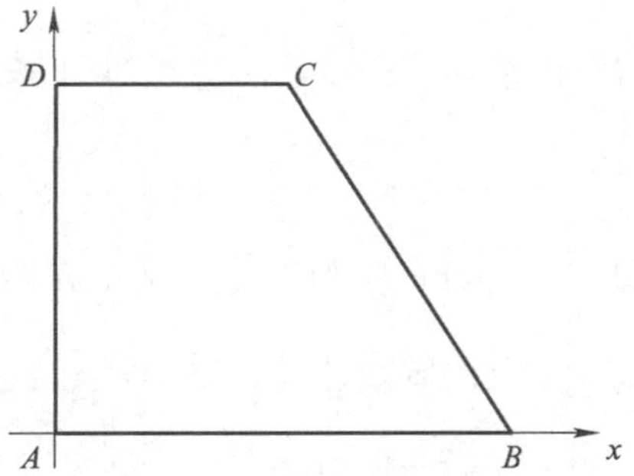

图 7-3

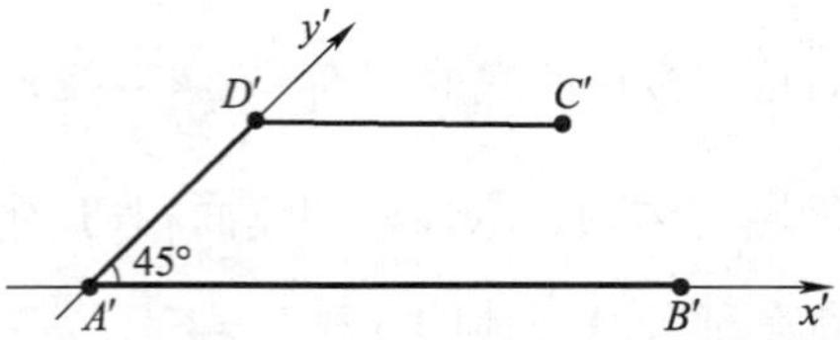

图 7-4

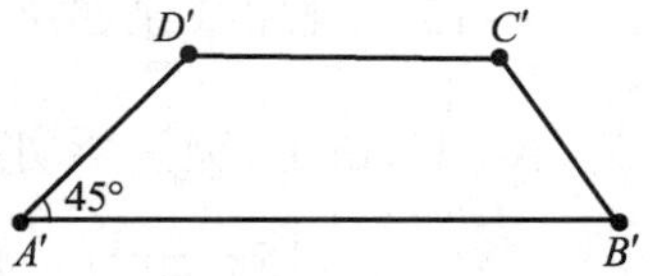

图 7-5

7．解：（1）画直四棱柱底面的直观图，即画水平放置的等腰梯形的直观图．以底边 AB 所在的直线为 x 轴，以底边 AB 的中点为坐标原点 O，作 $\angle xOy=45°$，在 y 轴正向取一点，使其到 O 点的距离为 $1\,\text{cm}$，以该点为中心平行于 x 轴画 $CD=1\,\text{cm}$，连接 AD，BC，则四边形 $ABCD$ 即为底面等腰梯形的直观图，如图 7-6 所示.

（2）过 A，B，C，D，O 五点分别向上作 AB，DC 的垂线，取过点 O 的垂线所在的直线为 z 轴，在垂线上分别截取 $AA'=BB'=CC'=DD'=1\,\text{cm}$，如图 7-7 所示.

（3）连接 $A'B'$，$B'C'$，$C'D'$，$D'A'$，擦去坐标轴，并将被遮挡住的线段画成虚线所得 $ABCD-A'B'C'D'$ 就是该直四棱柱的直观图，如图 7-8 所示.

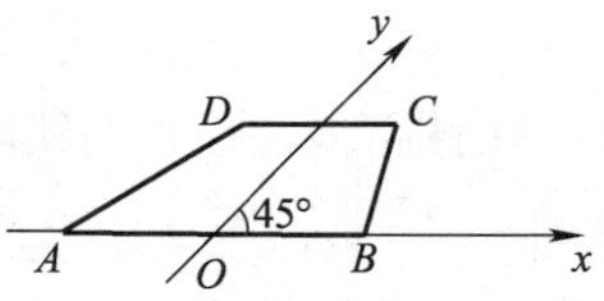

图 7-6

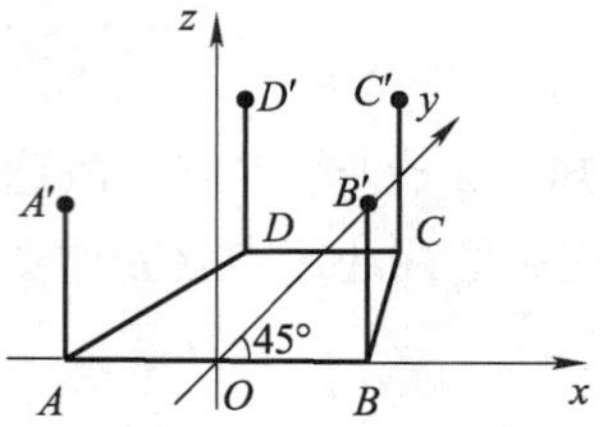

图 7-7

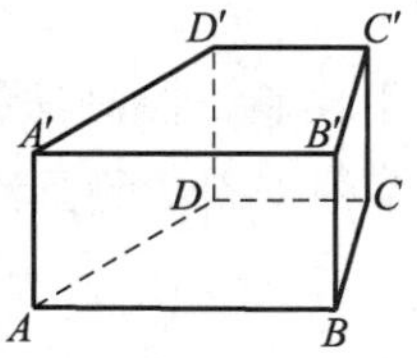

图 7-8

能力提升

1．B【解析】根据斜二测画法的规则可知，与 x 轴和 z 轴平行或重合的线段，其长度保持不变；与 x 轴垂直的线段，其长度等于原长度的一半．因此，该长方体的长、宽、高可能分别为 10 cm，3 cm，4 cm．故选 B.

2．B【解析】用斜二测画法画出的直观图 $A'B'C'D'$ 如图 7-9 所示，其中 $A'B'=4$，$A'D'=\sqrt{2}$，$C'D'=2$，$\angle B'A'D'=45°$，则 $A'B'C'D'$ 是等腰梯形，所以 $B'C'=A'D'=\sqrt{2}$．故选 B.

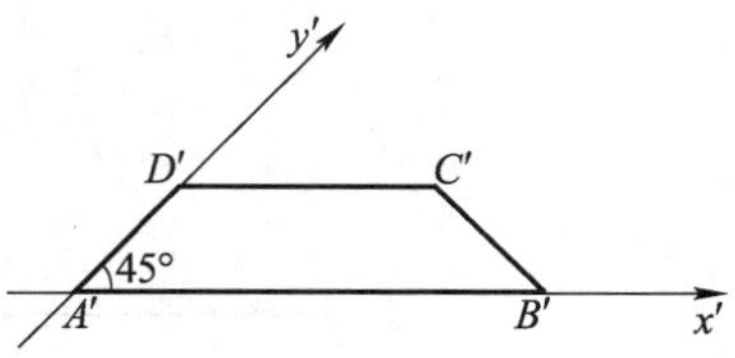

图 7-9

3．B【解析】因为 $A'C'=2$，$\triangle A'B'C'$ 的面积为 $2\sqrt{2}$，所以 $2\sqrt{2}=\frac{1}{2}A'C'\cdot B'C'\cdot\sin\angle A'C'B'=\frac{\sqrt{2}}{2}B'C'$，则 $B'C'=4$，$BC=8$．因为在平面直角坐标系中，$AC=2$，且 $AC\perp BC$，所以 $AB=\sqrt{AC^2+BC^2}=\sqrt{2^2+8^2}=\sqrt{68}=2\sqrt{17}$．故选 B.

4．z'；8【解析】根据斜二测画法的规则可知，正三棱柱的高应平行于 z' 轴，且长度不变，仍为 8 cm.

5．**解**：（1）建立平面直角坐标系 Oxy，在 x 轴负向取线段 OD，使 $OD=O'D'=1$，在 x 轴正向取线段 OC，使 $OC=O'C'=2$；过点 D 向 y 轴正向作与 y 轴平行的线段 AD，使 $AD=2A'D'=2$；过点 A 向 x 轴正向作与 x 轴平行的线段 AB，使 $AB=A'B'=2$；连接 BC，即可得到平面图形 $ABCD$，如图 7-10 所示.

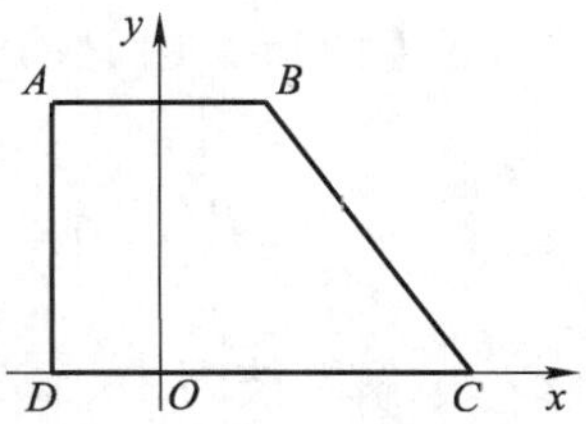

图 7-10

（2）由图 7-10 可知，平面图形 $ABCD$ 是上、下底边长分别为 2，3，高为 2 的直角梯形，故平面图形 $ABCD$ 的面积 $S=\frac{1}{2}\times(2+3)\times2=5$．有题可知，平面图形 $ABCD$ 的直观图 $A'B'C'D$ 的高为 $\frac{\sqrt{2}}{2}$，故梯形 $A'B'C'D$ 的面积 $S'=\frac{1}{2}\times(2+3)\times\frac{\sqrt{2}}{2}=\frac{5\sqrt{2}}{4}$．

7.1.3 棱锥

基础夯实

1．B【解析】棱锥的侧棱长不一定都相等，A 选项错误．棱锥的侧棱都相交于一点，该点为棱锥的顶点，B 选项正确．棱锥的侧面都是三角形，但不一定是等边三角形，C 选项错误．正棱锥的斜高都相等，棱锥的斜高不一定都相等，D 选项错误．故选 B.

2．C【解析】由棱锥的体积公式，得 $V=\frac{1}{3}S_{底}h=\frac{1}{3}\times2\times2\times6=8$．故选 C.

3．D【解析】因为正棱锥的高、斜高与斜高在底面上的投影构成一个直角三角形，且在正四棱锥中，斜高在底面上的投影即为底面边长的一半，所以由勾股定理可得，该正四棱锥的斜高 $h'=\sqrt{a^2+\left(\frac{a}{2}\right)^2}=\frac{\sqrt{5}a}{2}$．因此，该正四棱锥的表面积为 $S=\frac{1}{2}ch'+S_{底}=\frac{1}{2}\times4a\times\frac{\sqrt{5}a}{2}+a^2=(\sqrt{5}+1)a^2$．故选 D.

4．三角形【解析】棱锥的底面和侧面可以同时为三角形，比如正四面体的底面和侧面都是正三角形.

5．6【解析】由体积公式可知，正四棱柱 $ABCD-A_1B_1C_1D_1$ 的体积 $V_{正四棱柱}=S_{底}h=18$．因为四棱锥 $A-A_1B_1C_1D_1$ 与正四棱柱同底等高，所以四棱锥的体积为 $V_{四棱锥}=\frac{1}{3}S_{底}h=6$．

6．**解**：正四棱锥的全面积为 $S_{全}=\frac{1}{2}ch'+S_{底}=\frac{1}{2}\times4\times8\times5+8^2=144\,(\text{cm}^2)$．又因为正棱锥的高、斜高与斜高在底面的投影构成一个直角三角形，且在正四棱锥中，斜高在底面的投影即为底面边长的一半，所以由勾股定理可得，该正四棱锥的高 $h=\sqrt{5^2-4^2}=3\,(\text{cm})$．因此，该正四棱锥的体积为 $V=\frac{1}{3}S_{底}h=\frac{1}{3}\times8^2\times3=64\,(\text{cm}^3)$．

能力提升

1．D【解析】棱柱和棱锥的底面可以是三角形、四边形、五边形、六边形等，A 和 B 选项错误．侧棱垂直于底面的棱柱称为直棱柱，但不一定为正棱柱，C 选项错误．根据正四面体的定义可知其三个侧面都是等边三角形，D 选项正确．故选 D.

2．B【解析】因为正棱锥的高、斜高与斜高在底面上的投影构成一个直角三角形，且在正四棱锥中，斜高在底面上的投影即为底面边长的一半，所以由勾股定理可得，该正四棱锥的斜高 $h'=\sqrt{1^2+(\sqrt{3})^2}=2$．因此，该正四棱锥的表面积为 $S_{表}=\frac{1}{2}ch'+S_{底}=\frac{1}{2}\times4\times2\times2+2^2=12$．故选 B.

3．A【解析】由 PA，PB，PC 两两相互垂直可知，$PA\perp$ 平面 PBC，且 $S_{\triangle PBC}=\frac{1}{2}PB\cdot PC=\frac{1}{2}$，所以 $V_{P-ABC}=\frac{1}{3}PA\cdot S_{\triangle PBC}=\frac{1}{3}\times\frac{1}{2}=\frac{1}{6}$．故选 A.

解题技巧

“换底法”是求三棱锥体积的一种常用方法，合理的体积转换，可以化难为易，将问题简化.

4．$16\sqrt{3}$【解析】正四面体的底面和侧面都是边长为 4 的正三角形，所以正四面体的表面积为 $S_{表}=4\times\frac{1}{2}\times4\times\sqrt{4^2-2^2}=16\sqrt{3}$．

5．解：因为正棱锥侧面的斜高、侧棱及底面边长的一半构成一个直角三角形，所以由勾股定理可得，该正四棱锥的斜高 $h'=\sqrt{10^2-6^2}=8\,(\text{cm})$．因此，该正四棱锥的表面积为 $S_{表}=\frac{1}{2}ch'+S_{底}=\frac{1}{2}\times4\times12\times8+12^2=336\,(\text{cm}^2)$．

6．解：因为正棱锥的高、斜高与斜高在底面上的投影构成一个直角三角形，且在正四棱锥中，斜高在底面上的投影即为底面边长的一半，所以由勾股定理可得，该正四棱锥的高 $h=\sqrt{5^2-3^2}=4\,(\text{cm})$．因此，该正四棱锥容器的体积为 $V=\frac{1}{3}S_{底}h=\frac{1}{3}\times6\times6\times4=48\,(\text{cm}^3)$．

本节测试

1．B【解析】由题可知，正四面体的底面和各侧面都是边长为 2 的正三角形．因为正棱锥侧面的斜高、侧棱及底面边长的一半构成一个直角三角形，所以由勾股定理可得，正四面体的斜高 $h'=\sqrt{2^2-1^2}=\sqrt{3}$．因此，该正四面体的全面积为 $S_{全}=\frac{1}{2}ch'+S_{底}=\frac{1}{2}\times2\times3\times\sqrt{3}+\frac{1}{2}\times2\times\sqrt{3}=4\sqrt{3}$．故选 B.

2．48【解析】因为该正四棱锥的底面边长为 6，侧棱长为 5，所以该正四棱锥的斜高 $h'=\sqrt{5^2-3^2}=4$．因此，该正四棱锥的侧面积为 $S_{侧}=\frac{1}{2}ch'=\frac{1}{2}\times4\times6\times4=48$．

3．144【解析】如图 7-11 所示，连接 A_1C_1，B_1D_1 交于点 O，连接 PO，PO 为正四棱锥的高．因为正四棱锥的底面边长为 6，侧棱长为 $3\sqrt{3}$，所以 $B_1D_1=6\sqrt{2}$，$B_1O=3\sqrt{2}$，$PO=\sqrt{(3\sqrt{3})^2-(3\sqrt{2})^2}=3$，则正四棱锥的体积 $V_{P-A_1B_1C_1D_1}=\frac{1}{3}\times6\times6\times3=36$．又因为正四棱柱的高与正四棱锥的高相等，所以正四棱柱的体积 $V_{ABCD-A_1B_1C_1D_1}=6\times6\times3=108$，则该几何体的体积 $V=36+108=144$．

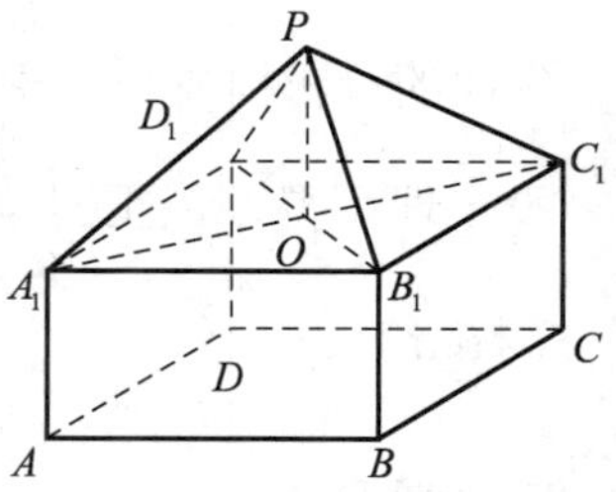

图 7-11

4．解：（1）画正三棱柱底面的直观图，即画水平放置的边长为 2 cm 的正三角形的直观图．以底边 AB 所在的直线为 x 轴，以底边 AB 的中点为坐标原点 O，作 $\angle xOy=45°$，在 y 轴正向取一点 C，使 $OC=\frac{\sqrt{3}}{2}$ cm（即底面正三角形的高的一半），连接 AC，BC，则三角形 ABC 即为底面正三角形的直观图，如图 7-12 所示．

（2）过 A，B，C，O 四点分别向上作 AB 的垂线，取过点 O 的垂线所在的直线为 z 轴，在垂线上分别截取 $AA'=BB'=CC'=3$ cm，如图 7-13 所示．

（3）连接 $A'B'$，$B'C'$，$C'A'$，擦去坐标轴，并将被遮挡住的线段画成虚线，$ABC-A'B'C'$ 就是该正三棱柱的直观图，如图 7-14 所示.

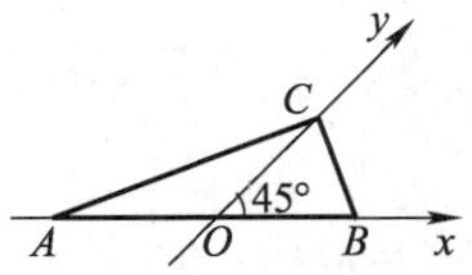

图 7-12

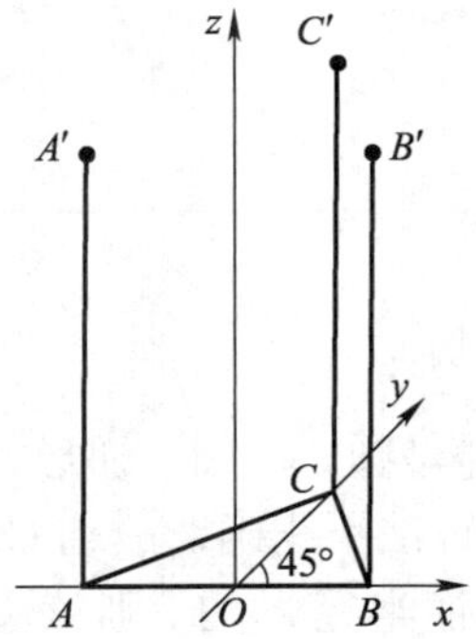

图 7-13

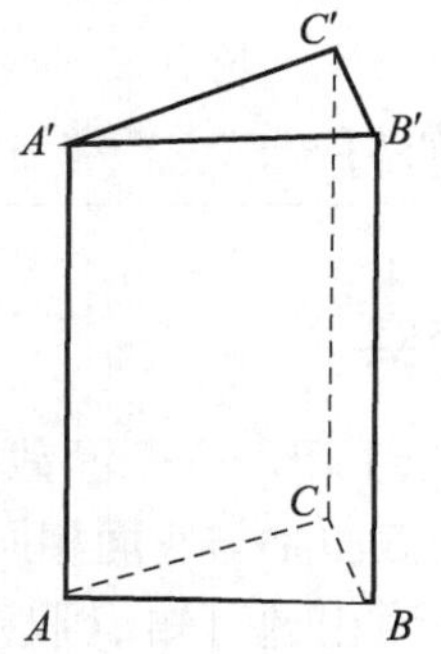

图 7-14

真题实战

1. B【解析】设该正方体的棱长为 m，由正四棱锥的体积与该正方体的体积相等，得 $\frac{1}{3}\times(2\sqrt{3})^2\times2=m^3$，解得 $m=2$．故选 B.

2. A【解析】如图 7-15 所示，在长方体 $ABCD-A_1B_1C_1D_1$ 中，$CP=D_1Q$，则四棱锥 $A-CPQD$ 的体积 $V_{A-CPQD}=\frac{1}{3}\cdot\frac{(DQ+CP)\cdot CD}{2}\cdot AD=\frac{1}{6}DD_1\cdot CD\cdot AD$，而长方体 $ABCD-A_1B_1C_1D_1$ 的体积 $V=DD_1\cdot CD\cdot AD$，所以四棱锥 $A-CPQD$ 的体积是 $\frac{1}{6}V$．故选 A.

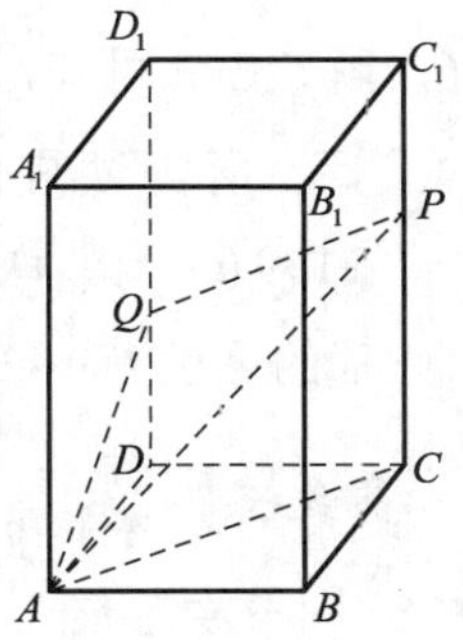

图 7-15

3. B【解析】正六棱柱的体积 $V_1=\frac{3\sqrt{3}}{2}\times12^2\times10=2160\sqrt{3}\,(\text{mm}^3)$，圆柱的体积 $V_2=25\pi\times10=250\pi\,(\text{mm}^3)$，则该螺母的体积 $V=V_1-V_2=2160\sqrt{3}-250\pi\approx2897\,(\text{mm}^3)=2.897\,(\text{cm}^3)$．因此，该螺母的质量 $m=7.9\times2.897\approx23\,(\text{g})$．故选 B.

4. 54【解析】因为正方体的棱长为 3 cm，所以正方体的表面积 $S=6a^2=6\times3^2=54\,(\text{cm}^2)$.

5. $\sqrt{3}$【解析】正三棱锥底面边长为 2 cm，所以底面高为 $\sqrt{2^2-1^2}=\sqrt{3}\,(\text{cm})$，$S_{底}=\frac{1}{2}\times2\times\sqrt{3}=\sqrt{3}\,(\text{cm}^2)$，则正三棱锥的体积 $V=\frac{1}{3}S_{底}h=\frac{1}{3}\times\sqrt{3}\times3=\sqrt{3}\,(\text{cm}^3)$.

6. $\frac{\sqrt{2}}{12}$【解析】如图 7-16 所示，正三棱锥 $A-BCD$ 的侧棱长和底面边长都为 1，点 E 为 BD 的中点，连接 CE，取一点 F 且 $CF=\frac{2}{3}CE$，由等边三角形的性质可知，点 F 为等边 $\triangle BCD$ 的中心，连接 AF，则 $AF\perp$ 平面 BCD．因为 $BC=CD=BD=1$，则 $CE=\frac{\sqrt{3}}{2}$，$CF=\frac{2}{3}\times\frac{\sqrt{3}}{2}=\frac{\sqrt{3}}{3}$，$AF=\sqrt{AC^2-CF^2}=\sqrt{1-\frac{1}{3}}=\frac{\sqrt{6}}{3}$，所以正三棱锥 $A-BCD$ 的体积 $V=\frac{1}{3}S_{\triangle BCD}\cdot AF=\frac{1}{3}\times\frac{\sqrt{3}}{4}\times\frac{\sqrt{6}}{3}=\frac{\sqrt{2}}{12}$.

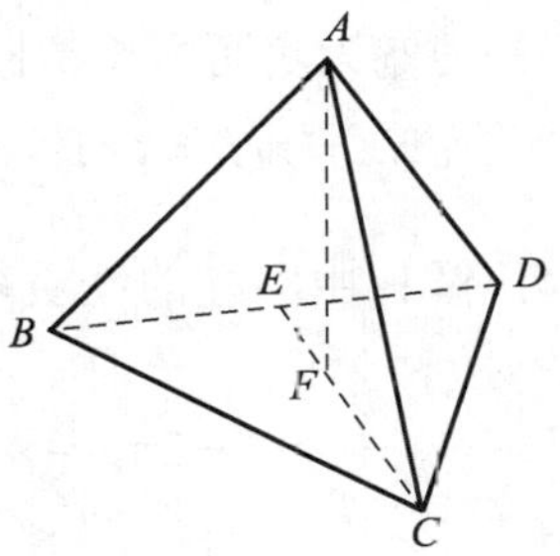

图 7-16

7.2 旋转体

7.2.1 圆柱

基础夯实

1. C【解析】用一个平面截圆柱，截面可能是圆、椭圆、梯形、长方形或正方形等，用平行于底面的平面截圆柱，截面是与底面相同的圆，C 选项说法不正确．故选 C.
2. D【解析】由题可知，圆柱的高 $h=6$，底面半径 $r=2$，则该圆柱体的体积为 $V=\pi r^2h=\pi\times2^2\times6=24\pi$．故选 D.
3. B【解析】由题可知，$\pi\times r^2=\pi$，解得 $r=1$，所以圆柱的侧面积为 $S=2\pi rh=2\pi\times1\times3=6\pi$．故选 B.
4. 无数【解析】圆柱有无数条母线.
5. 12π【解析】由题可知，圆柱的体积为 $V=S_{底}h=4\pi\times3=12\pi$.
6. 解：由题可知，得圆柱的底面半径为 2，高为 5，所以圆柱的体积为 $V=S_{底}h=\pi r^2h=\pi\times2^2\times5=20\pi$.
7. 解：所需铁皮的面积为圆柱的侧面积与一个底面积的和，即 $S=2\pi rh+\pi r^2=2\pi\times10\times30+\pi\times10^2\approx2\,199\,(\text{cm}^2)$．铁桶的体积为 $V=\pi r^2h=\pi\times10^2\times30\approx9\,425\,(\text{cm}^3)$．因此，所需铁皮的面积为 $2\,199\text{ cm}^2$，铁桶的体积为 $9\,425\text{ cm}^3$.

易错点 本题考查圆柱的面积公式和体积公式，注意本题所求圆柱为无盖铁桶，计算全面积时只需计算一个底面积.

8. 解：由圆柱的性质得，圆柱的高和底面直径均为 4，则圆柱的底面半径为 2．因此，圆柱的侧面积为 $S_{侧}=2\pi rh=2\pi\times2\times4=16\pi$，圆柱的表面积为 $S_{表}=2\pi r(h+r)=2\pi\times2\times(4+2)=24\pi$，圆柱的体积为 $V=\pi r^2h=\pi\times2^2\times4=16\pi$.

能力提升

1. A【解析】由题可知，圆柱的底面直径为 2，高为 2，所以圆柱的体积 $V=Sh=\pi\times1^2\times2=2\pi$．故选 A.
2. C【解析】因为圆柱的底面半径 $r=2$，侧面积 $S=2\pi rh=4\pi h=8\pi$，解得圆柱的高 $h=2$，所以圆柱的体积 $V=\pi r^2h=8\pi$．故选 C.
3. 16π 或 π【解析】本题有两种情况．第一种情况，以矩形的长为底面周长，宽为母线，卷成圆柱，此时圆柱的底面周长为 8π，可得底面半径为 4，圆柱的底面积为 $S_{底}=\pi r^2=\pi\times4^2=16\pi$；第二种情况，以矩形的宽为底面周长，长为母线，卷成圆柱，此时圆柱的底面周长为 2π，可得底面半径为 1，圆柱的底面积为 $S_{底}=\pi r^2=\pi\times1^2=\pi$．综上，圆柱的底面积为 16π 或 π.
4. 解：由圆柱的性质得，圆柱的高和底面直径均为 a，则圆柱的底面半径为 $\frac{a}{2}$．由圆柱的面积公式，得 $S_{侧}=2\pi rh=2\pi\times\frac{a}{2}\times a=36\pi$，解得 $a=6$，则圆柱的底面半径为 3，所以圆柱的体积为 $V=S_{底}h=\pi r^2h=\pi\times3^2\times6=54\pi$.

7.2.2 圆锥

基础夯实

1. C【解析】由题可知，圆锥的侧面积为$S=\pi rl=\pi\times3\times5=15\pi$. 故选C.
2. B【解析】因为圆锥的底面半径、高和母线构成一个直角三角形，所以圆锥的高为$h=\sqrt{l^2-r^2}=\sqrt{2^2-1^2}=\sqrt{3}$. 故选B.
3. C【解析】由题可知，圆锥的高$h=r\tan60°=2\sqrt{3}$，所以圆锥的体积$V=\frac{1}{3}\pi r^2h=\frac{1}{3}\pi\times2^2\times2\sqrt{3}=\frac{8\sqrt{3}}{3}\pi$. 故选C.
4. 等腰【解析】圆锥的轴截面为等腰三角形.
5. 3π【解析】因为圆柱的体积是与它等底等高的圆锥体积的3倍，所以该圆锥的体积为3π.
6. 4【解析】因为圆锥的底面半径、高和母线构成一个直角三角形，所以圆锥的高为$h=8\times\cos60°=4$.
7. **解**：由题可知，所需材料的面积为圆锥的侧面积. 因为圆锥的底面半径、高和母线构成一个直角三角形，根据勾股定理，可得母线$l=\sqrt{r^2+h^2}=\sqrt{6^2+8^2}=10\,(\text{cm})$，所以圆锥形生日帽的侧面积为$S=\pi rl=\pi\times6\times10=60\pi\,(\text{cm}^2)$，即所需材料的面积为$60\pi\ \text{cm}^2$.
8. **解**：由题可知，圆锥的底面半径$r=3$，因为圆锥的底面半径、高和母线构成一个直角三角形，根据勾股定理，可得圆锥的高$h=\sqrt{l^2-r^2}=\sqrt{5^2-3^3}=4$，所以圆锥的表面积为$S=\pi r(l+r)=\pi\times3\times(5+3)=24\pi$，圆锥的体积为$V=\frac{1}{3}\pi r^2h=\frac{1}{3}\pi\times3^2\times4=12\pi$.
9. **解**：由题可知，圆锥的母线$l=2$，底面直径$2r=2$，解得$r=1$，则圆锥的高为$h=\sqrt{l^2-r^2}=\sqrt{2^2-1^2}=\sqrt{3}$. 因此，圆锥的体积为$V=\frac{1}{3}\pi r^2h=\frac{1}{3}\pi\times1^2\times\sqrt{3}=\frac{\sqrt{3}}{3}\pi$.

能力提升

1. D【解析】由题可知，圆锥的母线$l=\sqrt{r^2+r^2}=\sqrt{2}r$，则圆锥的侧面积$S_{圆锥侧}=\pi rl=\sqrt{2}\pi r^2$，圆柱的侧面积$S_{圆柱侧}=2\pi r\cdot r=2\pi r^2$，所以圆锥与圆柱的侧面积之比是$\frac{\sqrt{2}}{2}$. 故选D.
2. A【解析】由题可知，圆锥的底面半径为1. 因为圆锥的底面半径、高和母线构成一个直角三角形，所以圆锥的高为$h=\sqrt{l^2-r^2}=\sqrt{3^2-1^2}=2\sqrt{2}$. 因此圆锥的体积为$V=\frac{1}{3}\pi r^2h=\frac{1}{3}\pi\times1^2\times2\sqrt{2}=\frac{2\sqrt{2}}{3}\pi$. 故选A.
3. 2π【解析】由题可知，圆锥的母线$l=2$，底面直径$2r=2$，可得$r=1$，则圆锥的侧面积为$S=\pi rl=\pi\times1\times2=2\pi$.
4. **解**：以15 cm的直角边为轴旋转一周，所得旋转体为圆锥，其中，高为15 cm，底面半径为20 cm，则圆锥的体积为$V_1=\frac{1}{3}\pi r^2h=\frac{1}{3}\pi\times20^2\times15=2\,000\pi\,(\text{cm}^3)$. 以20 cm的直角边为轴旋转一周，所得旋转体为圆锥，其中，高为20 cm，底面半径为15 cm，则圆锥的体积为$V_2=\frac{1}{3}\pi r^2h=\frac{1}{3}\pi\times15^2\times20=1\,500\pi\,(\text{cm}^3)$. 综上所述，所求旋转体的体积为$2\,000\pi\ \text{cm}^3$或$1\,500\pi\ \text{cm}^3$.

7.2.3 球

基础夯实

1．A【解析】设球原来的半径为r，表面积为$4\pi r^2$；扩大后的半径为$5r$，表面积为$4\pi\times(5r)^2=100\pi r^2$．因此，球的表面积扩大为原来的 25 倍．故选 A．

2．B【解析】球的体积$V=\frac{4}{3}\pi R^3$，则$8V=\frac{32}{3}\pi R^3=\frac{4}{3}\pi R_1^3$，解得$R_1=2R$，所以球的半径扩大为原来的 2 倍．故选 B．

3．C【解析】设这两个球的半径分别为r_1，r_2，则这两个球的表面积之比为$4\pi r_1^2:4\pi r_2^2=r_1^2:r_2^2=1:2$，可得$r_1:r_2=1:\sqrt{2}$．因此，这两个球的体积之比为$\frac{4}{3}\pi r_1^3:\frac{4}{3}\pi r_2^3=r_1^3:r_2^3=1:2\sqrt{2}$．故选 C．

4．B【解析】球的体积$V=\frac{4}{3}\pi R^3=36\pi$，解得球的半径$R=3$．当截面圆的面积最大时，截面过球心，所以截面圆的最大面积为$S=\pi R^2=9\pi$．故选 B．

5．D【解析】设正方体的棱长为a cm．由题可知，$6a^2=24$，解得$a=2$．设正方体的内切球的半径为R cm，则$2R=a=2$，解得$R=1$．因此，这个球的体积为$V_{球}=\frac{4}{3}\pi R^3=\frac{4}{3}\pi\times1^3=\frac{4}{3}\pi\,(\text{cm}^3)$．故选 D．

方法总结

（1）设正方体的棱长为a，球的半径为R，则正方体与球相切的情况如下．

① 若球为正方体的内切球，则球的直径等于正方体的棱长，即$2R=a$；

② 若球与正方体的各棱相切，则球的直径等于正方体的面对角线的长，即$2R=\sqrt{2}a$；

③ 若球为正方体的外接球，则球的直径等于正方体的体对角线的长，即$2R=\sqrt{3}a$．

（2）若长方体同一顶点的三条棱长分别为a，b，c，长方体外接球的半径为R，则外接球的直径等于长方体的体对角线的长，即$2R=\sqrt{a^2+b^2+c^2}$．

6．B【解析】设正方体的棱长为a，则内切球的半径为$R=\frac{a}{2}$，外接球的半径为$R'=\frac{\sqrt{3}}{2}a$，则两半径之比为$1:\sqrt{3}$．故选 B．

7．4π；$\frac{4}{3}\pi$【解析】因为球的半径是 1，所以球的表面积为$S=4\pi\times1^2=4\pi$，体积为$V=\frac{4}{3}\pi\times1^3=\frac{4}{3}\pi$．

8．$1:2\sqrt{2}:3\sqrt{3}$【解析】设这三个球的半径分别为r_1，r_2，r_3，则这三个球的表面积之比为$4\pi r_1^2:4\pi r_2^2:4\pi r_3^2=r_1^2:r_2^2:r_3^2=1:2:3$，可得$r_1:r_2:r_3=1:\sqrt{2}:\sqrt{3}$．因此，这三个球的体积之比为$\frac{4}{3}\pi r_1^3:\frac{4}{3}\pi r_2^3:\frac{4}{3}\pi r_3^3=r_1^3:r_2^3:r_3^3=1:2\sqrt{2}:3\sqrt{3}$．

9．**解：**（1）因为火星的直径约为地球直径的一半，所以火星半径约为地球半径的一半．设地球的半径为R，则火星的半径为$\frac{R}{2}$，可得地球的表面积为$S_{地球}=4\pi R^2$，火星的表面积为$S_{火星}=4\pi\times\left(\frac{R}{2}\right)^2=\pi R^2$，则火星与地球的表面积之比为$\pi R^2:4\pi R^2=1:4$．

（2）因为地球的体积为$V_{地球}=\frac{4}{3}\pi R^3$，火星的体积为$V_{火星}=\frac{4}{3}\pi\times\left(\frac{R}{2}\right)^3=\frac{1}{6}\pi R^3$，所以火星与地球的体积之比为$\frac{1}{6}\pi R^3:\frac{4}{3}\pi R^3=1:8$.

能力提升

1．C【解析】由球的性质可知，球心O与截面圆心的连线垂直于截面．因为球心O到平面α的距离$d=4$，截面圆的半径$r=2$，则球O的半径$R=2\sqrt{5}$，所以球O的体积为$V=\frac{4}{3}\pi R^3=\frac{4}{3}\pi\times(2\sqrt{5})^3=\frac{160\sqrt{5}}{3}\pi$．故选C.

2．D【解析】因为长方体的8个顶点都在同一球面上，所以这个球是长方体的外接球，半径为$R=\frac{\sqrt{a^2+b^2+c^2}}{2}=\frac{\sqrt{3^2+4^2+5^2}}{2}=\frac{5\sqrt{2}}{2}$．因此，这个球的表面积为$S=4\pi R^2=4\pi\times\left(\frac{5\sqrt{2}}{2}\right)^2=50\pi$．故选D.

3．C【解析】设新铸成的球的半径为R，由题可知，其体积为三个小铁球的体积之和，即$V_{大球}=\frac{4}{3}\pi R^3=\frac{4}{3}\pi\times\left(\frac{6}{2}\right)^3+\frac{4}{3}\pi\times\left(\frac{8}{2}\right)^3+\frac{4}{3}\pi\times\left(\frac{10}{2}\right)^3=288\pi\,(\text{cm}^3)$，解得$R=6\,(\text{cm})$．故选C.

4．30π【解析】因为圆锥底面与半球截面密合，所以圆锥的底面半径为3，则圆锥的高为$h=\sqrt{l^2-r^2}=\sqrt{5^2-3^2}=4$．又因为上半部分的圆锥的体积为$V_{圆锥}=\frac{1}{3}\pi r^2h=\frac{1}{3}\pi\times3^2\times4=12\pi$，下半部分的半球的体积为$V_{半球}=\frac{1}{2}\times\frac{4}{3}\pi\times3^3=18\pi$，所以该玩具的体积为$12\pi+18\pi=30\pi$.

5．**解**：因为球的截面圆的面积为$9\pi\text{ cm}^2$，所以截面圆的半径$r=3\,(\text{cm})$．由球的性质可得，球心与截面的圆心的连线垂直于截面．因为球心到截面圆的距离为4 cm，所以球的半径为$R=\sqrt{r^2+d^2}=\sqrt{3^2+4^2}=5\,(\text{cm})$．因此，球的表面积为$S=4\pi R^2=4\pi\times5^2=100\pi\,(\text{cm}^2)$.

6．**解**：由题可知，水桶的半径$r=18\,(\text{cm})$，则水面上升部分的体积为$V=\pi r^2h=\pi\times18^2\times3=972\pi\,(\text{cm}^3)$．水面上升部分的体积等于球的体积，设球的半径为$R$，即$\frac{4}{3}\pi R^3=972\pi\,(\text{cm}^3)$，解得$R=9\,(\text{cm})$．因此，这个球的半径为$9\text{ cm}$.

本节测试

1．C【解析】由题可知，剩余部分的体积$V=V_{正四棱柱}-V_{圆柱}=3^2\times5-\pi\times1^2\times5=45-5\pi\,(\text{cm}^3)$．故选C.

2．A【解析】因为圆锥的轴截面是边长为4的正三角形，则圆锥的母线长为4，圆锥底面圆的直径为4，半径为2，所以圆锥的高$h=\sqrt{4^2-2^2}=2\sqrt{3}$，因此圆锥的体积$V=\frac{1}{3}Sh=\frac{1}{3}\times\pi\times2^2\times2\sqrt{3}=\frac{8\sqrt{3}\pi}{3}$．故选A.

3．C【解析】因为圆柱的轴截面是面积为4的正方形，设圆柱的高和底面直径为h，则有$h^2=4$，解得$h=2$，则圆柱底面圆的半径$r=1$，所以圆柱的表面积为$S=2\pi r^2+2\pi r\cdot h=2\pi+2\pi\times2=6\pi$．故选C.

4．B【解析】圆锥的轴截面是面积为18的等腰直角三角形，设圆锥的母线长为l，则有$\frac{1}{2}l^2=18$，解得$l=6$.

根据等腰直角三角形的性质有，圆锥的底面半径 $r=\frac{1}{2}\times 6\sqrt{2}=3\sqrt{2}$，圆锥的高 $h=3\sqrt{2}$，所以圆锥的体积 $V=\frac{1}{3}Sh=\frac{1}{3}\pi(3\sqrt{2})^2\times 3\sqrt{2}=18\sqrt{2}\pi$． 故选 B.

5．$4\pi a^2$【解析】根据题意，圆柱的底面半径为 a，高为 $2a$，则 $S_{侧}=2\pi rh=4\pi a^2$．

6．1【解析】因为该圆锥的侧面展开图是半径为 2 的半圆，所以该圆锥的母线 $l=2$．设圆锥的底面半径为 r，由 $2\pi r=\frac{1}{2}\times 2\pi\times 2$，解得 $r=1$，所以圆锥的底面半径为1．

7．4π【解析】因为圆柱的底面半径 $r=1$，体积 $V=\pi r^2h=2\pi$，所以圆柱的高 $h=2$，则圆柱的侧面积 $S=2\pi rh=4\pi$．

8．$\frac{\sqrt{5}}{4}$【解析】由题可知，圆锥的母线 $l=\sqrt{(2r)^2+r^2}=\sqrt{5}r$，则圆锥的侧面积 $S_{圆锥侧}=\pi rl=\sqrt{5}\pi r^2$．圆柱的侧面积 $S_{圆柱侧}=2\pi r\cdot 2r=4\pi r^2$，所以圆锥和圆柱的侧面积之比为 $\frac{\sqrt{5}}{4}$．

9．3∶2【解析】设圆柱的底面半径为 R，高为 $2R$，球的半径为 R，则圆柱的体积 $V_1=\pi R^2\cdot 2R=2\pi R^3$，球的体积 $V_2=\frac{4\pi}{3}R^3$，所以圆柱与球的体积之比 $V_1:V_2=2:\frac{4}{3}=3:2$．

10．$\frac{256\pi}{3}$【解析】设一个球的半径为 R，则一个球的体积为 $\frac{4}{3}\pi R^3$，由题可知，$3\times\frac{4}{3}\pi R^3+\pi R^2\times 8=\pi R^2\times 6R$，解得 $R=4$，故一个球的体积为 $\frac{4}{3}\pi\times 4^3=\frac{256\pi}{3}$．

真题实战

1．B【解析】$S=4\pi R^2=4\pi\left(\frac{6}{2}\right)^2=36\pi\,(\text{cm}^2)$．故选 B.

2．A【解析】设正方体的边长为 a，则 $a^3=8\Rightarrow a=2$，该球的半径 $R=\frac{\sqrt{3a^2}}{2}=\frac{\sqrt{3\times 2^2}}{2}=\sqrt{3}$，所以该球的表面积为 $S=4\pi R^2=4\pi(\sqrt{3})^2=12\pi$．故选 A.

3．C【解析】设圆锥的底面半径为 r，高为 h，母线为 l．由题可知，$h=r$，$l=\sqrt{2}r$，则圆锥的侧面积 $S_{侧}=\pi rl=\sqrt{2}\pi r^2$，底面积 $S_{底}=\pi r^2$，所以它的底面积与侧面积之比是 $1:\sqrt{2}$．故选 C.

4．C【解析】因为圆锥的底面直径 $d=2$，则底面半径 $r=1$，又因为圆锥的高是 2，所以圆锥的母线 $l=\sqrt{2^2+1^2}=\sqrt{5}$，故圆锥的侧面积 $S=\pi rl=\pi\times 1\times\sqrt{5}=\sqrt{5}\pi$．故选 C.

5．A【解析】设圆锥的底面半径为 r，高为 h，母线为 l．因为圆锥的侧面展开图是半径为 2 的半圆，则该圆锥的母线 $l=2$，圆锥的底面周长 $\frac{1}{2}\times 2\pi\times 2=2\pi r$，解得 $r=1$，所以圆锥的高 $h=\sqrt{l^2-r^2}=\sqrt{4-1}=\sqrt{3}$．故选 A.

6．D【解析】由题可知，圆锥的母线 $l=\sqrt{(3R)^2+R^2}=\sqrt{10}R$，则圆锥的侧面积 $S_{圆锥侧}=\pi Rl=\sqrt{10}\pi R^2$，圆柱的侧面积 $S_{圆柱侧}=2\pi R\cdot 3R=6\pi R^2$，所以圆锥和圆柱的侧面积之比是 $\frac{\sqrt{10}}{6}$．故选 D.

7. C【解析】设圆锥形容器的底面积为S，则$V_{水}=V_{圆锥}=\frac{1}{3}Sh=\frac{1}{3}\times 12\times S=4S$，倒入同底等高的圆柱形容器中，有$V_{水}=Sh_{水高}=4S$，解得$h_{水高}=4\,(\text{cm})$．故选C.

8. B【解析】圆柱的底面积为$S=\pi r^2=\pi\left(\frac{6}{2}\right)^2=9\pi$，则$V_{圆柱}=Sh_{圆柱}=9\pi\times 3=27\pi$，$V_{圆锥}=\frac{1}{3}Sh_{圆锥}=\frac{1}{3}\times 9\pi\times 1=3\pi$，所以粮仓的容积为$V=V_{圆柱}+V_{圆锥}=27\pi+3\pi=30\pi\,(\text{m}^3)$．故选B.

9. C【解析】直角梯形$ABCD$绕AB所在的直线旋转一周，形成的几何体是一个圆柱体和一个圆锥体所构成的组合体．其中，圆柱体的底面半径为4，高为5，圆锥体的底面半径为4，高为3，所以$V_{总}=V_{圆柱}+V_{圆锥}=\pi r^2h+\frac{1}{3}\pi r^2h'=\pi\times 4^2\times 5+\frac{1}{3}\times\pi\times 4^2\times(8-5)=80\pi+16\pi=96\pi$．故选C.

10. 4∶9【解析】两个球的体积之比为8∶27，根据球的体积公式$V=\frac{4}{3}\pi R^3$，可知两个球的半径之比为2∶3．因为球的表面积公式为$S=4\pi R^2$，所以这两个球的表面积之比为4∶9.

11. $\sqrt[3]{2}$【解析】球的体积$V=\frac{4}{3}\pi R^3$，则$2V=\frac{8}{3}\pi R^3=\frac{4}{3}\pi R_1^{\,3}$，解得$R_1=\sqrt[3]{2}R$.

12. $\frac{27}{4}\pi$【解析】由题可知，圆柱的高为$h=3$，底面圆的直径$d=3$，半径$r=\frac{3}{2}$，圆柱的底面积$S_{底}=\pi r^2=\frac{9}{4}\pi$，则圆柱的体积$V=S_{底}h=\frac{27}{4}\pi$.

13. 16π【解析】圆锥的底面圆的半径$r=\sqrt{5^2-3^2}=4$，所以圆锥的体积为$V=\frac{1}{3}S_{底}h=\frac{1}{3}\times\pi\times 4^2\times 3=16\pi$.

14. $2\sqrt{3}$【解析】圆锥侧面积$S_{侧}=\pi rl$，圆锥底面积$S_{底}=\pi r^2$，由题可知，$l=4$，$\pi rl=2\pi r^2$，所以$r=\frac{l}{2}=2$，则圆锥的高$h=\sqrt{l^2-r^2}=\sqrt{4^2-2^2}=2\sqrt{3}$.

15. $72\sqrt{3}\pi$【解析】由题可知，圆锥的母线与底面直径相等，设底面直径为a，则高为$h=a\cdot\sin 60°=\frac{\sqrt{3}}{2}a$，轴截面的面积$S_1=\frac{1}{2}ah=\frac{1}{2}a\cdot\frac{\sqrt{3}}{2}a=\frac{\sqrt{3}}{4}a^2=36\sqrt{3}$，解得$a=12$，所以圆锥的体积$V=\frac{1}{3}Sh=\frac{1}{3}\pi\left(\frac{a}{2}\right)^2\times\frac{\sqrt{3}}{2}a=72\sqrt{3}\pi$.

16. $\frac{\sqrt{2}\pi}{6}$【解析】由题可知，边长为1的等腰直角三角形的斜边为$\sqrt{2}$，斜边上的高为$\frac{\sqrt{2}}{2}$，如图7-17所示，等腰直角三角形以斜边为旋转轴旋转一周可以得到两个底面半径为$\frac{\sqrt{2}}{2}$，高为$\frac{\sqrt{2}}{2}$的相同圆锥，由圆锥的体积公式可得，$V_{几何体}=2\times\frac{1}{3}\pi r^2h=\frac{\sqrt{2}\pi}{6}$.

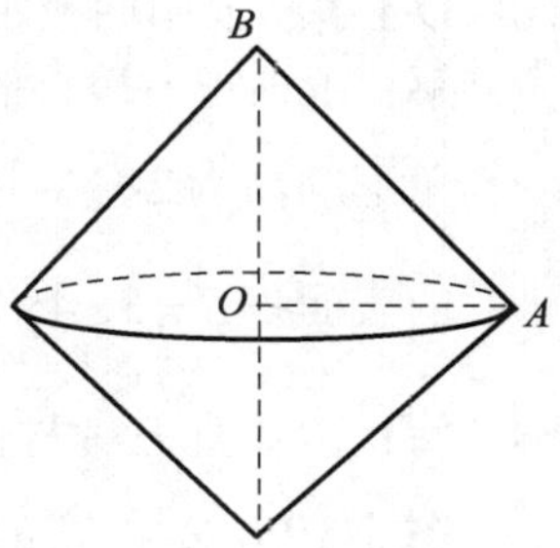

图 7-17

7.3 简单几何体的三视图

基础夯实

1．B【解析】同一物体放置位置不同，画出的三视图一般也不同．而球不管怎么放置，三视图总是三个全等的圆．故选 B．

2．B【解析】A 选项的圆柱的左视图为矩形，B 选项的球的左视图为圆，C 选项的三棱柱的左视图为矩形，D 选项的圆锥的左视图为三角形．故选 B．

3．C【解析】A 选项为主视图，B 选项为俯视图，C 选项为左视图，D 选项为后视图．故选 C．

4．②③④【解析】球的左视图为圆，圆柱的左视图为矩形或圆，四棱柱的左视图为矩形，四棱锥、圆锥、三棱柱的左视图可能为三角形．

5．三棱锥【解析】根据空间几何体的主视图、左视图、俯视图可知，该几何体为三棱锥．

6．解：如图 7-18 所示．

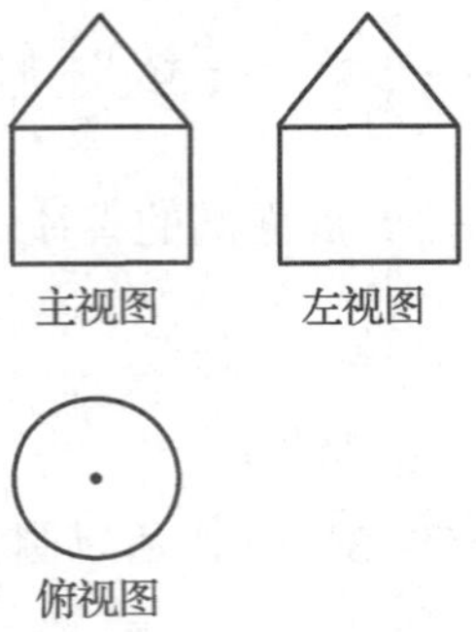

图 7-18

能力提升

1．A【解析】观察图示几何体可知，其主视图和左视图均为半圆．故选 A．

2．C【解析】观察几何体的主视图与左视图可知，该长方体俯视图的左下角去掉了一个小长方形．故选 C．

3．B【解析】A 选项的几何体的主视图为矩形，俯视图为三角形．B 选项的几何体的主视图和俯视图均为矩形．C 选项的几何体的主视图为矩形，俯视图为圆形．D 选项的几何体的主视图为三角形，俯视图为矩形．故选 B．

4．A【解析】观察图示几何体可知，其俯视图为矩形．故选 A．

5．B【解析】观察图示几何体可知，其主视图为直角边分别为 3 和 4 的正着摆放的直角三角形．故选 B．

6．D【解析】由四棱锥的三视图可知，该四棱锥左后方的侧棱垂直于底面．故选 D．

7．解：由该正三棱柱的三视图可知，该正三棱柱的高为 2，且其底面三角形的高为 $2\sqrt{3}$，所以其底面三角形的边长为 4．因此，该正三棱柱的表面积 $S=3\times4\times2+2\times\frac{1}{2}\times4\times2\sqrt{3}=24+8\sqrt{3}$．

8．解：由该直三棱柱的三视图可知，该直三棱柱为 $ABC-A_1B_1C_1$，如图 7-19 所示．它的三个侧面为矩形，两个底面为直角三角形，且 $AB=4$，$BC=3$，$BB_1=AA_1=2$，所以 $AC=5$．因此，该直三棱柱的表面积 $S=2\times\frac{1}{2}\times4\times3+4\times2+3\times2+5\times2=36$．

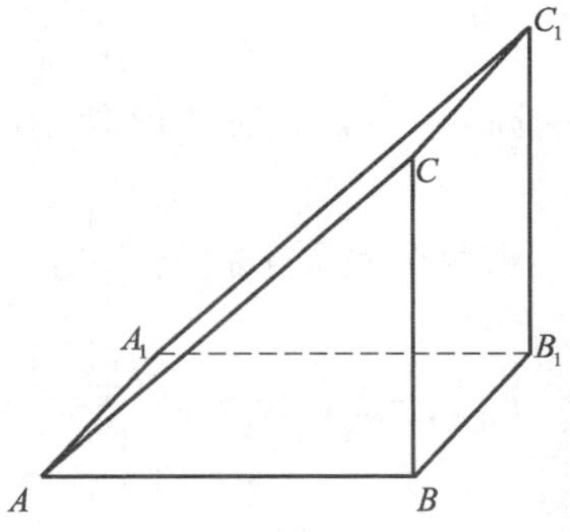

图 7-19

本节测试

1. A【解析】观察图示几何体可知，其左视图为上半圆与矩形的组合体，且左视图的轮廓线均可见．故选 A.
2. C【解析】该几何体的俯视图的轮廓线均可见，对应 C 选项的图形．故选 C.
3. B【解析】根据空间几何体的主视图、左视图、俯视图可知，该几何体为六棱柱．故选 B.
4. A【解析】由该几何体的三视图可知，该几何体是高为 3 的四棱锥，几何体的底面是边长为 4 的正方形，所以该几何体的体积 $V=\frac{1}{3}S_{底}h=\frac{1}{3}\times4^2\times3=16$．故选 A.

真题实战

1. D【解析】棱柱和棱锥的俯视图不可能为圆形，A 和 C 选项错误．圆柱的主视图和左视图不可能为三角形，B 选项错误．圆锥的主视图和左视图都为等腰三角形，俯视图为圆形，D 选项正确．故选 D.
2. A【解析】观察图示几何体可知，其俯视图右上角有一个小正方形．故选 A.

本章测试

一、单项选择题

1. B【解析】因为直棱柱的侧棱垂直于底面，所以直棱柱的侧棱就是直棱柱的高，A 选项说法正确．有两个相邻的侧面是矩形的棱柱是直棱柱，B 选项说法错误．直棱柱的侧面是矩形，C 选项说法正确．棱柱的侧棱都相互平行，且有一条侧棱垂直于底面，则所有侧棱都垂直于底面，那么这样的棱柱为直棱柱，D 选项说法正确．故选 B.
2. A【解析】正四棱锥的斜高、底面边长的一半和侧棱构成一个直角三角形，因为侧面为正三角形，所以正四棱锥的底面边长的一半为 $\frac{\sqrt{3}}{\tan60^\circ}=1$．又因为正四棱锥的高、斜高与斜高在底面上的投影构成一个直角三角形，且斜高在底面上的投影为底面边长的一半，所以正四棱锥的高为 $\sqrt{(\sqrt{3})^2-1^2}=\sqrt{2}$．因此，正四棱锥的体积为 $V=\frac{1}{3}S_{底}h=\frac{1}{3}\times2^2\times\sqrt{2}=\frac{4\sqrt{2}}{3}$．故选 A.
3. C【解析】设圆锥的底面半径为 r，则母线长为 $3r$，可得圆锥的全面积为 $S_{全}=\pi r(l+r)=\pi r(3r+r)=4\pi r^2=32\pi$，解得 $r=2\sqrt{2}$．因为圆锥的底面半径为 $2\sqrt{2}$，母线长为 $3r=6\sqrt{2}$，所以圆锥的侧面积为 $S_{侧}=\pi rl=\pi\times2\sqrt{2}\times6\sqrt{2}=24\pi$．故选 C.
4. D【解析】由球的性质可得，球心 O 与截面圆心的连线垂直于截面．因为球心 O 到平面的距离 $d=\sqrt{2}$，截面圆的半径 $r=1$，则球 O 的半径 $R=\sqrt{r^2+d^2}=\sqrt{1+2}=\sqrt{3}$，所以球 O 的表面积为 $S=4\pi R^2=4\pi\times3=12\pi$，球 O 的体积为 $V=\frac{4}{3}\pi R^3=\frac{4}{3}\pi\times(\sqrt{3})^3=4\sqrt{3}\pi$．故选 D.
5. A【解析】由几何体的三视图可知，该几何体为圆柱，且圆柱的底面直径为 2，高为 3，所以圆柱的体积 $V=\pi r^2h=\pi\times1^2\times3=3\pi$．故选 A.

二、填空题

6. 36【解析】因为正三棱柱的底面为正三角形，侧面是全等的矩形，所以这个正三棱柱的侧面积为 $S_{侧}=ch=2\times3\times6=36$．

7．$4\sqrt{22}$【解析】因为正四棱锥的体积为$V=\frac{1}{3}S_{底}h=\frac{1}{3}\times(2\sqrt{2})^2\times h=8$，所以正四棱锥的高为$h=3$．又因为正四棱锥的高、斜高与斜高在底面上的投影构成一个直角三角形，斜高在底面上的投影为底面边长的一半，所以正四棱锥的斜高为$h'=\sqrt{3^2+(\sqrt{2})^2}=\sqrt{11}$．因此，正四棱锥的侧面积为$S_{侧}=\frac{1}{2}ch'=\frac{1}{2}\times2\sqrt{2}\times4\times\sqrt{11}=4\sqrt{22}$．

8．16π【解析】因为圆锥底面与半球截面密合，所以圆锥的底面半径为2．又因为上半部分的圆锥的侧面积为$S_{圆锥侧}=\pi rl=\pi\times2\times4=8\pi$，下半部分的半球的表面积为$S_{半球}=\frac{1}{2}\times4\pi\times2^2=8\pi$，所以该玩具的全面积为圆锥的侧面积与半球的表面积之和，即$8\pi+8\pi=16\pi$．

9．1；$\frac{\sqrt{3}}{3}\pi$【解析】因为圆锥的侧面展开图是一个半圆，所以这个半圆的半径即为圆锥的母线．设半圆的半径为R，则半圆的面积为$S_{半圆}=\frac{\pi R^2}{2}=2\pi$，可得$R=l=2$．设圆锥的底面半径为$r$，则圆锥的侧面积为$S_{侧}=\pi rl=2\pi r=2\pi$，解得$r=1$．则圆锥的高为$h=\sqrt{l^2-r^2}=\sqrt{2^2-1^2}=\sqrt{3}$．因此，圆锥的体积为$V=\frac{1}{3}\pi r^2h=\frac{1}{3}\pi\times1^2\times\sqrt{3}=\frac{\sqrt{3}}{3}\pi$．

10．3【解析】因为几何体$ABC-A_1B_1C_1$为直三棱柱，则各侧棱都垂直于底面，且上、下底面均为全等的直角三角形，所以直三棱柱$ABC-A_1B_1C_1$的体积为$V=S_{底}h=\frac{1}{2}\times3\times1\times2=3$．

三、解答题

11．解：（1）如图7-20所示，在正四棱锥$S-ABCD$中，作出正四棱锥的高SO，斜高SE，连接OE，则$\triangle SOE$为直角三角形，且$OE=3$．因为$\angle OSE=30°$，所以$SO=\frac{OE}{\tan30°}=3\sqrt{3}$，$SE=\frac{OE}{\sin30°}=6$．因此，正四棱锥的侧面积为$S_{侧}=\frac{1}{2}ch'=\frac{1}{2}\times4\times6\times6=72$，全面积为$S_{全}=S_{侧}+S_{底}=72+6^2=108$．

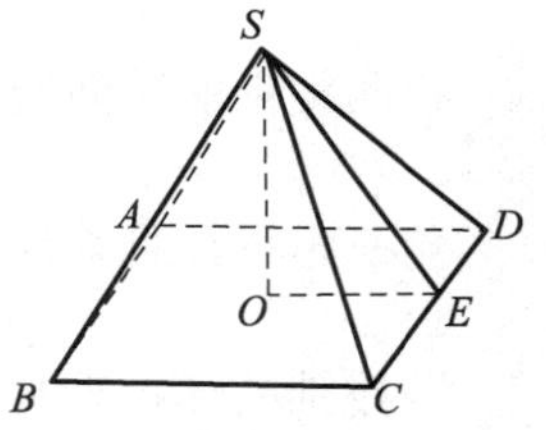

图7-20

（2）由（1）和已知可得，该正四棱锥的体积为$V=\frac{1}{3}S_{底}h=\frac{1}{3}\times6^2\times3\sqrt{3}=36\sqrt{3}$．

12．解：由勾股定理，得直角三角形的斜边长为$\sqrt{15^2+20^2}=25$，则斜边上的高为$\frac{15\times20}{25}=12$．由题可知，旋转一周所得几何体可分为两个圆锥，它们的底面半径均为三角形斜边上的高，它们的母线长分别为三角形的两直角边，故所求表面积为两个圆锥的侧面积之和，即$S=\pi\times12\times15+\pi\times12\times20=420\pi$．

13．解：设大球的直径为$2R$，则大球的体积为$V_{大球}=\frac{4}{3}\pi R^3$，小球直径为$\frac{R}{3}$，则小球的体积为$V_{小球}=\frac{4}{3}\pi\times\left(\frac{R}{6}\right)^3=\frac{1}{162}\pi R^3$，所以$\frac{V_{大球}}{V_{小球}}=\frac{\frac{4}{3}\pi R^3}{\frac{1}{162}\pi R^3}=216$．因此，大球熔化后可铸成216个小球．

第8章 概率与统计初步

8.1 随机事件

8.1.1 随机事件的概念

基础夯实

1. C【解析】投掷一枚骰子，出现的点数大于等于1且小于等于6，所以C选项为不可能事件．故选C.
2. A【解析】“明天是晴天”是随机事件，A选项正确．三角形的内角和等于180°，B选项是不可能事件．C和D选项都是必然事件．故选A.
3. Ω；$\varnothing$【解析】必然事件用Ω表示，不可能事件用$\varnothing$表示.
4. 不可能事件【解析】两枚大小相同、质地均匀的骰子的最大点数之和为12，所以事件“点数之和为13”为不可能事件.
5. $\Omega=\{0,1,2,3,4\}$；抽取4件产品中有1件是次品【解析】由题可知，样本空间$\Omega=\{0,1,2,3,4\}$，事件$A=\{1\}$的实际含义为“抽取4件产品中有1件是次品”.
6. 解：（1）这个试验的样本空间$\Omega=\{$(正，正，正)，(正，正，反)，(正，反，正)，(正，反，反)，(反，正，正)，(反，正，反)，(反，反，正)，(反，反，反)$\}$.

   （2）事件$A=\{$(正，正，反)，(正，反，正)，(反，正，正)$\}$.

能力提升

1. C【解析】①②④为随机事件，③为必然事件．故选C.
2. B【解析】A和D选项为随机事件．次品只有2件，抽取3件时，至少有1件是正品，B选项为必然事件．次品只有2件，不可能有3件，C选项为不可能事件．故选B.
3. $\{(0,-1),(0,0),(1,-1),(1,0),(2,-1),(2,0)\}$【解析】从事件$A=\{0,1,2\}$，$B=\{-1,0\}$中各取一个元素分别作为点的横坐标和纵坐标，则横坐标可为0，1，2，纵坐标可为-1，0，所以该试验的样本空间$\Omega=\{(0,-1),\ (0,0),(1,-1),(1,0),(2,-1),(2,0)\}$.
4. 6【解析】由题可知，$A=\{(1,1),(1,2),(1,3),(2,1),(2,2),(3,1)\}$，所以事件$A$包含的样本点数为6.
5. 解：（1）为不可能事件；（2）为必然事件；（3）为随机事件；（4）为随机事件；（5）为不可能事件；（6）为必然事件；（7）为必然事件；（8）为必然事件.
6. 解：（1）样本空间$\Omega=\{(0,0),(0,1),(0,2),(0,3),(1,0),(1,1),(1,2),(1,3),(2,0),(2,1),(2,2),(2,3)$ $(3,0),(3,1),(3,2),(3,3)\}$.

   （2）抽中三等奖，需取出的两个小球的编号之和为4或3，所以$A=\{(1,3),(2,2),(3,1),(0,3),(1,2),(2,1),(3,0)\}$．中奖，需取出的两个小球的编号之和大于等于3，所以$B=\{(1,3),(2,2),(3,1),(0,3),(1,2),(2,1),(3,0),(2,3),(3,2),(3,3)\}$.

8.1.2 频率与概率

基础夯实

1. D【解析】概率本身是一个在区间[0,1]上的确定值，不随试验结果的改变而改变，A 和 B 选项错误．频率本身是随机的，在试验之前是无法确定的，在相同条件下做同样次数的重复试验，得到的频率也可能会不同，C 选项错误，D 选项正确．故选 D．
2. B【解析】频率是概率的近似值，概率是频率的稳定值，所以它们并不相同，B 选项错误．A，C 和 D 选项说法正确．故选 B．
3. $P(A)\approx\frac{m}{n}$【解析】当 n 很大时，在 n 次重复试验中，事件 A 发生的频率 $\frac{m}{n}$ 总稳定在某个常数附近，可用这个常数近似表示事件 A 发生的概率，即 $P(A)\approx\frac{m}{n}$．
4. 500【解析】因为事件 A 发生的频率为 0.02，且事件 A 出现了 10 次，所以试验总次数可能为 $\frac{10}{0.02}=500$．
5. **解：**（1）由题可知，抛掷次数为试验次数 n，正面向上的次数为正面向上这一事件发生的次数 m，利用 $\frac{m}{n}$ 计算正面向上的频率，结果依次为：0.400，0.450，0.500，0.490，0.505．

   （2）由（1）可知，每次抛掷的次数 n 不同，正面向上的次数 m 也不同，但是正面向上的频率 $\frac{m}{n}$ 呈现一定的规律性和稳定性，即它总在 0.5 附近波动．因此，抛掷一枚质地均匀的硬币，正面向上的概率为 0.5．

解题技巧

确定基本事件的总数 n 和满足条件的基本事件的个数 m，其比值 $\frac{m}{n}$ 总稳定在某个常数附近，这个常数就表示事件发生的概率．

能力提升

1. C【解析】抛掷一枚质地均匀的硬币 100 次（即试验次数为 100 次），正面向上这一事件发生了 48 次，根据频率的概念可知，正面向上的频率为 0.48．故选 C．
2. B【解析】第 51 位观众中奖与否与前 50 位观众无关，所以中奖的概率仍为 $\frac{1}{100}$．故选 B．
3. C【解析】使用一剂某种药物治愈某种疾病的概率为 80%，说明使用一剂该药物治愈这种疾病的可能性为 80%，但不能说明使用一剂该药物一定可以治愈这种疾病，只能说明治愈的可能性大．故选 C．
4. C【解析】由题可知，在 10 次试验中，标有 1 的号签被抽中 4 次，那么有 6 次标有 1 的号签不被抽中，即抽到标有 3 和 4 的号签的次数为 6，所以出现乘积结果为“12”的频率为 $\frac{6}{10}=\frac{3}{5}$．故选 C．
5. 0.5【解析】通过大量试验可以发现，正面向上的频率都在 0.5 附近波动，故可以认为抛掷一枚硬币，正面向上的概率为 0.5．
6. **解：**（1）由题可知，在发芽试验中，种子数为试验次数 n，发芽数为发芽这一事件发生的次数 m，利用 $\frac{m}{n}$ 计算发芽频率，结果如表 8-1 所示．

表 8-1

种子数	5	10	70	130	700	1 500	2 000	3 000
发芽数	4	9	60	116	637	1 370	1 786	2 715
发芽频率	0.800	0.900	0.857	0.892	0.910	0.913	0.893	0.905

（2）由（1）可知，尽管每次发芽试验的种子数 n 不同，发芽数 m 也不同，但是发芽频率 $\frac{m}{n}$ 呈现一定的规律性和稳定性，即它总在 0.900 附近波动．因此，该种子发芽的概率为 0.900．

本节测试

1．C【解析】事件发生的概率 $0\leqslant P(A)\leqslant 1$，A 选项错误．不可能事件发生的概率一定是 0，B 选项错误．必然事件发生的概率是 1，C 选项正确．如果事件 A 发生的频率总稳定在某个常数附近，那么就将这个常数称为事件 A 发生的概率，但频率不是概率，D 选项错误．故选 C．

2．C【解析】从箱子里任取 3 张卡片，事件“至少有一张蓝色卡片”为随机事件，C 选项错误．故选 C．

3．A；D【解析】因为女生共有 3 人，所以事件 A 为不可能事件，事件 B 和事件 C 为随机事件，事件 D 为必然事件．

4．**解**：（1）由题可知，抽检产品数为试验次数 n，合格产品数为抽到合格产品这一事件发生的次数 m，利用 $\frac{m}{n}$ 计算出现合格产品的频率，结果如表 8-2 所示：

表 8-2

抽检次数	1	2	3	4	5
抽检产品数	50	100	200	300	500
合格产品数	47	92	192	285	478
出现合格产品的频率	0.940	0.920	0.960	0.950	0.956

（2）由（1）可知，尽管每次试验抽检的产品数 n 不同，合格产品数 m 也不同，但是出现合格产品的频率 $\frac{m}{n}$ 呈现一定的规律性和稳定性，即它总在 0.950 附近波动．因此，该批产品出现合格产品的概率为 0.950．若要从该厂生产的这批产品中抽检到 950 件合格产品，则大约需要抽检 1 000 件产品．

真题实战

D【解析】事件发生的概率 $0\leqslant P(A)\leqslant 1$，D 选项错误．故选 D．

8.2 古典概型

基础夯实

1．D【解析】投掷一枚质地均匀的骰子，样本空间 Ω 中包含的样本点为 1，2，3，4，5，6，样本点总数为 6．因此，结果为 3 的概率为 $\frac{1}{6}$．故选 D．

2．D【解析】由题可知，样本空间 Ω 中包含的样本点为黑，黑，黑，黑，黑，黑，白，白，白，白，样本点总数为 10，故所求概率为 $P=\frac{6}{10}=\frac{3}{5}$．故选 D.

3．B【解析】由题可知，样本空间 Ω 中包含的样本点总数为 4．因此，任取一个数为奇数的概率为 $P=\frac{3}{4}$．故选 B.

4．A【解析】由题可知，样本空间 Ω 中包含的样本点为（正，正），（正，反），（反，正），（反，反），样本点总数为 4，故所求概率为 $P=\frac{3}{4}$．故选 A.

5．有限性；等可能性【解析】古典概型的两个特征为有限性和等可能性.

能力提升

1．C【解析】从 5 支彩笔中任取 2 支，样本空间 Ω 中包含的样本点为（红，黄），（红，蓝），（红，绿），（红，紫），（黄，蓝），（黄，绿），（黄，紫），（蓝，绿），（蓝，紫），（绿，紫），样本点总数为 10．其中取到红色彩笔有 4 个样本点：（红，黄），（红，蓝），（红，绿），（红，紫），故所求概率为 $P=\frac{4}{10}=\frac{2}{5}$．故选 C.

2．D【解析】三人坐在一排，样本空间 Ω 中包含的样本点为（甲，乙，丙），（甲，丙，乙），（乙，甲，丙），（乙，丙，甲），（丙，甲，乙），（丙，乙，甲），样本点总数为 6．其中甲和乙相邻有 4 个样本点：（甲，乙，丙），（乙，甲，丙），（丙，甲，乙），（丙，乙，甲），故所求概率为 $P=\frac{4}{6}=\frac{2}{3}$．故选 D.

3．B【解析】随机抽取 1 张，放回后再随机抽取 1 张，抽得每张卡片的概率相等，随机抽取两次的样本点为 (1,1)，(1,2)，(1,3)，(2,1)，(2,2)，(2,3)，(3,1)，(3,2)，(3,3)，样本点总数为 9．其中第二张卡片上的数字大于第一张卡片上的数字有 3 个样本点：(1,2)，(1,3)，(2,3)，故所求概率为 $P=\frac{3}{9}=\frac{1}{3}$．故选 B.

解题技巧

> 通过列举法确定样本点的总数 n 和满足条件的样本点的个数 m，其比值 $\frac{m}{n}$ 即为所求概率.

4．B【解析】将两个兴趣小组标记为1，2，两位同学各自加入一个小组，样本空间 Ω 中包含的样本点为 (1,1)，(1,2)，(2,1)，(2,2)，样本点总数为 4．其中两位同学加入同一个兴趣小组有 2 个样本点：(1,1)，(2,2)，故所求概率为 $P=\frac{2}{4}=\frac{1}{2}$．故选 B.

5．B【解析】从编号为1，2，3，4，5 的 5 本历史书中任选 2 本，样本空间 Ω 中包含的样本点为(1,2)，(1,3)，(1,4)，(1,5)，(2,3)，(2,4)，(2,5)，(3,4)，(3,5)，(4,5)，样本点总数为 10．其中 2 本书编号相连的有 4 个样本点：(1,2)，(2,3)，(3,4)，(4,5)，故所求概率为 $P=\frac{4}{10}=\frac{2}{5}$．故选 B.

6．D【解析】抛掷一枚质地均匀的硬币 3 次，样本空间 Ω 中包含的样本点为（正，正，正），（正，正，反），（正，反，正），（正，反，反），（反，正，正），（反，正，反），（反，反，正），（反，反，反），样本点总数为 8．有且仅有 2 次正面向上的有 3 个样本点：（正，正，反），（正，反，正），（反，正，正），故所求概率为 $P=\frac{3}{8}$．故选 D.

7．$\frac{1}{4}$【解析】从数字 1，2，3，4 中任取两个不同的数字组成一个两位数，样本空间 Ω 中包含的样本点为 12，13，14，21，23，24，31，32，34，41，42，43，样本点总数为 12．其中大于 40 的有 3 个样本点：

41，42，43，故所求概率为$P=\frac{3}{12}=\frac{1}{4}$.

8．**解**：投掷两枚质地均匀的骰子，样本空间Ω中包含的样本点为$(1,1)$，$(1,2)$，$(1,3)$，$(1,4)$，$(1,5)$，$(1,6)$，$(2,1)$，$(2,2)$，$(2,3)$，$(2,4)$，$(2,5)$，$(2,6)$，$(3,1)$，$(3,2)$，$(3,3)$，$(3,4)$，$(3,5)$，$(3,6)$，$(4,1)$，$(4,2)$，$(4,3)$，$(4,4)$，$(4,5)$，$(4,6)$，$(5,1)$，$(5,2)$，$(5,3)$，$(5,4)$，$(5,5)$，$(5,6)$，$(6,1)$，$(6,2)$，$(6,3)$，$(6,4)$，$(6,5)$，$(6,6)$，样本点总数为36.

（1）两枚骰子的点数之和为12的有1个样本点：$(6,6)$，故所求概率为$P=\frac{1}{36}$.

（2）两枚骰子的点数之和小于6的有10个样本点：$(1,1)$，$(1,2)$，$(1,3)$，$(1,4)$，$(2,1)$，$(2,2)$，$(2,3)$，$(3,1)$，$(3,2)$，$(4,1)$，故所求概率为$P=\frac{10}{36}=\frac{5}{18}$.

本节测试

1．B【解析】在常温常压状态下，铁块不会熔化，A选项为不可能事件．当$c>0$时，若$a>b$，则$ac>bc$；当$c<0$时，若$a>b$，则$ac<bc$；当$c=0$时，$ac=bc$，B选项为随机事件．种子发芽必须有水分，C选项为不可能事件．锐角三角形的三个内角都小于$90°$，且三角形的内角和是$180°$，所以锐角三角形两内角的和一定大于$90°$，D选项为必然事件．故选B.

2．A【解析】个体a被抽到的概率为$P=\frac{4}{8}=\frac{1}{2}$．故选A.

3．$\frac{1}{6}$【解析】将四封邮件发送给三个不同的邮箱，则必有两封邮件发送给了同一邮箱，四封邮件中任选两封的样本点为$(1,2)$，$(1,3)$，$(1,4)$，$(2,3)$，$(2,4)$，$(3,4)$，样本点总数为6．因此，1号和2号邮件发送给同一邮箱的概率为$\frac{1}{6}$.

4．**解**：（1）将漫画书记为1，2，教材记为3，4，5，从中任选2本的样本点为$(1,2)$，$(1,3)$，$(1,4)$，$(1,5)$，$(2,3)$，$(2,4)$，$(2,5)$，$(3,4)$，$(3,5)$，$(4,5)$，样本点总数为10，即共有10种不同的取法.

（2）取到的两本书都是教材的有3个样本点：$(3,4)$，$(3,5)$，$(4,5)$，故所求概率为$P=\frac{3}{10}$.

真题实战

1．B【解析】由题可知，总样本数为$6\times6=36$，$m+n=6$包含5个样本点：$(1,5)$，$(5,1)$，$(2,4)$，$(4,2)$，$(3,3)$，所以$m+n=6$的概率为$\frac{5}{36}$．故选B.

2．C【解析】由题可知，样本空间Ω包含的样本点总数为54，红桃包含的样本点个数为13，所以恰好取到红桃的概率为$\frac{13}{54}$．故选C.

3．D【解析】由题可知，样本空间Ω包含的样本点总数为$3+5=8$，文艺杂志包含的样本点个数为5，所以他取到文艺杂志的概率为$\frac{5}{8}$．故选D.

4．D【解析】投掷两枚骰子，样本空间Ω包含的样本点总数为36．事件“落点数之和为9”有4个点样本：$3+6=9$，$4+5=9$，$5+4=9$，$6+3=9$，故所求概率为$P=\frac{4}{36}=\frac{1}{9}$．故选D.

5. D【解析】任取一张奖券，样本空间Ω包含的样本点总数为100，中奖包含的样本点个数为$2+5+10=17$．因此，中奖概率为$P=\frac{17}{100}$．故选 D.

6. A【解析】掷两枚骰子，样本空间Ω包含的样本点总数为 36，点数和小于 5 有 6 个点样本：$1+3=4$，$1+2=3$，$1+1=2$，$2+2=4$，$2+1=3$，$3+1=4$，故所求概率为$P=\frac{6}{36}=\frac{1}{6}$．故选 A.

7. $\frac{1}{5}$【解析】从编号为 1，2，3，4，5 的 5 张卡片中，随机抽取出 2 张卡片，样本空间Ω包含的样本点为$(1,2)$，$(1,3)$，$(1,4)$，$(1,5)$，$(2,3)$，$(2,4)$，$(2,5)$，$(3,4)$，$(3,5)$，$(4,5)$．取出的 2 张卡片编号之和为 7 的有 2 个样本点：$(2,5)$，$(3,4)$，故所求概率为$P=\frac{2}{10}=\frac{1}{5}$．

8.（1）$\frac{3}{4}$；（2）$\frac{2}{3}$【解析】（1）5，7，11，13 这四个数中大于 6 的数有 3 个，所以随机取一个数，这个数大于 6 的概率是$\frac{3}{4}$．

（2）从 5，7，11，13 中随机取两个不同的数，样本空间Ω中包含的样本点为$(5,7)$，$(5,11)$，$(5,13)$，$(7,11)$，$(7,13)$，$(11,13)$，样本点总数为 6. 取出的两个数的和不等于 18 的有 4 个样本点：$(5,7)$，$(5,11)$，$(7,13)$，$(11,13)$，故所求概率为$P=\frac{4}{6}=\frac{2}{3}$．

8.3 概率的简单性质

基础夯实

1. A【解析】事件“至少有一个红球”包含的样本点为（红球，白球），（红球，红球）；事件“至少有一个白球”包含的样本点为（白球，红球），（白球，白球），两个事件可能同时发生，不是互斥事件．故选 A.

2. B【解析】从 5 本书中取到物理书的概率为$\frac{1}{5}$，取到化学书的概率为$\frac{1}{5}$，所以取到物理书或化学书的概率为$\frac{1}{5}+\frac{1}{5}=\frac{2}{5}$．故选 B.

3. 0.8【解析】因为事件A，B为互斥事件，所以$P(A\cup B)=P(A)+P(B)=0.8$．

4. 0.6【解析】由题可知，甲不输的概率为$0.4+0.2=0.6$．

5. 解：（1）设命中 9 环或 10 环的概率为P_1，则$P_1=0.28+0.30=0.58$．

（2）设至少命中 8 环的概率为P_2，则$P_2=0.28+0.30+0.22=0.80$．

6. 解：（1）记“他乘高铁”为事件A_1，“他乘轮船”为事件A_2，“他乘汽车”为事件A_3，“他乘飞机”为事件A_4，故他乘高铁或飞机的概率$P(A_1+A_4)=P(A_1)+P(A_4)=0.4+0.3=0.7$．

（2）设他不乘轮船的概率为P，则$P=1-P(A_2)=1-0.1=0.9$．

能力提升

1. B【解析】设A表示事件“取出 2 粒棋子都是黑子”，B表示事件“取出 2 粒棋子都是白子”，C表示事件“任意取出 2 粒棋子恰好是同一颜色”．由题可知，事件$C=A+B$，且事件A与事件B为互斥事件，所以$P(C)=P(A)+P(B)=\frac{1}{7}+\frac{12}{35}=\frac{17}{35}$．故选 B.

2. D【解析】事件“至少有一次为正面”的样本点有（正，反），（反，正），（正，正），而投掷硬币两次的总样本点为（正，反），（反，正），（正，正），（反，反），所以与之互斥的事件为“两次均为反面”．故选 D．
3. B【解析】因为事件 A 与事件 B 为互斥事件，所以 $P(A\cup B)=P(A)+P(B)=0.8$，又因为 $P(A)=3P(B)$，所以 $P(A)=0.6$．故选 B．
4. C【解析】因为甲、乙、丙三个班获得冠军是互斥事件，所以该年级在拔河比赛中获得冠军的概率为 $P=\frac{1}{6}+\frac{1}{12}+\frac{1}{4}=\frac{1}{2}$．故选 C．
5. 0.97【解析】抽查一件成品，该产品属于甲、乙、丙等级的事件为互斥事件，所以抽查一件成品，恰好是正品的概率为 $1-0.02-0.01=0.97$．
6. 0.25【解析】因为事件“命中 10 环”与事件“命中环数小于 10”是对立事件，所以该运动员命中环数小于 10 的概率为 $P=1-0.75=0.25$．
7. 解：因为 3 种型号产品的产量之比为 2∶3∶4，所以抽到甲、乙、丙三种型号产品的概率分别为 $P(甲)=\frac{2}{9}$，$P(乙)=\frac{1}{3}$，$P(丙)=\frac{4}{9}$．

(1) 抽到甲或乙型号产品的概率为 $P(甲\cup乙)=P(甲)+P(乙)=\frac{2}{9}+\frac{1}{3}=\frac{5}{9}$．

(2) 抽到的不是甲型号产品的概率为 $1-P(甲)=1-\frac{2}{9}=\frac{7}{9}$．

本节测试

1. B【解析】B 选项中，设事件 A_1 为“平均分不低于 90 分”，事件 A_2 为“平均分不高于 90 分”，则 $A_1\cap A_2$ 为“平均分等于 90 分”，所以事件 A_1，A_2 可能同时发生，它们不是互斥事件．故选 B．
2. D【解析】从装有 3 个黑球、4 个白球的袋中任取 4 个球，样本空间 Ω 中包含的样本点为黑黑黑白，黑黑白白，黑白白白，白白白白，“至少有 1 个白球”和“至少有 1 个黑球”不是互斥事件，“至少有 2 个白球”和“恰有 3 个黑球”是对立事件，“至少有 1 个黑球”和“全是白球”是对立事件，“恰有 1 个白球”和“至多有 1 个黑球”是互斥不对立事件．故选 D．
3. B【解析】由题可知，“摸出红球”“摸出白球”“摸出黑球”这 3 个事件是互斥事件，所以摸出黑球的概率为 $1-0.38-0.34=0.28$．故选 B．
4. 0.2【解析】因为事件“甲、乙两人下成和棋”“甲获胜”“乙获胜”是互斥事件，所以甲获胜的概率为 $P=1-0.5-0.3=0.2$．
5. $\frac{2}{5}$【解析】由题可知，事件 A，B，C 为互斥事件，所以 $P(中奖)=P(A)+P(B)+P(C)=\frac{1}{20}+\frac{1}{10}+\frac{1}{4}=\frac{2}{5}$．

真题实战

1. 0.25；0.5【解析】(1) 抽到黑桃牌的概率为 0.25．
   (2) 抽到黑桃牌或红桃牌的概率为 $P=0.25+0.25=0.5$．
2. 0.76；0.24【解析】(1) 射中 10 环以下的概率为 $P=0.48+0.28=0.76$．
   (2) 射中 10 环的概率为 $1-P=1-0.76=0.24$．

8.4 抽样方法

8.4.1 简单随机抽样

基础夯实

1. D【解析】简单随机抽样的特点是：总体容量有限，逐个、不放回且等可能地抽取．A 选项中，“挑选出 50 名优秀的医生”不是等可能地抽取．B 选项中，平面直角坐标系中有无数个点，总体容量无限．C 选项是有放回地随机抽取．D 选项符合简单随机抽样的特点．故选 D．
2. D【解析】本试验的考察对象是学生的体重．总体是 7 000 名学生的体重情况，A 选项错误．个体是每名学生的体重情况，B 选项错误．样本是 500 名学生的体重情况，C 选项错误．样本容量是 500，D 选项正确．故选 D．
3. C【解析】在简单随机抽样中，某一个个体被抽到的可能性与第 n 次抽样无关，且每一次被抽到的可能性都相等，保证了抽样的公平性．故选 C．
4. 解：总体是该校所有高二学生的视力情况，个体是该校每一名高二学生的视力情况，样本是抽取的 100 名高二学生的视力情况，样本容量是 100．
5. 解：抽样方案如下．
   ① 编号：将 100 桶饮用水从 1～100 逐一编号；
   ② 做签：做编号为 1～100 的签；
   ③ 抽签：将做好的签放到容器中，摇匀后，从中不放回地逐个抽取 5 个签；
   ④ 取样：按照抽取到的签上的号码取出对应的桶装饮用水，得到一个容量为 5 的样本．

能力提升

1. C【解析】本试验的考察对象是钢管的内径，总体是这批钢管的内径，个体是每根钢管的内径．故选 C．
2. A【解析】根据简单随机抽样的概念可知，①②③④都正确．故选 A．
3. A【解析】由题可知，个体甲被抽到的概率为 $P=\frac{4}{8}=\frac{1}{2}$．故选 A．
4. D【解析】由题可知，10.5 吨为样本的平均数，可以用样本的平均数来估计总体的平均数，但得到的数据会有偏差，所以推测全县居民月用水量的平均数约为 10.5 吨．故选 D．
5. $\frac{1}{12}$【解析】简单随机抽样在每次抽取时，每个个体被抽到的概率相等，所以学号为 01 的学生被抽到的可能性为 $\frac{5}{60}=\frac{1}{12}$．
6. ③④【解析】简单随机抽样是在有限多个个体中进行抽取，故①不是简单随机抽样．简单随机抽样是逐个抽取，不是一次性抽取，故②不是简单随机抽样．根据简单随机抽样的特点可知，③④是简单随机抽样．
7. 解：（1）抽样方案如下．
   ① 编号：将总体中的 500 个个体从 1～500 逐一编号；
   ② 做签：做编号为 1～500 的签；
   ③ 抽签：将做好的签放到容器中，摇匀后，从中不放回地逐个抽取 10 个签；
   ④ 取样：按照抽取到的签上的号码取出对应的产品，得到一个容量为 10 的样本．
   （2）因为简单随机抽样为等可能性抽样，每个个体被抽到的概率相等，所以每件产品被抽到的概率为

$\frac{10}{500}=\frac{1}{50}$.

8.4.2 系统抽样

基础夯实

1．B【解析】由题可知，分段间隔为$k=\frac{840}{42}=20$，编号在区间$[481,720]$上含有$\frac{720-480}{20}=12$（段）．因此，编号落在区间$[481,720]$上的人数为12．故选B．

2．A【解析】由题可知，分段间隔为$\frac{40}{5}=8$，所以另 3 名学生的编号分别是$3+8=11$，$11+8=19$，$27+8=35$．故选A．

3．26，36【解析】由题可知，分组后抽取的起始编号为6，且分段间隔为10，所以另外两名同学的编号为$16+10=26$，$26+10=36$．

4．解：先将800套房屋平均分为40段，每段20套，因为抽到的第一个房屋编号是1，所以抽到的其他房屋编号依次为21，41，…，781．

能力提升

1．A【解析】由题可知，分段间隔为$k=\frac{1200}{30}=40$．故选A．

2．A【解析】由题可知，分段间隔为$\frac{20}{4}=5$，所以抽取的编号可能为5，10，15，20．故选A．

3．D【解析】因为从500件产品中抽取10件进行质检，所以分段间隔为$\frac{500}{10}=50$．因为第一段中用抽签法确定的编号为3，所以在第8段中应抽取的编号为$(8-1)\times50+3=353$．故选D．

4．805【解析】因为高三年级有1 200名学生，按编号顺序平均分成30段，所以分段间隔为$\frac{1200}{30}=40$．因为在第一段中用抽签法确定的编号为5，所以在第21段中应抽取的编号为$(21-1)\times40+5=805$．

5．解：（1）抽样方案如下．

① 编号：将1208个个体从1～1 208逐一编号；

② 确定分段间隔k：因为$k=\frac{1208}{12}\approx100.67$不是整数，所以取分段间隔$k=100$，并随机从总体中剔除8个个体，对余下的1 200个个体重新进行编号；将总体平均分成12段，即第一段编号为1～100，第二段编号为101～200，…，第十二段编号为1101～1200；

③ 确定第一个编号：在第一段内用抽签法确定起始的个体编号l；

④ 取样：将编号l，$l+100$，$l+200$，…，$l+1100$这12个编号选出，对这12个编号所对应的员工进行问卷调查．

（2）因为分段间隔$k=100$，编号在区间$[51,550]$上含有$\frac{550-50}{100}=5$（段）．因此，编号落在区间$[51,550]$上的员工人数为5．

8.4.3 分层抽样

基础夯实

1．分层抽样【解析】将职工按所从事的行业分为 8 类（每类家庭数不完全相同），再在每个行业内抽取职工家庭进行调查，这种抽样方法为分层抽样．

2．60【解析】由题可知，抽样比为$\frac{1200}{1200+800}=\frac{3}{5}$，则应抽取的男生人数为$100\times\frac{3}{5}=60$．

3．25【解析】由题可知，抽样比为$\frac{45}{900}=\frac{1}{20}$，男生总人数为$900-400=500$，应抽取男生的人数为$500\times\frac{1}{20}=25$．

4．27【解析】由题可知，抽样比为$\frac{70}{2800}=\frac{1}{40}$，三年级共有学生$2800-1720=1080$（名），应从三年级抽取的学生人数为$1080\times\frac{1}{40}=27$．

5．8；20；6【解析】由题可知，抽样比为$\frac{34}{8500}=\frac{1}{250}$，则应抽取 A，B，C 三种型号的轿车数量分别为$2000\times\frac{1}{250}=8$，$5000\times\frac{1}{250}=20$，$1500\times\frac{1}{250}=6$．

6．解：设二年级的学生人数为x，有$\frac{15}{50}=\frac{x}{3000}$，解得$x=900$，则一、三年级的学生人数之和为$3000-900=2100$，故一年级有学生$2100\times\frac{3}{7}=900$（人），二年级有学生 900（人），三年级有学生$2100\times\frac{4}{7}=1200$（人）．

能力提升

1．C【解析】该工厂员工的年龄由差异比较明显的三个部分组成，所以适合分层抽样．故选 C．

2．B【解析】由题可知，抽样比为$\frac{3}{2+2+3}=\frac{3}{7}$，则应从高三年级抽取的学生人数为$70\times\frac{3}{7}=30$．故选 B．

3．A【解析】由题可知，抽样比为$\frac{30}{300}=\frac{1}{10}$，则抽取获得高级职称的人数为$30\times\frac{1}{10}=3$，抽取获得中级职称的人数为$60\times\frac{1}{10}=6$，抽取获得初级职称的人数为$100\times\frac{1}{10}=10$．故选 A．

4．C【解析】设乙、丙、丁这 3 个社区各有驾驶员x，y，z人．由题可知，$\frac{12}{96}=\frac{21}{x}=\frac{25}{y}=\frac{43}{z}$，解得$x=168$，$y=200$，$z=344$，所以这 4 个社区的驾驶员总人数为$96+168+200+344=808$．故选 C．

5．C【解析】抽取的高一年级的学生人数为$100-36-24=40$，则抽取的高一、高二、高三年级的学生人数之比为 40∶36∶24 = 10∶9∶6．设高三年级有x名学生，因为高一年级有1600 名学生，则有$\frac{1600}{x}=\frac{10}{6}$，解得$x=960$，所以高三年级有 960 名学生．故选 C．

6．5；8；12【解析】甲、乙、丙三种型号产品的产量之比为$500:800:1200=5:8:12$，用分层抽样法抽取 25 个产品进行检验，则抽取甲型号的产品的数量为$25\times\frac{5}{5+8+12}=5$，抽取乙型号的产品的数量为$25\times\frac{8}{5+8+12}=8$，抽取丙型号的产品的数量为$25\times\frac{12}{5+8+12}=12$．

7．**解**：抽样方案如下．

① 分层：按照草莓品种 A，B，C 将总体分为 3 层；

② 计算：样本为 3 亩，总体共$10+20+30=60$（亩），抽样比为$\frac{3}{60}=\frac{1}{20}$；

③ 确定各层应抽取的个体数：A 品种草莓为 10 亩，应从中抽取$10\times\frac{1}{20}=0.5$（亩）；B 品种草莓为 20 亩，应从中抽取$20\times\frac{1}{20}=1$（亩）；C 品种草莓为 30 亩，应从中抽取$30\times\frac{1}{20}=1.5$（亩）；

④ 取样：用适当的方法抽取各层内的个体，将各层抽出的个体合并，即得到 3 亩草莓样本．

本节测试

1．B【解析】A 选项和 D 选项中的总体个体较多，不适合采用抽签法．B 选项中的总体个数和样本容量较少，且同厂生产的两箱产品的性能差别不大，适合采用抽签法．C 选项中，甲、乙两厂生产的产品性能可能差别很大，不适合采用抽签法．故选 B．

2．C【解析】由题可知，该总体被平均分成了$\frac{800}{50}=16$（段）．故选 C．

3．A【解析】将这 50 名学生随机编号为$1,2,3,\cdots,50$，并将其平均分为 5 段，每段 10 名学生．由题可知，抽取的是各段的第 3 个编号，则抽取的学生编号为3，13，23，33，43．故选 A．

4．全班学生的身高；每名学生的身高；20 名学生的身高；20【解析】本试验的考察对象是学生的身高情况，总体为全班学生的身高，个体为每名学生的身高，样本为 20 名学生的身高，样本容量为 20．

5．系统抽样【解析】50 排座位相当于将所有听众分为 50 段，分段间隔$k=60$，从每一段中取座位号为 16 的听众，相当于确定编号，故为系统抽样．

6．$\frac{n}{N}$【解析】采用分层抽样从个体数为N的总体中抽取一个容量为n的样本，则每个个体被抽到的可能性为$\frac{n}{N}$．

真题实战

1．C【解析】由题可知，该单位有老年职工 80 人，中年职工 160 人，青年职工 160 人，抽取的样本中青年职工有 32 人，则老年职工有 16 人．故选 C．

2．C【解析】由题可知，抽样比为$\frac{56}{56+42}=\frac{4}{7}$，则样本中男运动员的人数为$28\times\frac{4}{7}=16$．故选 C．

3．200【解析】由题可知，抽样比为$\frac{300}{700+210+140}=\frac{2}{7}$，则应抽取操作岗位的人数为$700\times\frac{2}{7}=200$．

4．30【解析】由题可知，抽样比为$\frac{100}{700+700+600}=\frac{1}{20}$，则应从高三年级抽取的学生人数为$600\times\frac{1}{20}=30$．

5．600【解析】A 专业学生中抽取了$60-24-16=20$人，设 B 专业学生人数为x，则$\frac{500}{20}=\frac{x}{24}$，解得$x=600$．

6．999【解析】由题可知，分段间隔为$\frac{1000}{100}=10$，则抽取的第 100 个样本编号为$9+10\times(100-1)=999$．

7．**解**：（1）由题可知，$\frac{x}{2000}=0.19$，所以$x=2000\times0.19=380$．

（2）由（1）可知，七、八年级的学生总人数为$373+377+380+370=1500$，所以九年级的学生人数为

$2\,000-1\,500=500$，采用分层抽样的方法在全校抽取 48 名学生，应该在九年级抽取的学生人数为 $48\times\frac{500}{2\,000}=12$.

8.5 统计图表

基础夯实

1. B【解析】由题可知，组距为 5，所以员工体重在区间 $[60,65)$ 内的频率为 $1-5\times(0.005+0.04+0.04+0.03+0.005)=0.4$，人数为 $200\times0.4=80$．故选 B.

解题技巧

> 本题考查频数、频率、组距和样本容量的概念，需注意：
> （1）频率对应矩形的面积，即频率 = 组距 × 纵坐标；
> （2）$\frac{频数}{频率}$ = 样本容量，频数 = 频率 × 样本容量．

2. C【解析】分数不低于 130 的频率为 $10\times(0.015+0.01)=0.25$，人数为 $500\times0.25=125$．故选 C.
3. C【解析】竞赛成绩在 80 分以上的频率为 $(0.025+0.015)\times10=0.4$，所以竞赛成绩在 80 分以上的人数为 $0.4\times1\,000=400$．故选 C.
4. 1【解析】在频率分布直方图中，各个小矩形的面积之和等于 1.
5. 50【解析】因为样本容量 $=\frac{频数}{频率}$，所以 $n=\frac{10}{0.2}=50$.
6. 解：（1）由频率分布直方图可知，$10\times(0.01+0.015+m+0.03+0.01)=1$，解得 $m=0.035$.
（2）由题可知，年龄在区间 $[15,45)$ 内的作者有 $10\times60\times(0.01+0.015+0.035)=36$（人）.

能力提升

1. D【解析】在频率分布直方图中，纵轴（矩形的高）表示频率与组距的比值，其相应组的频率等于该组矩形的面积．故选 D.
2. A【解析】频数是数量，频率是比率．由题可知，样本数据落在区间 $[124.5,134.5)$ 内的有 134，130，125，共 3 个，所以频数是 3．故选 A.
3. A【解析】平均车速超过 70 km/h 的这一组的矩形的高为 $\frac{频率}{组距}=0.02$，组距为 10，则频率为 $0.02\times10=0.2$，因此超速汽车约为 $100\times0.2=20$（辆）．故选 A.
4. 0.02【解析】样本数据的极差为 $0.2-0.01=0.19$，则 $d\geqslant\frac{极差}{组数}=\frac{0.19}{10}=0.019$,，即可取 $d=0.02$.
5. 64【解析】身高在区间 $[166,182)$ 内的人数为 $100\times8\times(0.05+0.03)=64$.
6. 500【解析】由题可知，体重在区间 $[40,45)$ 内的男生有 200 名，频率为 $0.08\times5=0.4$，所以 $n=\frac{200}{0.4}=500$.
7. 解：绘制过程如下.
① 计算极差：最大值为 98，最小值为 58，极差为 $98-58=40$；
② 确定组数与组距：40 名学生分为 8 组，由于 $\frac{极差}{组数}=\frac{40}{8}=5$，因此取组距为 5；

③ 确定各组分点：取各组分点为[58,63)，[63,68)，[68,73)，[73,78)，[78,83)，[83,88)，[88,93)，[93,98]；

④ 列频率分布表，如表 8-3 所示；

⑤ 绘制频率分布直方图：在区间[58,63) 内，频率为 0.125，$\frac{频率}{组距}=\frac{0.125}{5}=0.025$；在区间[63,68) 内，频率为 0.125，$\frac{频率}{组距}=\frac{0.125}{5}=0.025$；…；在区间[93,98] 内，频率为 0.075，$\frac{频率}{组距}=\frac{0.075}{5}=0.015$．因此，频率分布直方图如图 8-1 所示．

表 8-3

分　组	频　数	频　率
[58,63)	5	0.125
[63,68)	5	0.125
[68,73)	7	0.175
[73,78)	4	0.100
[78,83)	5	0.125
[83,88)	7	0.175
[88,93)	4	0.100
[93,98]	3	0.075
合计	40	1

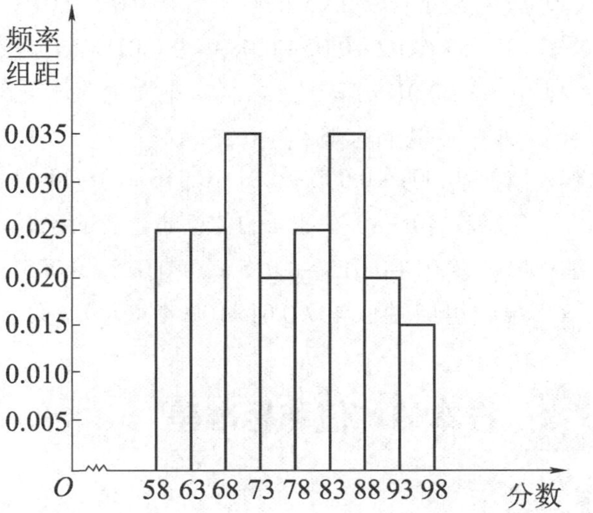

图 8-1

本节测试

1．C【解析】一般地，样本的容量越大，估计越准确．故选 C．

2．C【解析】因为样本容量$=\frac{频数}{频率}$，所以频数为$100\times0.3=30$．故选 C．

3．$\frac{1}{10}$【解析】数据的样本容量为 10，在区间[10.5,13) 内的数只有 11，所以数据在区间[10.5,13) 内的频率为$\frac{1}{10}$．

4．**解**：根据分组情况计算频数和频率的结果如表 8-4 所示．全体队员年龄在区间[24.5,26.5) 内的人数最多，这个年龄段的人数占总人数的 40%．绘制频率分布直方图如图 8-2 所示．

表 8-4

分　组	频　数	频　率
[20.5,22.5)	2	0.10
[22.5,24.5)	3	0.15
[24.5,26.5)	8	0.40
[26.5,28.5)	4	0.20
[28.5,30.5)	3	0.15
合计	20	1

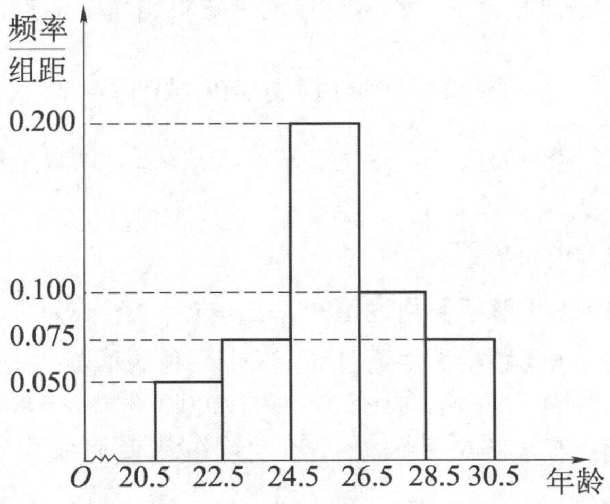

图 8-2

真题实战

1．B【解析】由样本频率分布直方图可知，组距为$\frac{25.535-25.235}{5}=0.06$，则样本在25.295～25.475 mm范围内的频率为$(2.83+7.17+4.83)\times0.06=0.8898$．因为$0.8<P<0.9$，所以这批钢管的内径尺寸等级是良．故选B．

2．解：（1）$(0.005+0.010+0.015+0.015+0.025+a)\times10=1$，解得$a=0.030$．

（2）成绩为60分及以上的频率为$(0.015+0.030+0.025+0.005)\times10=0.75$，即该校的及格率为75%．

3．解：（1）$5\times(0.02+0.05+0.08+a+0.01)=1$，解得$a=0.04$．

（2）$(0.04+0.01)\times5=0.25$，样本中女生的体重在50千克以上的频率为0.25，所以估计该年级女生的体重在50千克以上的概率为0.25．

4．解：（1）$(0.004+0.006+0.01+0.016+a)\times20=1$，解得$a=0.014$．

（2）年龄在40～80岁之间的传染病患者的频率为$(0.016+0.014)\times20=0.6$，人数为$500\times0.6=300$．

5．解：（1）$(0.01+0.015+0.015+a+0.025+0.005)\times10=1$，解得$a=0.03$．

（2）第一组应抽取$40\times0.01\times10=4$（人），第二组应抽取$40\times0.015\times10=6$（人）．

8.6 样本的均值和标准差

基础夯实

1．B【解析】由题可知，$\bar{x}=\frac{1}{7}\times(8+5+7+6+9+6+8)=7$．故选B．

2．1.62【解析】由题可知，$\bar{x}=\frac{1}{10}\times(1.50\times2+1.60\times2+1.65\times4+1.70\times2)=1.62$．

3．9.5【解析】去掉一个最高分9.9，去掉一个最低分8.4，甲选手的最后得分为$\bar{x}=\frac{1}{5}\times(9.4\times3+9.6+9.7)=9.5$．

4．解：（1）设甲、乙两台自动售货机这一周售出该饮料的日平均销售量分别为$\bar{x}_1$，$\bar{x}_2$，故$\bar{x}_1=\frac{1}{7}\times(6+8+6+6+5+9+9)=7$，$\bar{x}_2=\frac{1}{7}\times(6+5+7+8+6+9+8)=7$．

（2）设甲、乙两台自动售货机销售量的方差分别为s_1^2，s_2^2，故$s_1^2=\frac{1}{7-1}\times[(6-7)^2+(8-7)^2+(6-7)^2+(6-7)^2+(5-7)^2+(9-7)^2+(9-7)^2]=\frac{8}{3}$，$s_2^2=\frac{1}{7-1}\times[(6-7)^2+(5-7)^2+(7-7)^2+(8-7)^2+(6-7)^2+(9-7)^2+(8-7)^2]=2$．因为$\bar{x}_1=\bar{x}_2$，$s_1^2>s_2^2$，所以乙自动售货机的销售情况较好．

能力提升

1．B【解析】由题可知，$\bar{x}_甲=\bar{x}_乙$，$s_甲^2<s_乙^2$，即$s_甲<s_乙$，所以甲组数据比乙组数据的波动小．故选B．

2．A【解析】由题可知，3个品种的草莓共采购了300箱．设C品种草莓采购了x箱，则B品种草莓采购了$2x$箱，故有$3x+60=300$，解得$x=80$．故选A．

3．C【解析】由题可知，该组数据的最高分为95，最低分为89，去掉这两个数据后的平均数为$\bar{x}=\frac{1}{5}\times(90+90+93+94+93)=92$，则方差为$s^2=\frac{1}{5-1}\times[(90-92)^2+(90-92)^2+(93-92)^2+(94-92)^2+$

$(93-92)^2]=3.5$．故选 C．

4．4【解析】由题可知，$\bar{x}=\frac{1}{5}\times(a+0+1+2+3)=2$，解得 $a=4$．

5．$\frac{\sqrt{46}}{2}$【解析】由题可知，$\bar{x}=\frac{1}{5}\times(m+8+9+6+4)=8$，解得 $m=13$，所以方差为 $s^2=\frac{1}{4}\times[(13-8)^2+0^2+(9-8)^2+(6-8)^2+(4-8)^2]=\frac{23}{2}$，标准差为 $s=\sqrt{\frac{23}{2}}=\frac{\sqrt{46}}{2}$．

6．**解**：甲、乙成绩的均值分别为 $\bar{x}_{甲}=\frac{1}{10}\times(5.85+5.93+6.07+5.91+5.99+6.13+5.88+6.05+6.00+6.19)=6$，$\bar{x}_{乙}=\frac{1}{10}\times(6.11+6.08+5.83+5.92+5.84+5.81+6.18+6.18+5.85+6.20)=6$．因为 $\bar{x}_{甲}=\bar{x}_{乙}$，所以需计算样本方差，$s_{甲}^2=\frac{1}{9}\times[(5.85-6)^2+(5.93-6)^2+\cdots+(6.19-6)^2]\approx0.012$，$s_{乙}^2=\frac{1}{9}\times[(6.11-6)^2+(6.08-6)^2+\cdots+(6.2-6)^2]\approx0.027$．显然，$s_{甲}^2<s_{乙}^2$，故甲的测试成绩更稳定，应选甲去参加正式比赛．

7．**解**：（1）设甲、乙成绩的平均数为 $\bar{x}_{甲}$ 和 $\bar{x}_{乙}$，方差为 $s_{甲}^2$ 和 $s_{乙}^2$，则 $\bar{x}_{甲}=\frac{1}{5}\times(78+80+77+81+84)=80\,(\mathrm{m})$，$s_{甲}^2=\frac{1}{5-1}\times[(78-80)^2+(80-80)^2+(77-80)^2+(81-80)^2+(84-80)^2]=7.5$，$\bar{x}_{乙}=\frac{1}{5}\times(76+80+85+82+77)=80\,(\mathrm{m})$，$s_{乙}^2=\frac{1}{5-1}\times[(76-80)^2+(80-80)^2+(85-80)^2+(82-80)^2+(77-80)^2]=13.5$．

（2）因为 $\bar{x}_{甲}=\bar{x}_{乙}$，$s_{甲}^2<s_{乙}^2$，所以甲的成绩更稳定．

本节测试

1．C【解析】样本方差可用来描述一组数据的波动情况，即能够描述样本数据的稳定性．故选 C．

2．6【解析】由题可知，$\bar{x}=\frac{1}{6}\times(7+6+4+9+8+2)=6$．

3．15；5【解析】根据样本标准差的计算公式可得，这个样本的样本容量为 $n=14+1=15$，样本均值为 5．

4．8.5【解析】总环数为 $7\times4+8\times6+9\times6+10\times4=170$，则平均数为 $\bar{x}=\frac{170}{20}=8.5$．

5．**解**：（1）由题可知，这 10 名学生的考核成绩分别为 93，89.5，89.5，88，90，89，91.5，91，90.5，91，其中大于 90 分的有 5 人，则这 10 名学生考核成绩大于 90 分的概率为 $\frac{5}{10}=\frac{1}{2}$．因此，从该校高二年级随机选取一名学生，估计这名学生考核成绩大于 90 分的概率为 $P=\frac{1}{2}$．

（2）由题可知，$\bar{x}_1=\frac{1}{10}\times(96+89+88+88+92+91+87+90+92+90)=90.3$，$s_1^2=\frac{1}{9}\times[(96-90.3)^2+(89-90.3)^2+(88-90.3)^2+(88-90.3)^2+(92-90.3)^2+(91-90.3)^2+(87-90.3)^2+(90-90.3)^2+(92-90.3)^2+(90-90.3)^2]=6.9$，$\bar{x}_2=\frac{1}{10}\times(93+89.5+89.5+88+90+89+91.5+91+90.5+91)=90.3$，$s_2^2=\frac{1}{9}\times[(93-90.3)^2+(89.5-90.3)^2+(88-90.3)^2+(90-90.3)^2+(89-90.3)^2+(91.5-90.3)^2+(91-90.3)^2+(90.5-90.3)^2+(91-90.3)^2]\approx2.01$，所以 $\bar{x}_1=\bar{x}_2$，$s_1^2>s_2^2$．

真题实战

1. C【解析】$\overline{x}=\frac{1}{6}\times(13+15+18+16+17+14)=\frac{93}{6}=15.5$．故选 C.

2. 169【解析】根据题意，该校所有学生的平均身高为$\overline{x}=\frac{300\times173+200\times163}{300+200}=169\,(\text{cm})$.

3. 96【解析】$\overline{x}=\frac{1}{10}\times(92\times1+95\times2+96\times4+98\times3)=96$.

4. 解：(1)因为样本容量$=\frac{频数}{频率}=\frac{1}{0.05}=20$，所以$a=20\times0.15=3$，$b=20-1-5-9-3=2$，$c=\frac{b}{20}=\frac{2}{20}=0.10$.

(2) 由（1）可知，样品的质量指标不低于 95 的频率为$0.45+0.15+0.10=0.7$，由此可推断这种产品的质量指标不低于 95 的概率为70%，所以该产品不符合“质量指标值不低于 95 的产品至少占全部产品的80%”的规定.

(3) 样本平均数为$\overline{x}=\frac{1}{20}\times(80\times1+90\times5+100\times9+110\times3+120\times2)=100$，样本方差为$s^2=\frac{1}{19}\times[1\times(80-100)^2+5\times(90-100)^2+9\times(100-100)^2+3\times(110-100)^2+2\times(120-100)^2\approx105.3$，样本标准差为$s\approx10.3$．综上，该产品这一质量指标的平均数约为 100，方差约为 10.

本章测试

一、单项选择题

1. C【解析】A 选项可能同时发生，即取到 2 个黑球．B 选项可能同时发生，即取到 1 个红球和 1 个黑球．C 选项不可能同时发生．D 选项一定同时发生，即取到 1 个红球和 1 个黑球．故选 C.

2. D【解析】从 1，2，3，4，5 中任取两个不同的数的样本点有(1,2)，(1,3)，(1,4)，(1,5)，(2,3)，(2,4)，(2,5)，(3,4)，(3,5)，(4,5)，共 10 个，取到一奇一偶的样本点有(1,2)，(1,4)，(2,3)，(2,5)，(3,4)，(4,5)，共 6 个，则取到一奇一偶的概率为$P=\frac{6}{10}=\frac{3}{5}$．故选 D.

3. C【解析】连续掷 2 次骰子，共有 36 种情况，其中 2 次向上的点数相同的有(1,1)，(2,2)，(3,3)，(4,4)，(5,5)，(6,6)，共 6 种情况，2 次向上的点数不同的有 30 种情况，故所求概率为$P=\frac{30}{36}=\frac{5}{6}$．故选 C.

4. B【解析】掷一枚骰子，出现的点数共有 6 种情况，点数为奇数或 2 的情况有 1，2，3，5，共 4 种，故所求概率为$P=\frac{4}{6}=\frac{2}{3}$．故选 B.

5. D【解析】由题可知，$\overline{x}=\frac{1}{5}\times(m+n+8+7+6)=6$，解得$m+n=9$．故选 D.

6. A【解析】A 选项是不可能事件．B 选项可能发生，也可能不发生，是随机事件．C 和 D 选项是必然事件．故选 A.

7. A【解析】由题可知，抽样比为$\frac{14}{56}=\frac{1}{4}$，应选取女生的人数为$24\times\frac{1}{4}=6$．故选 A.

8. A【解析】事件“射中 10 环”“射中 9 环”“射中 8 环”“射中 7 环”“射中 7 环以下”为互斥事件，所以这名运动员在一次射击中至少射中 7 环的概率为$P=0.1+0.2+0.3+0.3=0.9$或$P=1-0.1=0.9$．故选 A.

9. C【解析】由题可知，分段间隔为$\frac{30}{5}=6$，且第一段抽到的乡镇编号是 6，则第三段抽到的乡镇编号为

$6\times(3-1)+6=18$．故选 C.

二、填空题

10．3【解析】由题可知，$\overline{x}=\frac{1}{6}\times(2+4+3+1+5+m)=3$，解得 $m=3$．

11．B；ACD【解析】事件 $A=\{$掷一枚硬币，出现正面向上$\}$是随机事件，事件 $B=\{$若 $x\in\mathbf{R}$，则 $x^2\geqslant 0\}$ 是必然事件，事件 $C=\{$买一张奖券，中奖$\}$是随机事件，事件 $D=\{$检验一只灯泡，合格$\}$是随机事件.

12．$\frac{2}{3}$【解析】由题可知，样本空间 Ω 中包含的样本点为（红 1，红 2），（红 1，白 1），（红 1，白 2），（红 2，白 1），（红 2，白 2），（白 1，白 2），样本点总数为 6．恰好取到一个红球和一个白球有 4 个样本点：（红 1，白 1），（红 1，白 2），（红 2，白 1），（红 2，白 2），故所求概率为 $P=\frac{4}{6}=\frac{2}{3}$．

13．90【解析】600 分以上的毕业生总人数约为 $\frac{6+2+1}{10\%}=90$．

三、解答题

14．**解**：(1) 由题可知，$a=1-0.16-0.24-0.36-0.16=0.08$，则从样本中抽取的西瓜不小于 5 kg 的概率 $P=0.36+0.16+0.08=0.6$．

(2) 设每个西瓜的平均质量为 $\overline{x}$，则 $\overline{x}=0.16\times3.5+0.24\times4.5+0.36\times5.5+0.16\times6.5+0.08\times7.5=5.26\,(\text{kg})$，则 5 天内共卖西瓜 $5.26\times200\times5=5\,260\,(\text{kg})$．因为 $5\,260>5\,000$，所以 5 天内能卖完这批西瓜.

15．**解**：(1) 因为组距为 10，所以频率分别为 $20m$，$30m$，$70m$，$60m$，$20m$，则 $20m+30m+70m+60m+20m=1$，解得 $m=\frac{1}{200}$．

(2) 超过 80 分的有两组，其频率之和为 $60m+20m=80m=\frac{2}{5}$，即超过 80 分的频率为 $\frac{2}{5}$，由此可估计该校学生对学校的评价为优秀的概率为 $\frac{2}{5}$．

16．**解**：(1) 由频率分布表可知，该班参加考试的人数，即样本容量为 $\frac{20}{0.5}=40$．

(2) 由频率分布表可知，分数在区间 $[60,70)$ 内的频率为 $\frac{4}{40}=0.1$．因为频率分布直方图中的组距为 10，所以 $x=\frac{0.1}{10}=0.01$．

(3) 由频率分布直方图可知，分数在区间 $[70,80)$ 内的频率为 $0.025\times10=0.25$，所以 $a=40\times0.25=10$．

17．**解**：(1) 设甲、乙两人的平均成绩分别为 $\overline{x}_1$，$\overline{x}_2$，则 $\overline{x}_1=\frac{1}{8}\times(7+8+10+9+7+8+8+7)=8$，$\overline{x}_2=\frac{1}{8}\times(8+9+6+10+10+9+5+7)=8$．

(2) 设甲、乙两人射击成绩的方差分别为 s_1^2，s_2^2，则 $s_1^2=\frac{1}{8-1}\times[(7-8)^2+(8-8)^2+(10-8)^2+(9-8)^2+(7-8)^2+(8-8)^2+(8-8)^2+(7-8)^2]=\frac{8}{7}$，$s_2^2=\frac{1}{8-1}\times[(8-8)^2+(9-8)^2+(6-8)^2+(10-8)^2+(10-8)^2+(9-8)^2+(5-8)^2+(7-8)^2]=\frac{24}{7}$．因为 $\overline{x}_1=\overline{x}_2$，$s_1^2<s_2^2$，所以甲的射击成绩更好，更稳定，应选择甲参加射击比赛.

考号：________ 姓名：________ 班级：________ 学校：________

答 题 不 准 内 线 封 弥

第 5 章　指数函数与对数函数测试卷

（本试卷共 3 道大题，24 道小题，满分 120 分）

题　号	一	二	三	总　分
得　分				

一、单项选择题（本大题共 12 小题，每小题 4 分，共 48 分）

1. 将根式 $\sqrt[3]{-5\sqrt{5}}$ 写成分数指数幂的形式为（　　）.

A. $5^{\frac{1}{2}}$　　B. $-5^{\frac{1}{2}}$　　C. $5^{\frac{3}{2}}$　　D. $-5^{\frac{3}{2}}$

2. 下列式子正确的是（　　）.

A. $\left(\frac{1}{81}\right)^{-\frac{1}{4}}=3$　　B. $2^{\frac{3}{4}}\div 2^{\frac{4}{3}}=2$　　C. $8^2\times 2^4=2^9$　　D. $2^{-\frac{3}{4}}\times 2^{\frac{3}{4}}=0$

3. 下列式子恒成立的是（　　）.

A. $a^0=1$　　B. $a^{-n}=\frac{1}{a^n}$　　C. $\sqrt{a^2}=a$　　D. $\sqrt[3]{a^3}=a$

4. $\log_3 2\times\log_8 9=$（　　）.

A. $\frac{2}{3}$　　B. $\frac{3}{2}$　　C. 1　　D. 2

5. 若指数函数 $f(x)=a^x$ 的图像过点 $\left(-2,\frac{1}{9}\right)$，则 $a=$（　　）.

A. 3　　B. $\sqrt{3}$　　C. ± 3　　D. -3

6. 已知 $a\neq 0$，$b\neq 0$，则 $\left(a^{\frac{1}{4}}\cdot b^{-\frac{2}{3}}\right)\left(a^{-\frac{1}{2}}\cdot b^{-\frac{1}{3}}\right)\div\left(a^{-\frac{1}{4}}\cdot b^{-1}\right)=$（　　）.

A. 0　　B. -1　　C. 1　　D. 2

7. 下列函数在其定义域上为增函数的是（　　）.

A. $y=\log_{\frac{1}{2}}x$　　B. $y=\left(\frac{1}{2}\right)^x$　　C. $y=2^x$　　D. $y=-x+1$

8. 已知函数 $f(x)=\begin{cases}-x^2, & x\leqslant 0,\\ \ln x, & x>0,\end{cases}$ 则 $f(-1)+f(\mathrm{e})=$（　　）.

A. -1　　B. 0　　C. 1　　D. e

9. 已知 $a>0$，若 $a^{-\frac{4}{5}}>a^{-\frac{6}{5}}$，则 a 的取值范围是（　　）.

A. $(0,1)$　　B. $(0,+\infty)$　　C. $(1,+\infty)$　　D. $(-\infty,1)$

10. 若 $\log_3 7=a$，$\log_2 3=b$，则 $\log_7 2=$（　　）.

A. $\frac{1}{ab}$　　B. $\frac{b}{a}$　　C. ab　　D. $a+b$

11. 下列式子正确的是（　　）.

A. $\log_{0.5}5<\log_{0.5}7$　　B. $0.2^{0.8}<0.2^{0.9}$　　C. $\ln 3>1$　　D. $7^{0.5}<0.5^7$

12. 某食品的保鲜时间 y（小时）与储藏温度 x（摄氏度）满足函数关系式 $y=\mathrm{e}^{kx+b}$（k，b 为常数）. 若该食品在 0 摄氏度的保鲜时间是 144 小时，在 20 摄氏度的保鲜时间是 36 小时，则该食品在 30 摄氏度的保鲜时间是（　　）小时.

A. 17　　B. 18　　C. 19　　D. 20

二、填空题（本大题共 6 小题，每小题 5 分，共 30 分）

13. 将 $a=0.5^2$，$b=\log_2 0.5$，$c=2^{0.5}$ 按从小到大的顺序排列为________.

14. 方程 $9^x-8\cdot 3^x-9=0$ 的解是________.

15. 若 $\log_2(2-x)>\log_{\frac{1}{2}}\frac{1}{3x-2}$，则 x 的取值范围是________.

16. 若 $\log_a 2$，$\log_b 2$ 是方程 $x^2-3x+1=0$ 的两个根，则 $ab=$________.

17. 函数 $y=a^{x+1}-3$ 的图像恒过点________.

18. 函数 $y=\frac{1}{\log_3(3-x)}+\sqrt{2^x-4}$ 的定义域为________.

三、解答题（本大题共 6 小题，19～21 题每小题 6 分，22～24 题每小题 8 分）

19. 计算 $\log_3 27+\left(\frac{4}{27}\right)^0+\left(\frac{1}{125}\right)^{-\frac{1}{3}}+\mathrm{e}^{\ln 5}$.

20．求下列不等式中 x 的取值范围．

（1）$\left(\frac{1}{3}\right)^{x^2-12}<3^{-x}$；

（2）$\lg\left(\frac{1}{2}\right)^{x^2-8}<\lg 2^{-2x}$．

21．解下列方程．

（1）$\lg(x^2-5)-\lg(x+1)=0$；

（2）$(\log_3 x)^2+2\log_3 x-8=0$．

22．已知某种微生物的数量 y（单位：个）随时间 t（单位：天）的变化规律为 $y=\mathrm{e}^{0.44t}$，这种微生物的数量增加到原来的 3 倍大约需要多少天？（结果精确到 0.01，取 $\ln 3\approx 1.10$）

23．已知函数 $f(x)=\log_a\frac{x+b}{x-b}$（$a>0$ 且 $a\neq 1$，$b>0$）．

（1）求函数 $f(x)$ 的定义域；

（2）判断函数 $f(x)$ 的奇偶性．

24．已知函数 $f(x)=1+\log_4(x+m)$，$f(1)=2$．

（1）求常数 m 的值和函数 $f(x)$ 的定义域；

（2）若 $f(x)<3$，求 x 的取值范围．

学校：________ 班级：________ 姓名：________ 考号：________

弥封线内不准答题

第 6 章　直线与圆的方程测试卷

（本试卷共 3 道大题，24 道小题，满分 120 分）

题　号	一	二	三	总　分
得　分				

一、单项选择题（本大题共 12 小题，每小题 4 分，共 48 分）

1．点 $P(x,y)$ 关于 y 轴的对称点是（　　）．

A．$(x,-y)$　　B．$(-x,y)$　　C．$(-x,-y)$　　D．$(0,y)$

2．下列各组直线相互平行的是（　　）．

A．$y=-5x$，$y=4x$　　B．$y=6x-3$，$x=6y+1$

C．$2x-5y+2=0$，$5x+2y-1=0$　　D．$y=4x-1$，$12x-3y+2=0$

3．若直线 $y=-\sqrt{3}x+2$ 的倾斜角是直线 l 的倾斜角的 4 倍，则 l 的斜率为（　　）．

A．$-\frac{\sqrt{3}}{3}$　　B．$\frac{\sqrt{3}}{3}$　　C．$-\frac{\sqrt{3}}{2}$　　D．$\frac{\sqrt{3}}{2}$

4．过点 $M(-2,1)$ 且与直线 $x+2y+6=0$ 平行的直线方程为（　　）．

A．$2x-y+5=0$　　B．$2x-y+3=0$　　C．$x+2y=0$　　D．$x+2y-4=0$

5．过点 $(1,1)$ 且与直线 $2x-y-3=0$ 垂直的直线方程为（　　）．

A．$x+2y-3=0$　　B．$2x+y+1=0$　　C．$x-2y+2=0$　　D．$2x-y-1=0$

6．方程 $-\frac{x}{6}+\frac{y}{4}=1$ 表示的直线在 x 轴和 y 轴上的截距分别为（　　）．

A．6，4　　B．-6，4　　C．6，-4　　D．-6，-4

7．若点 $P(2,m)$ 到直线 $4x-3y+1=0$ 的距离为 3，则常数 m 的值为（　　）．

A．-2　　B．8　　C．-2 或 8　　D．2 或 -8

8．直线 $2x+y+1=0$ 与 $x+2y-1=0$ 的位置关系是（　　）．

A．垂直　　B．重合　　C．平行　　D．相交，但不垂直

9．若直线 $3x+4y+20=0$ 与圆 $x^2+y^2=25$ 相交于 A，B 两点，则弦长 $|AB|=$（　　）．

A．3　　B．4　　C．5　　D．6

10．已知点 $A(3,-2)$，$B(-5,4)$，则以线段 AB 为直径的圆的方程为（　　）．

A．$(x+1)^2+(y-1)^2=25$　　B．$(x-1)^2+(y+1)^2=100$

C．$(x-1)^2+(y+1)^2=25$　　D．$(x+1)^2+(y-1)^2=100$

11．若圆心为 $(1,-1)$ 的圆 C 与直线 $2x+y+2=0$ 相切，则圆 C 的方程为（　　）．

A．$(x-1)^2+(y+1)^2=\frac{9}{5}$　　B．$(x-1)^2+(y+1)^2=5$

C．$(x-1)^2+(y+1)^2=\frac{5}{9}$　　D．$(x-1)^2+(y+1)^2=9$

12．若 $P(0,3)$ 为圆 $(x-1)^2+(y-2)^2=16$ 的弦 AB 的中点，则直线 AB 的方程为（　　）．

A．$x-y-1=0$　　B．$x-y+3=0$　　C．$x+y-1=0$　　D．$x-y-3=0$

二、填空题（本大题共 6 小题，每小题 5 分，共 30 分）

13．圆 $x^2+y^2-10x=0$ 的半径为________．

14．过点 $(2,4)$ 且倾斜角为 $\frac{\pi}{3}$ 的直线方程为________．

15．若点 $A(1,-m)$ 到直线 $4x-3y+1=0$ 的距离为 3，则常数 $m=$________．

16．若点 $Q(4,5)$ 是点 $P(m,2)$ 与 $R(3,8)$ 连线的中点，则常数 $m=$________．

17．已知直线 l 经过直线 $3x+4y-2=0$ 与 $2x+y+2=0$ 的交点 P，且垂直于直线 $x-2y-1=0$，则直线 l 的方程为________．

18．已知圆 C 的圆心在 x 轴上，且圆 C 与直线 l_1：$2x-y+1=0$，l_2：$x+2y-1=0$ 均相切，则圆 C 的方程为________．

三、解答题（本大题共 6 小题，19～21 题每小题 6 分，22～24 题每小题 8 分）

19．已知点 $A(5,1)$，$B(1,1)$，$C(1,3)$，求证：$\triangle ABC$ 是直角三角形．

20．已知直线l过点$(2,1)$且与直线$y=3x+1$平行，求直线l的方程．

21．已知直线l过直线$7x+5y=24$与$x-y=0$的交点，且点$M(5,1)$到l的距离为$\sqrt{10}$，求直线l的方程．

22．已知直线 l 过圆$(x+2)^2+(y-1)^2=4$的圆心，且与直线$y=3x+2$垂直，求直线l的方程．

23．求过点$A(1,4)$，$B(3,2)$且圆心在直线$y=0$上的圆的方程，并判断点$P(2,4)$与该圆的位置关系．

24．已知圆C的圆心在y轴上，且截x轴所得弦长为$2\sqrt{5}$，点$A(2\sqrt{2},3)$为圆上一点，求圆C的标准方程．

弥 封 线 内 不 准 答 题

第 7 章　简单几何体测试卷

（本试卷共 3 道大题，24 道小题，满分 120 分）

题　号	一	二	三	总　分
得　分				

一、单项选择题（本大题共 12 小题，每小题 4 分，共 48 分）

1．下列说法正确的是（　　）．

A．底面是矩形的平行六面体是长方体

B．棱长相等的直四棱柱是正方体

C．有两条侧棱都垂直于底面一边的平行六面体是直平行六面体

D．对角线相等的平行六面体是直平行六面体

2．下列命题正确的是（　　）．

A．各个侧面都是等腰三角形的棱锥是正棱锥

B．三条侧棱都相等的棱锥是正三棱锥

C．底面是正三角形的棱锥是正三棱锥

D．顶点在底面的投影是底面多边形的内心，又是外心的棱锥必是正棱锥

3．已知长方体的长、宽、高分别为 20 cm，6 cm，10 cm，根据斜二测画法的规则画该长方体的直观图时，该长方体的长、宽、高可能分别为（　　）．

A．20 cm，3 cm，10 cm

B．20 cm，6 cm，10 cm

C．10 cm，3 cm，10 cm

D．20 cm，3 cm，5 cm

4．下列说法正确的是（　　）．

A．在圆柱的上、下底面的圆周上各取一点，则这两点的连线是圆柱的母线

B．以直角三角形的一边为轴旋转一周所形成的几何体是圆锥

C．平行于圆锥轴截面的截面是等腰三角形

D．用任意平面截一个球体，各个截面一定是圆面

5．用斜二测画法画直四棱柱的直观图时，下列说法错误的是（　　）．

A．直观图的上、下底面均为平行四边形

B．直观图的长、宽、高均为原长、宽、高

C．直观图的高为原高

D．直观图中被遮挡的线段应画成虚线

6．过球面上 A，B 两点作球的大圆，则球的大圆的个数为（　　）．

A．1　　B．1 或无数个

C．无数个　　D．以上均不正确

7．已知圆锥的底面半径为 3，高为 4，则圆锥的侧面积是（　　）．

A．5π　　B．6π　　C．15π　　D．30π

8．已知一个圆柱的母线长为 6，侧面积为 4π，则圆柱的体积为（　　）．

A．$\frac{2\pi}{3}$　　B．24π　　C．$\frac{3\pi}{2}$　　D．2π

9．已知一个正四棱锥的高为 $2\sqrt{2}$，斜高为 $2\sqrt{3}$，则正四棱锥的侧棱长为（　　）．

A．$4\sqrt{2}$　　B．4　　C．$\sqrt{2}$　　D．$\sqrt{3}$

10．正三棱柱的侧面对角线长为 $2\sqrt{2}$，且与底面成 45° 角，则此三棱柱的体积是（　　）．

A．$2\sqrt{3}$　　B．$\sqrt{3}$　　C．$\frac{\sqrt{3}}{3}$　　D．$\frac{\sqrt{3}}{6}$

11．如图 7-1 所示，该组合体的左视图是（　　）．

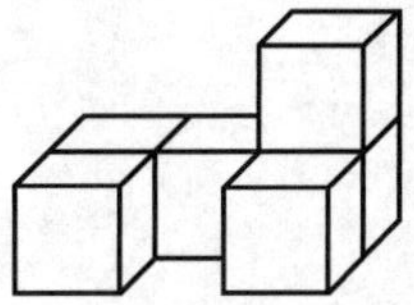

图 7-1

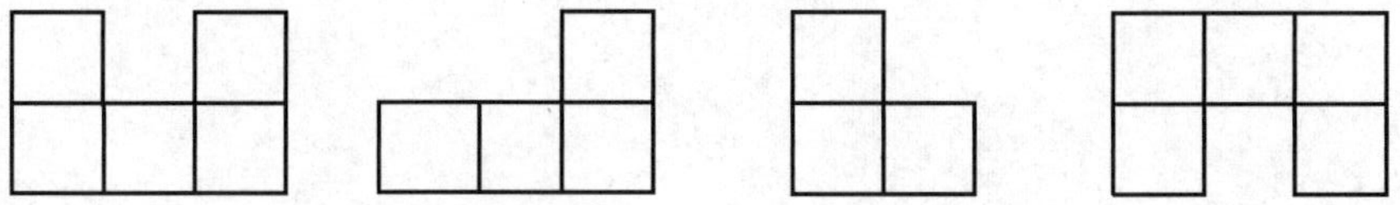

A　　B　　C　　D

12．一个几何体的三视图如图 7-2 所示，则该几何体的体积为（　　）．

A．$\frac{\pi}{6}$　　B．$\frac{\pi}{3}$

C．$\frac{\pi}{2}$　　D．π

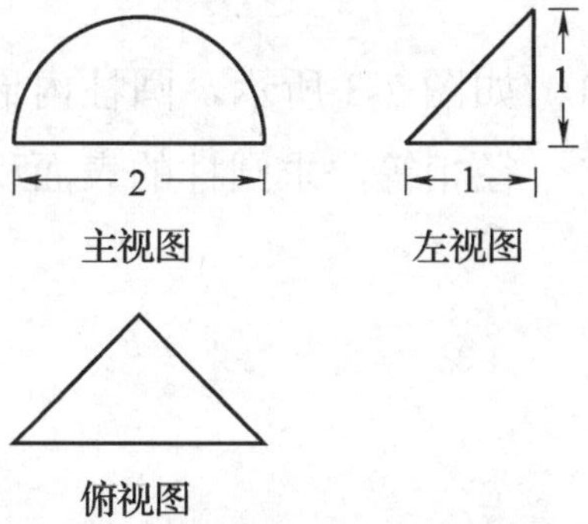

图 7-2

二、填空题（本大题共 6 小题，每小题 5 分，共 30 分）

13．已知圆柱的底面积为 2π，高为 3，则该圆柱的体积为________．

14．已知正方体的体对角线长为$\sqrt{3}$，则该正方体的表面积为________.

15．圆锥的底面半径为2，母线与底面所成的角为$60°$，则圆锥的侧面积为________.

16．已知球的体积为36π，则球的半径为________.

17．已知一个母线长为2的圆锥的侧面积是其底面积的2倍，则该圆锥的体积为________.

18．正四面体的棱长为a，则该正四面体的体积为________.

三、解答题（本大题共6小题，19～21题每小题6分，22～24题每小题8分）

19．已知圆柱的轴截面是边长为2的正方形，求其侧面积、表面积和体积.

20．已知圆锥的轴截面是等腰直角三角形，圆锥的侧面积是$18\sqrt{2}\pi$，求该圆锥的体积.

21．如图7-3所示，圆柱内嵌一个球，球的直径与圆柱的高和底面直径相等，求圆柱的表面积与球的表面积之比.

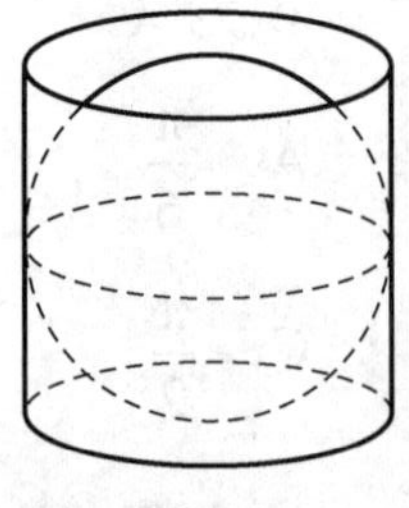

图7-3

22．一个球的截面圆的面积为$64\pi\ cm^2$，球心到截面圆的距离为6 cm，求这个球的半径和表面积.

23．正四面体的棱长为2，且四面体的四个顶点在同一球面上．求该球的表面积和体积.

24．正三棱锥的底面边长为a，侧面都是直角三角形，求该正三棱锥的体积.

弥 封 线 内 不 准 答 题

学校：________ 班级：________ 姓名：________ 考号：________

弥 封 线 内 不 准 答 题

第 8 章　概率与统计初步测试卷

（本试卷共 3 道大题，24 道小题，满分 120 分）

题　号	一	二	三	总　分
得　分				

一、单项选择题（本大题共 12 小题，每小题 4 分，共 48 分）

1. 袋中有 5 个红球和 2 个白球，从中随机抽取 3 个球，则下列事件为不可能事件的是（　　）.

A．至少有 1 个红球　　B．至少有 1 个白球

C．3 个都是红球　　D．3 个都是白球

2. 下列事件是必然事件的是（　　）.

A．运动员射击两次都中靶　　B．掷一枚骰子，掷出的点数是 6

C．在三角形中，大边对大角　　D．两个奇数的和仍是奇数

3. 某人练习投篮，连续投 2 次，则事件“至少投中 1 次”的对立事件是（　　）.

A．至多投中 1 次　B．2 次都投中　C．只投中 1 次　D．2 次都没有投中

4. 某超市举办有奖促销活动，活动设置一等奖、二等奖和三等奖．其中，中三等奖的概率为 0.3，中二等奖的概率为 0.2，不中奖的概率为 0.4，则中一等奖的概率为（　　）.

A．0.6　B．0.4　C．0.3　D．0.1

5. 将一个容量为 n 的样本分成若干组，某组的频数和频率分别是 40 和 0.125，则 $n=$（　　）.

A．320　B．240　C．640　D．160

6. 同时投掷两枚质地均匀的骰子，记两枚骰子掷出的点数和为 X，则“$X>10$”表示两枚骰子掷出的点数分别为（　　）.

A．5，6 或 6，6　B．5，6　C．6，6　D．5，5

7. 掷两枚骰子，出现的点数和为 6 的概率是（　　）.

A．1/6　B．1/12　C．5/36　D．1/4

8. 某工厂生产的 100 件产品中一等品有 20 件，二等品有 70 件，其余均为不合格品．现从这 100 件产品中随机抽检 1 件产品，记事件 A：该产品为一等品，事件 B：该产品为二等品，事件 C：该产品为不合格品，则下列式子错误的是（　　）.

A．$P(B)=\frac{7}{10}$　B．$P(A\cup B)=\frac{9}{10}$　C．$P(A\cap B)=0$　D．$P(A\cup B)=P(C)$

9. 某校高二（10）班 50 名学生的身高（单位：cm）数据均在区间[150,180]上，其频率分布直方图如图 8-1 所示，则该班学生身高不低于 165 cm 的频率为（　　）.

A．0.4　B．0.2

C．0.3　D．不能确定

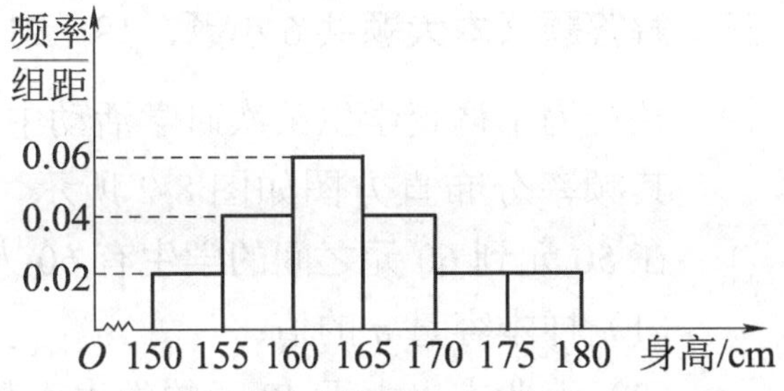

图 8-1

10. 某班有男生 36 人，女生 18 人，现采用分层抽样的方法，从中抽取一个容量为 12 的样本，则应抽取女生的人数为（　　）.

A．2　B．6　C．4　D．8

11. 某老师随机向 100 名学生提问：“中国古代四大发明有哪些？”能说出两种及以上的有 73 人，据此估计该校 400 名学生中，最多只能说出一种的人数为（　　）.

A．69　B．84　C．108　D．115

12. 系统抽样适用的总体应是（　　）.

A．个体数较少的总体

B．个体数较多且差异较大的总体

C．个体数较多但差异不大的总体

D．任何总体

二、填空题（本大题共 6 小题，每小题 5 分，共 30 分）

13. 一个总体分为 A，B 两层，现用分层抽样方法从总体中抽取一个容量为 27 的样本．已知 B 层中每个个体被抽到的概率都为 0.3，则总体中的个体数为________.

14. 从甲、乙、丙 3 人中任选 2 人参加环保知识竞赛，甲被选中的概率为________，乙未被选中的概率为________.

15. 从1，3，4，6四个数字中任选两个，则两个数字之和小于 6 的概率为________，两个数字之和大于 6 的概率为________.

16. 某校甲、乙两名学生参加羽毛球男子单打比赛，甲夺得冠军的概率为$\frac{2}{7}$，乙夺得冠军的概率为$\frac{1}{4}$，那么该校取得羽毛球男子单打比赛冠军的概率为________.

17. 在一次系统抽样中，若样本编号分别为 4，A，28，B，则 $A=$______，$B=$_______.

18. 已知一组样本数据为11，8，9，10，12，10，则该组数据的样本标准差为________.

三、解答题（本大题共 6 小题，19～21 题每小题 6 分，22～24 题每小题 8 分）

19. 某校为了调查学生某次研学活动中的消费支出情况，抽取了一个容量为 n 的样本，其频率分布直方图如图 8-2 所示，其中支出在 50 元到 60 元之间的学生有 60 人，求：

（1）样本容量 n 的值；

（2）消费支出大于 40 元的学生人数.

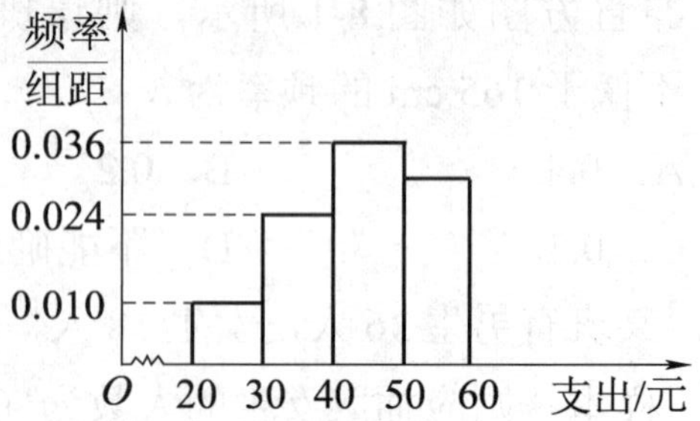

图 8-2

20. 一位篮球运动员在近几场比赛中罚球投篮的结果如表 8-1 所示.

表 8-1

比赛场次	第一场	第二场	第三场	第四场	第五场	第六场
投篮次数（n）	9	10	12	12	10	15
进球次数（m）	6	8	9	10	8	12
进球频率（m/n）		4/5		5/6		4/5

（1）计算这位运动员在第一场、第三场和第五场进球的频率；

（2）估计这位运动员投篮一次进球的概率.

21. 从 0，2，4，5 这四个数字中任选两个，组成一个没有重复数字的两位数. 求：

（1）可以组成哪些两位数？共有多少个？

（2）组成奇数的概率；

（3）组成的数字能被 5 整除的概率.

22. 某公司对 100 名员工进行技能培训和考核，考核得分的频数分布表如表 8-2 所示.

表 8-2

得　分	[50,60)	[60,70)	[70,80)	[80,90)	[90,100]
人　数	13	20	32	30	5

（1）求这 100 名员工的考核平均分；（同一组中的数据用该组区间的中间值为代表）

（2）考核得分不低于 90 分的员工被授予“优秀员工”称号，优秀员工中有 3 名老员工、2 名新员工，现从优秀员工中随机选取 3 名进行技能展示，求这 3 名员工中恰有 1 名新员工的概率.

23. 一条河流的年最高水位在各个范围内的概率分布如表 8-3 所示.

表 8-3

年最高水位	低于 10 m	10～12 m	12～14 m	14～16 m	高于 16 m
概　率	0.1	0.28	0.38	0.16	0.08

计算该河流的年最高水位在下列范围内的概率.

（1）10～16 m；

（2）低于 12 m；

（3）高于 14 m.

24. 对甲、乙两组学生检测某一健康指标，测得指标值如下.

甲组：17，18，19，20，22，22，23，23，24，25，25，26.

乙组：18，20，20，21，22，22，22，22，23，24，24，26.

（1）分别计算两组学生指标值在区间[18.5，24.5]上的频率；

（2）分别计算两组学生指标值的平均数和方差；

（3）比较说明两组学生指标值的稳定情况.

学校：________ 班级：________ 姓名：________ 考号：________

密 封 线 内 不 准 答 题

期末测试卷

（本试卷共 3 道大题，24 道小题，满分 120 分）

题　号	一	二	三	总　分
得　分				

一、单项选择题（本大题共 12 小题，每小题 4 分，共 48 分）

1. 抛掷一枚质地均匀的硬币 10 次，正面向上恰好有 5 次，该事件为（　　）.

A. 必然事件　　B. 随机事件　　C. 不可能事件　　D. 无法确定

2. 已知点 $A(5,2)$，$B(-1,4)$，则线段 AB 的中点坐标为（　　）.

A. $(3,-1)$　　B. $(4,6)$　　C. $(-3,1)$　　D. $(2,3)$

3. $\sqrt{(3-\pi)^2}+\left(\frac{1}{27}\right)^{-\frac{1}{3}}+\ln 1=$（　　）.

A. $-\pi$　　B. $3-\pi$　　C. π　　D. $\pi-3$

4. 下列试验中，属于古典概型的是（　　）.

A. 在适宜的条件下，种下一粒种子，观察它是否发芽

B. 一个口袋里有 2 个白球和 2 个黑球，这 4 个球除颜色外完全相同，从中任取一球，观察球的颜色

C. 向一个圆面内随机投掷一粒石子，观察石子落下的位置（该石子落在圆内任意一点都是等可能的）

D. 射击运动员向一靶心进行射击，观察试验结果（试验结果为命中 10 环，命中 9 环，…，命中 0 环）

5. 从甲、乙、丙、丁 4 人中选 3 人当代表，则甲被选中的概率是（　　）.

A. 1　　B. 0.5　　C. 0.25　　D. 0.75

6. 已知圆锥的母线长为5，高为3，则该圆锥的体积为（　　）.

A. 8π　　B. 12π　　C. 16π　　D. 18π

7. 已知正六棱锥的高为 8，底面边长为 6，则其侧棱长为（　　）.

A. 10　　B. 8　　C. 12　　D. 6

8. 与直线 $2x+3y+5=0$ 垂直且过点 $P(1,2)$ 的直线方程为（　　）.

A. $3x-2y+1=0$　　B. $3x+2y-8=0$　　C. $3x-2y-1=0$　　D. $3x-2y+8=0$

9. 若直线 $ax+2y+2=0$ 与 $3x-y-2=0$ 平行，则常数 $a=$（　　）.

A. -3　　B. -6　　C. $-\frac{3}{2}$　　D. $\frac{2}{3}$

10. 若直线 $3x-4y-5=0$ 与圆 $x^2+y^2-2x+6y+m=0$ 相切，则 $m=$（　　）.

A. 2　　B. 5　　C. 6　　D. 10

11. 直线 $y=x+1$ 与圆 $x^2+y^2+2y-3=0$ 相交于 P，Q 两点，则线段 PQ 的长度为（　　）.

A. 1　　B. $\sqrt{2}$　　C. 2　　D. $2\sqrt{2}$

12. 为了解 1 000 名小学六年级男生的体重，得到频率分布直方图如图所示，则体重在区间 $[40,45)$ 内的男生有（　　）人.

A. 400　　B. 500

C. 600　　D. 200

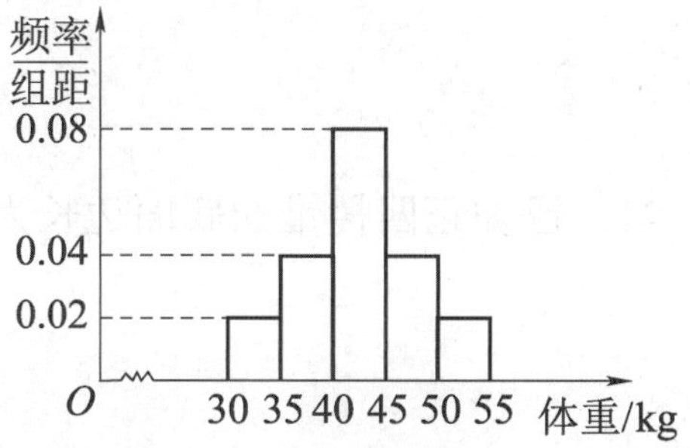

第 12 题图

二、填空题（本大题共 6 小题，每小题 5 分，共 30 分）

13. 函数 $y=\log_3(x-3)$ 的定义域是________.

14. 若 $2^x=5^y=m$，且 $\frac{1}{x}+\frac{1}{y}=1$，则 $m=$________.

15. 函数 $f(x)=3^{-x^2+2x-3}$ 的单调递增区间为________.

16. 已知球的外接正方体的体积为 64，则球的体积为________.

17. 有 5 名志愿者，其中 3 名男性，2 名女性．现选取 2 名志愿者参加社区秩序管理工作，则至少有 1 名女性志愿者参加的概率为________.

18. 有 50 件产品，编号为 1～50，现从中抽取 5 件产品进行检验，采用系统抽样的方法抽取样本，各段抽取第二个顺序号的产品，则抽取产品的编号分别为________.

三、解答题（本大题共 6 小题，19～21 题每小题 6 分，22～24 题每小题 8 分）

19. 某校现有员工 160 人，其中，中高级教师 48 人，一般教师 64 人，管理人员 16 人，行政人员 32 人．现采用分层抽样的方法，若从中抽取一个容量为 20 的样本，则这四类人员应各抽取多少人?

20．已知函数 $f(x)=2x+\log_2 x$．

（1）求 $f(8)$；

（2）解不等式 $f(3^x+2)<f(9^x)$．

21．已知正四棱锥的底面边长为 4，侧棱长为 6，求该正四棱锥的体积和表面积．

22．已知一个几何体的三视图如图所示，请画出该几何体的直观图．

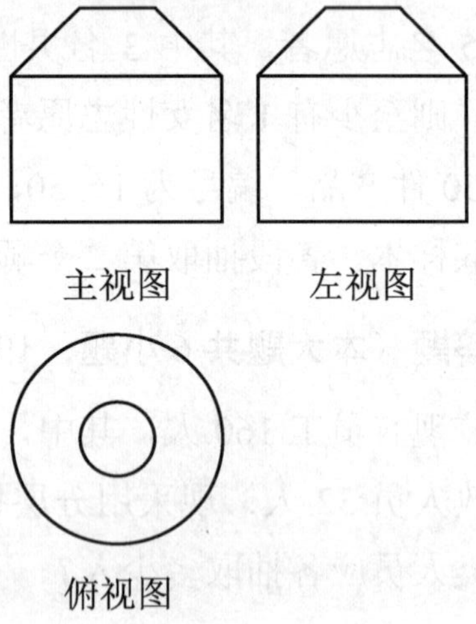

第 22 题图

23．某棉纺织厂为了解一批棉纤维的长度情况，从这批棉纤维中随机抽取了 100 根，测量其长度（单位：mm），并将所得数据分组：$[0,5]$，$(5,10]$，$(10,15]$，…，$(35,40]$．绘制的频率分布直方图如图所示，求：

（1）a 的值；

（2）抽取的 100 根棉纤维中长度不超过 20 mm 的纤维根数．

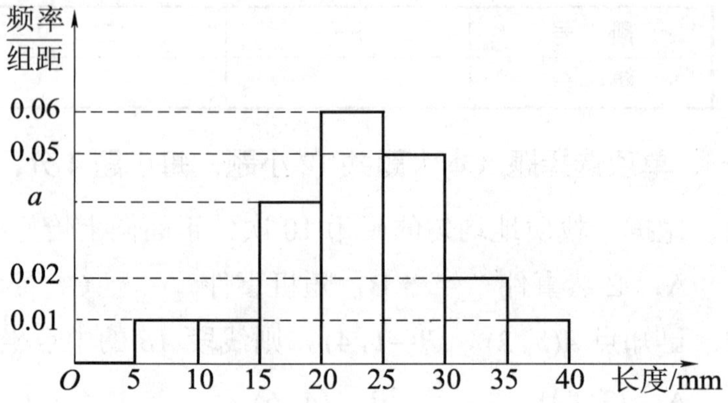

第 23 题图

24．为了考察甲、乙两种小麦的长势，分别从中抽取 10 株，测得苗高（单位：cm）为

甲：15，9，16，18，14，8，12，10，17，11．

乙：12，15，14，16，15，13，12，10，12，11．

分别计算两个样本的均值和方差，并根据计算结果估计哪种小麦长得比较整齐．

答案解析

第 5 章　指数函数与对数函数

一、单项选择题

1. B【解析】$\sqrt[3]{-5\sqrt{5}}=\sqrt[3]{-5^{\frac{3}{2}}}=-5^{\frac{3}{2}\times\frac{1}{3}}=-5^{\frac{1}{2}}$．故选 B.

2. A【解析】$2^{\frac{3}{4}}\div 2^{\frac{4}{3}}=2^{\frac{3}{4}-\frac{4}{3}}=2^{-\frac{7}{12}}$，B 选项错误．$8^2\times 2^4=2^6\times 2^4=2^{6+4}=2^{10}$，C 选项错误．$2^{-\frac{3}{4}}\times 2^{\frac{3}{4}}=2^{-\frac{3}{4}+\frac{3}{4}}=2^0=1$，D 选项错误．故选 A.

3. D【解析】$a^0=1$ 需满足 $a\neq 0$，A 选项不恒成立．$a^{-n}=\dfrac{1}{a^n}$ 需满足 $a\neq 0$，B 选项不恒成立．$\sqrt{a^2}=a$ 需满足 $a\geqslant 0$，C 选项不恒成立．$\sqrt[3]{a^3}=a$ 恒成立．故选 D.

4. A【解析】$\log_3 2\times\log_8 9=\log_3 2\times\log_{2^3}3^2=\log_3 2\times\dfrac{2}{3}\log_2 3=\dfrac{2}{3}$．故选 A.

5. A【解析】将点 $\left(-2,\dfrac{1}{9}\right)$ 代入函数 $f(x)=a^x$ 中，得 $\dfrac{1}{9}=a^{-2}$，解得 $a=\pm 3$，又因为底数 $a>0$ 且 $a\neq 1$，所以 $a=3$．故选 A.

6. C【解析】原式 $=\left(a^{\frac{1}{4}-\frac{1}{2}}\cdot b^{-\frac{2}{3}-\frac{1}{3}}\right)\div\left(a^{-\frac{1}{4}}\cdot b^{-1}\right)=a^{\frac{1}{4}-\frac{1}{2}+\frac{1}{4}}\cdot b^{-\frac{2}{3}-\frac{1}{3}+1}=a^0=1$．故选 C.

7. C【解析】$y=\log_{\frac{1}{2}}x$ 在区间 $(0,+\infty)$ 内为减函数，A 选项错误．$y=\left(\dfrac{1}{2}\right)^x$ 在 **R** 内单调递减，B 选项错误．$y=2^x$ 在 **R** 内单调递增，C 选项正确．$y=-x+1$ 在 **R** 内单调递减，D 选项错误．故选 C.

8. B【解析】由题可知，$f(-1)=-(-1)^2=-1$，$f(\mathrm{e})=\ln\mathrm{e}=1$，则 $f(-1)+f(\mathrm{e})=-1+1=0$．故选 B.

9. C【解析】因为 $a^{-\frac{4}{5}}>a^{-\frac{6}{5}}$，则 $\dfrac{a^{-\frac{4}{5}}}{a^{-\frac{6}{5}}}>1$，即 $a^{\frac{2}{5}}>1$，解得 $a>1$ 或 $a<-1$（舍去），所以 a 的取值范围是 $(1,+\infty)$．故选 C.

10. A【解析】因为 $\log_2 3\times\log_3 7=\log_2 7=ab$，所以 $\log_7 2=\dfrac{1}{\log_2 7}=\dfrac{1}{ab}$．故选 A.

11. C【解析】因为 $y=\log_{0.5}x$ 在区间 $(0,+\infty)$ 内单调递减，且 $5<7$，所以 $\log_{0.5}5>\log_{0.5}7$，A 选项错误．因为 $y=0.2^x$ 在 **R** 内单调递减，且 $0.8<0.9$，所以 $0.2^{0.8}>0.2^{0.9}$，B 选项错误．因为 $y=\ln x$ 在区间 $(0,+\infty)$ 内单调递增，且 $3>\mathrm{e}$，所以 $\ln 3>\ln\mathrm{e}=1$，C 选项正确．因为 $y=0.5^x$ 在 **R** 内单调递减，且 $0.5<7$，所以 $0.5^{0.5}>0.5^7$；又因为 $f(x)=x^{0.5}$ 在区间 $(0,+\infty)$ 内是增函数，且 $7>0.5$，所以 $7^{0.5}>0.5^{0.5}$，故有 $7^{0.5}>0.5^7$，D 选项错误．故选 C.

12. B【解析】由题可知，$\mathrm{e}^b=144$，$\mathrm{e}^{20k+b}=36$，则 $\dfrac{\mathrm{e}^{20k+b}}{\mathrm{e}^b}=\mathrm{e}^{20k}=(\mathrm{e}^{10k})^2=\dfrac{36}{144}=\dfrac{1}{4}$，解得 $\mathrm{e}^{10k}=\dfrac{1}{2}$，所以该食品在 30 摄氏度的保鲜时间为 $y=\mathrm{e}^{30k+b}=\mathrm{e}^{20k+b}\cdot\mathrm{e}^{10k}=36\times\dfrac{1}{2}=18$（小时）．故选 B.

二、填空题

13. $b<a<c$【解析】函数 $y=0.5^x$ 在 **R** 内单调递减，可得 $0.5^2<0.5^0=1$，且 $0.5^2>0$；函数 $y=2^x$ 在 **R** 内单调递增，可得 $2^{0.5}>2^0=1$；函数 $y=\log_2 x$ 在区间 $(0,+\infty)$ 内是增函数，可得 $\log_2 0.5<\log_2 1=0$，所以 $\log_2 0.5<0.5^2<2^{0.5}$，即 $b<a<c$．

14. 2【解析】原方程可化为 $(3^x)^2-8\times 3^x-9=0$，令 $3^x=t\ (t>0)$，则有 $t^2-8t-9=0$，解得 $t=9$ 或 $t=-1$（舍去），即 $3^x=9$，解得 $x=2$．

15. $\left(\dfrac{2}{3},1\right)$【解析】不等式可化为 $\log_2(2-x)>\log_2(3x-2)$，因为 $y=\log_2 x$ 在区间 $(0,+\infty)$ 内单调递增，所以 $\begin{cases}2-x>3x-2,\\ 2-x>0,\\ 3x-2>0,\end{cases}$ 解得 $\dfrac{2}{3}<x<1$，所以 x 的取值范围是 $\left(\dfrac{2}{3},1\right)$．

16. 8【解析】由韦达定理，得 $\log_a 2+\log_b 2=3$，$\log_a 2\times\log_b 2=1$．因为 $\log_a 2+\log_b 2=\dfrac{1}{\log_2 a}+\dfrac{1}{\log_2 b}=\dfrac{\log_2 b+\log_2 a}{\log_2 a\times\log_2 b}=3$，其中 $\log_2 a\times\log_2 b=\dfrac{1}{\log_a 2\times\log_b 2}=1$，所以 $\log_2 b+\log_2 a=3$，从而 $\log_2 ab=3$，$ab=2^3=8$．

17. $(-1,-2)$【解析】当 $x=-1$ 时，$y=a^{-1+1}-3=1-3=-2$，即函数 $y=a^{x+1}-3$ 的图像恒过点 $(-1,-2)$．

18. $(2,3)$【解析】要使函数 $y=\dfrac{1}{\log_3(3-x)}+\sqrt{2^x-4}$ 有意义，需满足 $\begin{cases}3-x>0,\\ 3-x\neq 1,\\ 2^x-4\geqslant 0,\end{cases}$ 变形得 $\begin{cases}x<3,\\ x\neq 2,\\ 2^x\geqslant 2^2,\end{cases}$ 解得 $2<x<3$，即函数的定义域为 $(2,3)$．

三、解答题

19. **解**：原式 $=3+1+\left(\dfrac{1}{5}\right)^{3\times\left(-\frac{1}{3}\right)}+5=3+1+5+5=14$．

20. **解**：（1）原不等式变形得 $3^{12-x^2}<3^{-x}$，因为函数 $y=3^x$ 在 **R** 内单调递增，所以 $12-x^2<-x$，即 $x^2-x-12>0$，解得 $x<-3$ 或 $x>4$，即 x 的取值范围是 $(-\infty,-3)\cup(4,+\infty)$．

（2）原不等式变形得 $\lg 2^{8-x^2}<\lg 2^{-2x}$，因为函数 $y=\lg x$ 在区间 $(0,+\infty)$ 内单调递增，所以 $2^{8-x^2}<2^{-2x}$，进而可得 $8-x^2<-2x$，变形得 $x^2-2x-8>0$，解得 $x<-2$ 或 $x>4$，即 x 的取值范围是 $(-\infty,-2)\cup(4,+\infty)$．

21. **解**：（1）原方程可化为 $\lg(x^2-5)=\lg(x+1)$，进而可得 $x^2-5=x+1$，变形得 $x^2-x-6=0$，解得 $x=3$ 或 $x=-2$．当 $x=-2$ 时，$x^2-5=-1<0$，$x+1=-1<0$，不符合题意，故舍去，所以 $x=3$．

（2）令 $\log_3 x=t$，则原方程可化为 $t^2+2t-8=0$，解得 $t=2$ 或 -4，由 $x=3^t$ 可得 $x=9$ 或 $\dfrac{1}{81}$．

22. **解**：设这种微生物原来的数量为 $y(t_1)=\mathrm{e}^{0.44t_1}$，增加到原来的 3 倍的数量为 $y(t_2)=\mathrm{e}^{0.44t_2}$，则 $\mathrm{e}^{0.44t_2}=3\mathrm{e}^{0.44t_1}$，即 $\mathrm{e}^{0.44(t_2-t_1)}=3$，等式两边取对数，得 $0.44(t_2-t_1)=\ln 3$，即 $t_2-t_1=\dfrac{\ln 3}{0.44}\approx 2.50$，所以这种微生物的数量增加到原来的 3 倍需要约 2.50 天．

23．**解**：（1）要使函数 $f(x)$ 有意义，需满足 $\frac{x+b}{x-b}>0$，解得 $x<-b$ 或 $x>b$，即 $f(x)$ 的定义域为 $(-\infty,-b)\cup(b,+\infty)$．

（2）因为 $f(-x)=\log_a\frac{-x+b}{-x-b}=\log_a\frac{x-b}{x+b}=\log_a\left(\frac{x+b}{x-b}\right)^{-1}=-\log_a\frac{x+b}{x-b}=-f(x)$，所以 $f(x)$ 为奇函数．

24．**解**：（1）因为 $f(1)=1+\log_4(1+m)=2$，则 $\log_4(1+m)=1$，解得 $m=3$，所以 $f(x)=1+\log_4(x+3)$．要使函数有意义，需满足 $x+3>0$，解得 $x>-3$，即 $f(x)$ 的定义域为 $(-3,+\infty)$．

（2）因为 $f(x)=1+\log_4(x+3)<3$，所以 $\log_4(x+3)<2$，可得 $0<x+3<4^2$，解得 $-3<x<13$，即 x 的取值范围是 $(-3,13)$．

第 6 章　直线与圆的方程

一、单项选择题

1．B【解析】由对称性可得，点 $P(x,y)$ 关于 y 轴的对称点是 $(-x,y)$．故选 B．

2．D【解析】A 和 B 选项的两条直线相交；C 选项的两条直线垂直；D 选项的两条直线平行．故选 D．

3．B【解析】因为直线 $y=-\sqrt{3}x+2$ 的斜率为 $-\sqrt{3}$，所以该直线的倾斜角 $\alpha_1=\frac{2\pi}{3}$，则直线 l 的倾斜角 $\alpha_2=\frac{\pi}{6}$．因此，直线 l 的斜率为 $k=\tan\alpha_2=\tan\frac{\pi}{6}=\frac{\sqrt{3}}{3}$．故选 B．

4．C【解析】设所求直线方程为 $x+2y+m=0$，代入点 $M(-2,1)$，得 $-2+2+m=0$，解得 $m=0$，故所求直线方程为 $x+2y=0$．故选 C．

5．A【解析】设所求直线方程为 $x+2y+m=0$，代入点 $(1,1)$，得 $1+2+m=0$，解得 $m=-3$，故所求直线方程为 $x+2y-3=0$．故选 A．

6．B【解析】将 $y=0$ 代入直线方程 $-\frac{x}{6}+\frac{y}{4}=1$，得 $x=-6$，即直线在 x 轴上截距为 -6．将 $x=0$ 代入直线方程 $-\frac{x}{6}+\frac{y}{4}=1$，得 $y=4$，即直线在 y 轴上截距为 4．故选 B．

7．C【解析】由点到直线的距离公式可得，$d=\frac{|4\times2-3\times m+1|}{\sqrt{4^2+(-3)^2}}=\frac{|9-3m|}{5}=3$，解得 $m=-2$ 或 8．故选 C．

8．D【解析】直线 $2x+y+1=0$ 的斜率为 $k_1=-2$，直线 $x+2y-1=0$ 的斜率为 $k_2=-\frac{1}{2}$．因为 $k_1\neq k_2$，所以两直线相交．又因为 $k_1\cdot k_2\neq-1$，所以两直线不垂直．故选 D．

9．D【解析】因为圆心 $(0,0)$ 到直线 $3x+4y+20=0$ 的距离 $d=\frac{|0+0+20|}{\sqrt{3^2+4^2}}=4$，圆的半径 $r=5$，所以弦长 $|AB|=2\sqrt{r^2-d^2}=6$．故选 D．

10．A【解析】由线段的中点坐标公式，得线段 AB 的中点坐标为 $(-1,1)$．由两点间距离公式，得直径 $|AB|=\sqrt{(-5-3)^2+(4+2)^2}=10$，则所求圆的半径 $r=\frac{|AB|}{2}=5$，圆心坐标为 $(-1,1)$，所以圆的标准方程为 $(x+1)^2+(y-1)^2=25$．故选 A．

11．A【解析】因为圆 C 与直线 $2x+y+2=0$ 相切，则圆心 $(1,-1)$ 到直线的距离 $d=r=\frac{|2\times1+1\times(-1)+2|}{\sqrt{2^2+1^2}}=\frac{3\sqrt{5}}{5}$，所以圆 C 的方程为 $(x-1)^2+(y+1)^2=\frac{9}{5}$．故选 A．

12．B【解析】因为点 $P(0,3)$ 为弦 AB 的中点，且弦 AB 的垂直平分线过圆心 $(1,2)$，则弦 AB 的垂直平分线的斜率 $k=\frac{2-3}{1-0}=-1$，所以直线 AB 的斜率 $k'=1$，从而直线 AB 的方程为 $y-3=x$，即 $x-y+3=0$．故选 B．

二、填空题

13．5【解析】圆 $x^2+y^2-10x=0$ 的标准方程为 $(x-5)^2+y^2=25$，所以圆的半径为 5．

14．$\sqrt{3}x-y-2\sqrt{3}+4=0$【解析】因为直线过点 $(2,4)$，且斜率 $k=\tan\frac{\pi}{3}=\sqrt{3}$，所以直线的点斜式方程为 $y-4=\sqrt{3}(x-2)$，整理得 $\sqrt{3}x-y-2\sqrt{3}+4=0$．

15．$\frac{10}{3}$ 或 $-\frac{20}{3}$【解析】点 $A(1,-m)$ 到直线 $4x-3y+1=0$ 的距离 $d=\frac{|4+3m+1|}{\sqrt{4^2+(-3)^2}}=\frac{|5+3m|}{5}=3$，解得 $m=\frac{10}{3}$ 或 $-\frac{20}{3}$．

16．5【解析】由线段的中点坐标公式，得 $4=\frac{m+3}{2}$，解得 $m=5$．

17．$2x+y+2=0$【解析】联立 $\begin{cases}3x+4y-2=0,\\2x+y+2=0,\end{cases}$ 解得 $\begin{cases}x=-2,\\y=2,\end{cases}$ 即交点 P 的坐标为 $(-2,2)$．直线 l 与 $x-2y-1=0$ 垂直，则设直线 l 的方程为 $2x+y+m=0$，代入点 $P(-2,2)$，得 $2\times(-2)+2+m=0$，解得 $m=2$，所以直线 l 的方程为 $2x+y+2=0$．

18．$x^2+y^2=\frac{1}{5}$ 或 $(x+2)^2+y^2=\frac{9}{5}$【解析】因为圆 C 的圆心在 x 轴上，所以设圆心为 $(a,0)$，圆的半径为 r．因为直线 l_1，l_2 均与圆相切，所以 $\begin{cases}\frac{|2a+1|}{\sqrt{5}}=r,\\\frac{|a-1|}{\sqrt{5}}=r,\end{cases}$ 解得 $a=0$ 或 -2．当 $a=0$ 时，圆的半径 $r=\frac{\sqrt{5}}{5}$；当 $a=-2$ 时，圆的半径 $r=\frac{3\sqrt{5}}{5}$．综上，圆 C 的方程为 $x^2+y^2=\frac{1}{5}$ 或 $(x+2)^2+y^2=\frac{9}{5}$．

三、解答题

19．**证明**：因为 $AB^2=(5-1)^2+(1-1)^2=16$，$AC^2=(1-5)^2+(3-1)^2=20$，$BC^2=(1-1)^2+(3-1)^2=4$，则 $AC^2=AB^2+BC^2$，所以 $\angle ABC$ 是直角，$\triangle ABC$ 是直角三角形，得证．

20．**解**：直线方程 $y=3x+1$ 可化为 $3x-y+1=0$，设所求直线的方程为 $3x-y+m=0$，代入点 $(2,1)$，得 $3\times2-1+m=0$，解得 $m=-5$，故所求直线方程为 $3x-y-5=0$．

21．**解**：联立 $\begin{cases}7x+5y=24,\\x-y=0,\end{cases}$ 解得 $\begin{cases}x=2,\\y=2,\end{cases}$ 即交点坐标为 $(2,2)$．若直线 l 的斜率存在，设直线 l 的方

程为 $y-2=k(x-2)$，整理得 $kx-y+2-2k=0$，点 $M(5,1)$ 到直线 l 的距离 $d=\frac{|5k-1+2-2k|}{\sqrt{k^2+1}}=\frac{|3k+1|}{\sqrt{k^2+1}}=\sqrt{10}$，整理得 $k^2-6k+9=0$，解得 $k=3$，所以直线 l 的方程为 $3x-y-4=0$；若直线 l 的斜率不存在，由于直线过交点 $(2,2)$，则直线方程为 $x=2$，点 $M(5,1)$ 到直线 l 的距离为 3，不符合题意，故舍去．综上，直线 l 的方程为 $3x-y-4=0$．

22．解：由圆的方程 $(x+2)^2+(y-1)^2=4$，得圆心坐标为 $(-2,1)$．直线 l 与 $3x-y+2=0$ 垂直，设直线 l 的方程为 $x+3y+c=0$，代入点 $(-2,1)$，得 $-2+3+c=0$，解得 $c=-1$，所以直线 l 的方程为 $x+3y-1=0$．

23．解：圆心在直线 $y=0$ 上，则设圆心为 $(a,0)$，圆的半径为 r，所以圆的方程为 $(x-a)^2+y^2=r^2$．将点 $A(1,4)$，$B(3,2)$ 代入圆的方程，得 $\begin{cases}(1-a)^2+4^2=r^2,\\(3-a)^2+2^2=r^2,\end{cases}$ 解得 $\begin{cases}a=-1,\\r=2\sqrt{5},\end{cases}$ 故所求圆的方程为 $(x+1)^2+y^2=20$．因为点 $P(2,4)$ 到圆心 $(-1,0)$ 的距离 $d=\sqrt{(-1-2)^2+(0-4)^2}=5>r$，所以点 $P(2,4)$ 在圆外．

24．解：设圆 C 的圆心为 $(0,a)$，半径为 r，则圆 C 的标准方程为 $x^2+(y-a)^2=r^2$．因为圆 C 截 x 轴所得弦长为 $2\sqrt{5}$，所以圆的半径 $r=\sqrt{a^2+(\sqrt{5})^2}=\sqrt{a^2+5}$．将点 $A(2\sqrt{2},3)$ 代入圆 C 的标准方程，得 $(2\sqrt{2})^2+(3-a)^2=a^2+5$，解得 $a=2$，$r=\sqrt{2^2+5}=3$，故圆 C 的标准方程为 $x^2+(y-2)^2=9$．

第 7 章　简单几何体

一、单项选择题

1．D【解析】A 选项中，侧棱不一定垂直于底面，A 错误．B 选项中，底面可能不是正方形是菱形，B 错误．C 选项中，平行六面体的棱垂直于底面一边，但不一定垂直于底面，所以该平行六面体不一定是直平行六面体，C 错误．D 选项中，若平行六面体侧面的对角线相等，则侧面是矩形，侧棱与底面垂直，D 正确．故选 D．

2．D【解析】正棱锥的结构特征：① 底面是正多边形；② 顶点在底面的投影是底面的中心．故选 D．

3．A【解析】根据斜二测画法的规则可知，与 x 轴和 z 轴平行或重合的线段，其长度保持不变；与 x 轴垂直的线段，其长度等于原长度的一半．因此，该长方体的长、宽、高可能分别为 20 cm、3 cm、10 cm．故选 A．

4．D【解析】A 选项中，两点的连线不一定垂直于底面，A 错误．B 选项中，绕直角三角形的斜边旋转一周所形成的几何体不是圆锥，B 错误．C 选项中，与圆锥轴截面平行的截面是由抛物线和线段围成的图形，不是等腰三角形，C 错误．根据球体的性质，D 正确．故选 D．

5．B【解析】因为直四棱柱的上、下底面均为矩形，水平放置的矩形按斜二测画法画出的直观图为平行四边形，所以直观图的上、下底面均为平行四边形，A 选项说法正确．用斜二测画法画直四棱柱的直观图时，直观图的长和高均为原长和原高，宽为原宽的一半，且被遮挡的线段应画成虚线，B 选项说法错误，C 和 D 选项说法正确．故选 B．

6．B【解析】当 A，B 两点与球心在同一直线上时，过球面上 A，B 两点作球的大圆的个数为无数个；当 A，B 两点与球心不在同一直线上时，过球面上 A，B 两点作球的大圆的个数为 1．故选 B．

7．C【解析】由题可知，圆锥的底面周长 $c=2\pi\times3=6\pi$，母线 $l=\sqrt{3^2+4^2}=5$，所以 $S_{侧}=\frac{1}{2}lc=\frac{1}{2}\times5\times6\pi=15\pi$．故选 C．

8．A【解析】设该圆柱的底面半径为 r．因为该圆柱的母线长 $l=6$，侧面积为 4π，所以 $2\pi r\times6=4\pi$，解得 $r=\frac{1}{3}$．因此，该圆柱的体积 $V=\pi r^2h=\pi\times\left(\frac{1}{3}\right)^2\times6=\frac{2\pi}{3}$．故选 A．

9．B【解析】设正四棱锥的底面边长为 a，侧棱长为 l，则 $2\sqrt{3}=\sqrt{\left(\frac{a}{2}\right)^2+(2\sqrt{2})^2}$，解得 $a=4$，则正四棱锥的底面对角线长为 $4\sqrt{2}$，该正四棱锥的侧棱长 $l=\sqrt{\left(\frac{4\sqrt{2}}{2}\right)^2+(2\sqrt{2})^2}=4$．故选 B．

10．A【解析】由题可知，正三棱柱的底面边长为 2，高为 2，因此 $V=S_{底}h=\frac{1}{2}\times2\times\sqrt{3}\times2=2\sqrt{3}$．故选 A．

11．C【解析】观察图示几何体可知，其左视图由三个正方形组成．故选 C．

12．A【解析】由该几何体的三视图可知，该几何体是一个倒放的半圆锥，该圆锥的底面半径为 1，高为 1，则该几何体的体积 $V=\frac{1}{2}\times\frac{1}{3}\pi r^2h=\frac{1}{6}\pi\times1^2\times1=\frac{\pi}{6}$．故选 A．

二、填空题

13．12π【解析】由题可知，圆柱的体积为 $V=S_{底}h=2\pi\times3=6\pi$．

14．6【解析】由体对角线长为 $\sqrt{3}$，得正方体的边长为 1，则 $S_{表}=6\times1\times1=6$．

15．8π【解析】由题可知，圆锥的母线长为 $l=2\times2=4$，则 $S=\frac{1}{2}lc=\frac{1}{2}\times4\times2\pi\times2=8\pi$．

16．3【解析】球的体积为 36π，即 $V=\frac{4}{3}\pi R^3=36\pi$，解得 $R=3$，所以球的半径为 3．

17．$\frac{\sqrt{3}\pi}{3}$【解析】设该圆锥的底面半径为 r，母线长为 l，则 $\pi rl=2\pi r^2$，所以 $r=\frac{l}{2}=1$．圆锥的母线、底面半径与高之间构成直角三角形，则圆锥的高 $h=\sqrt{l^2-r^2}=\sqrt{2^2-1^2}=\sqrt{3}$．因此，该圆锥的体积 $V=\frac{1}{3}S_{底}h=\frac{1}{3}\times\pi\times1^2\times\sqrt{3}=\frac{\sqrt{3}\pi}{3}$．

18．$\frac{\sqrt{2}}{12}a^3$【解析】如图 7-1 所示，在正四面体中，D 是 AB 的中点，O 是底面 ABC 的中心，则 $SO\perp$ 平面 ABC，可求得 $CD=\frac{\sqrt{3}}{2}a$，$OC=\frac{\sqrt{3}}{3}a$，所以 $S_{\triangle ABC}=\frac{1}{2}AB\times CD=\frac{1}{2}a\times\frac{\sqrt{3}}{2}a=\frac{\sqrt{3}}{4}a^2$，$SO=\sqrt{SC^2-OC^2}=$

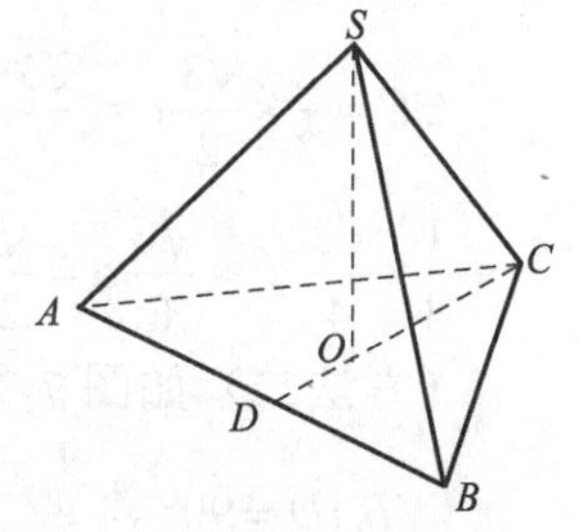

图 7-1

$\sqrt{a^2-\frac{1}{3}a^2}=\frac{\sqrt{6}}{3}a$，因此$V_{S-ABC}=\frac{1}{3}S_{\triangle ABC}\cdot OS=\frac{1}{3}\times\frac{\sqrt{3}}{4}a^2\times\frac{\sqrt{6}}{3}a=\frac{\sqrt{2}}{12}a^3$．

三、解答题

19．**解**：由圆柱的性质可得，圆柱的高和底面直径均为 2，则圆柱的底面半径为 1．因此，圆柱的侧面积为$S_{侧}=2\pi rh=2\pi\times1\times2=4\pi$，圆柱的表面积为$S_{表}=2\pi r(h+r)=2\pi\times1\times(2+1)=6\pi$，圆柱的体积为$V=\pi r^2h=\pi\times1^2\times2=2\pi$．

20．**解**：设圆锥的高为h，底面半径为r，母线长为l，因为圆锥的轴截面是等腰直角三角形，所以$l=\sqrt{2}r$，$h=r$．由$S_{侧}=\pi rl=18\sqrt{2}\pi$，解得$r=h=3\sqrt{2}$，因此圆锥的体积$V=\frac{1}{3}\pi r^2h=\frac{1}{3}\pi\times(3\sqrt{2})^3=18\sqrt{2}\pi$．

21．**解**：设球的半径为R，则圆柱的底面半径为R，圆柱的高为$2R$．圆柱的表面积$S_{圆柱}=2\pi R\cdot2R+2\pi R^2=6\pi R^2$，球的表面积$S_{球}=4\pi R^2$，所以圆柱的表面积与球的表面积之比是$\frac{S_{圆柱}}{S_{球}}=\frac{6\pi R^2}{4\pi R}=\frac{3}{2}$．

22．**解**：因为球的截面圆的面积为$64\pi\ cm^2$，所以截面圆的半径$r=8\ (cm)$．由球的性质可得，球心与截面圆心的连线垂直于截面．因为球心到截面圆的距离为 6 cm，所以球的半径为$R=\sqrt{r^2+d^2}=\sqrt{8^2+6^2}=10\ (cm)$．因此，球的表面积为$S=4\pi R^2=4\pi\times10^2=400\pi\ (cm^2)$．

23．**解**：如图 7-2 所示，正四面体$A-BCD$中，A在底面BCD的投影是底面BCD的中心F，E是BC的中点，因为正四面体的棱长为 2，所以$DE=\sqrt{3}$，$DF=\frac{2}{3}DE=\frac{2\sqrt{3}}{3}$，因此$AF=\sqrt{AD^2-DF^2}=\sqrt{2^2-\left(\frac{2\sqrt{3}}{3}\right)^2}=\frac{2\sqrt{6}}{3}$．因为$A$，$B$，$C$，$D$在同一球面上，设球心为$O$，球的半径为$R$，有$R^2=(AF-R)^2+DF^2=\left(\frac{2\sqrt{6}}{3}-R\right)^2+\left(\frac{2\sqrt{3}}{3}\right)^2$，解得$R=\frac{\sqrt{6}}{2}$，所以$S_{球}=4\pi R^2=6\pi$，$V_{球}=\frac{4}{3}\pi R^3=\sqrt{6}\pi$．

24．**解**：**（方法一）**如图 7-3 所示，正三棱锥的底面边长为a，侧面都是直角三角形，则$\angle BAC=90°$，$AC=\frac{\sqrt{2}}{2}a$．点E为BD的中点，连接CE，取一点F且$CF=\frac{2}{3}CE$，由等边三角形的性质可知，点F为等边$\triangle BCD$的中心，连接AF，则$AF\perp$平面BCD．因为$BC=CD=BD=a$，则$CE=\frac{\sqrt{3}}{2}a$，$CF=\frac{2}{3}\times\frac{\sqrt{3}}{2}a=\frac{\sqrt{3}}{3}a$，$AF=\sqrt{AC^2-CF^2}=\frac{\sqrt{6}}{6}a$，所以正三棱锥的体积$V=\frac{1}{3}S_{\triangle BCD}\cdot AF=\frac{1}{3}\times\frac{\sqrt{3}}{4}a^2\times\frac{\sqrt{6}}{6}a=\frac{\sqrt{2}}{24}a^3$．

（方法二）如图 7-3 所示，正三棱锥的底面边长为a，侧面都是直角三角形，则$\angle BAC=90°$，$\angle BAD=90°$，$\angle CAD=90°$，可得$AB=AC=AD=\frac{\sqrt{2}}{2}a$，$AD\perp$平面$ABC$，所以正三棱锥的体积$V=\frac{1}{3}S_{\triangle ABC}\cdot AD=\frac{1}{3}\times\frac{1}{2}\times\frac{\sqrt{2}}{2}a\times\frac{\sqrt{2}}{2}a\times\frac{\sqrt{2}}{2}a=\frac{\sqrt{2}}{24}a^3$．

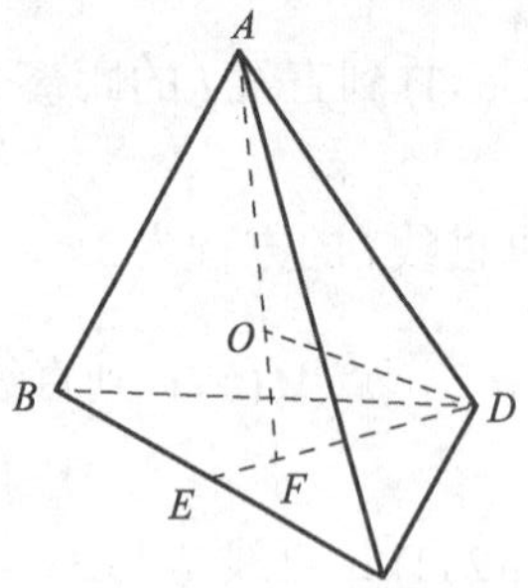

图 7-2

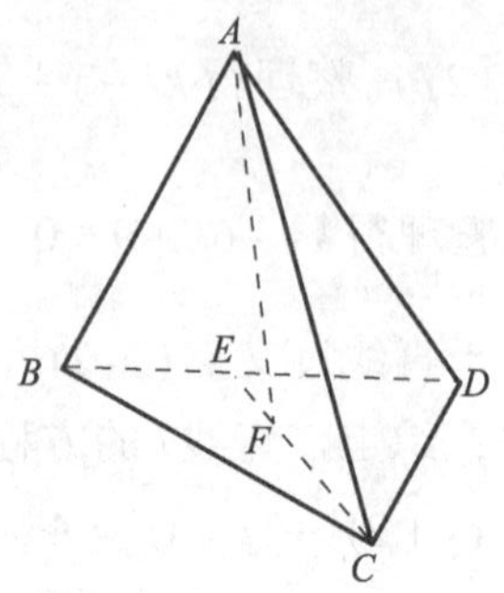

图 7-3

第 8 章　概率与统计初步

一、单项选择题

1．D【解析】袋中只有 2 个白球，所以抽出的 3 个球中至少有 1 个红球，A 选项是必然事件；B 和 C 选项是随机事件；因为只有 2 个白球，所以不可能 3 个都是白球．故选 D．

2．C【解析】A 和 B 选项都是随机事件；C 选项是必然事件；两个奇数的和是偶数，D 选项是不可能事件．故选 C．

3．D【解析】投篮 2 次，事件“至少投中 1 次”包含：“投中 1 次”和“投中 2 次”，所以事件“至少投中 1 次”的对立事件是“投中 0 次”，即“2 次都没有投中”．故选 D．

4．D【解析】由于中一等奖、二等奖、三等奖和不中奖这四个事件为互斥事件，故中一等奖的概率为$P=1-0.3-0.2-0.4=0.1$．故选 D．

5．A【解析】$n=\frac{频数}{频率}=\frac{40}{0.125}=320$．故选 A．

6．A【解析】该试验的样本空间Ω中包含的样本点有：2，3，4，5，6，7，8，9，10，11，12．“$X>10$”包含的样本点有：11，12，对应两枚骰子掷出的点数分别为 5，6 或 6，6．故选 A．

7．C【解析】掷骰子，掷出的数字有：1，2，3，4，5，6，掷两枚骰子的所有基本事件有$6\times6=36$个．点数和为 6 的基本事件有 5 个：$(1,5)$，$(5,1)$，$(2,4)$，$(4,2)$，$(3,3)$，故所求概率为$\frac{5}{36}$．故选 C．

8．D【解析】由题可知，$P(A)=\frac{20}{100}=\frac{1}{5}$，$P(B)=\frac{7}{10}$，$P(C)=\frac{1}{10}$．事件$A$，$B$与$C$不能同时发生，则$P(A\cap B)=0$，$P(A\cup B)=P(A)+P(B)=\frac{1}{5}+\frac{7}{10}=\frac{9}{10}\neq P(C)$．故选 D．

9．A【解析】由题可知，身高在区间$[165,170)$内的频率为$0.04\times5=0.2$，身高在区间$[170,175)$内的频率为$0.02\times5=0.1$，身高在区间$[175,180]$上的频率为$0.02\times5=0.1$，所以该班学生身高不低于 165 cm 的频率为$0.2+0.1+0.1=0.4$．故选 A．

10．C【解析】由题可知，抽样比为$\frac{12}{36+18}=\frac{2}{9}$，所以应抽取女生的人数为$18\times\frac{2}{9}=4$．故选 C．

11．C【解析】在这 100 名学生中，最多只能说出一种的人数为$100-73=27$．设该校的 400 名学生中，最多只能说出一种的人数为x，则$\frac{100}{27}=\frac{400}{x}$，解得$x=108$．故选 C．

12．C【解析】系统抽样适用的总体应是个体数目较多但差异不大的总体．故选 C．

二、填空题

13. 90【解析】分层抽样属于等可能抽样，每个个体被抽到的概率相等，所以总体中的个体数为$\frac{27}{0.3}=90$.

14. $\frac{2}{3}$；$\frac{1}{3}$【解析】3 人中任选 2 人，则甲被选中的概率为$\frac{2}{3}$，乙被选中的概率也为$\frac{2}{3}$，所以乙未被选中的概率为$1-\frac{2}{3}=\frac{1}{3}$.

15. $\frac{1}{3}$；$\frac{2}{3}$【解析】四个数字中任选两个数字的基本事件有：$(1,3)$，$(1,4)$，$(1,6)$，$(3,4)$，$(3,6)$，$(4,6)$，共 6 个．选出的两个数字之和分别是$4,5,7,7,9,10$，其中小于 6 的数字有：4，5，共 2 个，其概率为$\frac{2}{6}=\frac{1}{3}$；大于 6 的数字有：7，7，9，10，共 4 个，其概率为$\frac{4}{6}=\frac{2}{3}$.

16. $\frac{15}{28}$【解析】由于事件“该校取得羽毛球男子单打比赛冠军”包括事件“甲夺得冠军”和“乙夺得冠军”，但这两个事件不可能同时发生，即彼此互斥，所以该校取得羽毛球男子单打比赛冠军的概率为$\frac{2}{7}+\frac{1}{4}=\frac{15}{28}$.

17. 16；40【解析】由系统抽样等距的特点可得，$A=\frac{4+28}{2}=16$，$B=28+12=40$.

18. $\sqrt{2}$【解析】由题可知，样本均值为$\bar{x}=\frac{1}{6}(11+8+9+10+12+10)=10$，则样本方差为$s^2=\frac{1}{6-1}\times[(11-10)^2+(8-10)^2+\cdots+(10-10)^2]=2$，样本标准差$s=\sqrt{2}$.

三、解答题

19. 解：（1）根据频率分布直方图可知，支出在 50 元到 60 元之间的频率为$1-10\times(0.01+0.024+0.036)=0.3$，则$n=\frac{60}{0.3}=200$（人）.

（2）支出在 40 元到 50 元之间的学生有$200\times10\times0.036=72$（人），所以消费支出大于 40 元的学生有$72+60=132$（人）.

20. 解：（1）第一场进球的频率为$\frac{6}{9}=\frac{2}{3}$；第三场进球的频率为$\frac{9}{12}=\frac{3}{4}$；第五场进球的频率为$\frac{8}{10}=\frac{4}{5}$.

（2）这位运动员投篮一次进球的概率约为$P=\frac{1}{6}\times\left(\frac{2}{3}+\frac{4}{5}+\frac{3}{4}+\frac{5}{6}+\frac{4}{5}+\frac{4}{5}\right)=\frac{31}{40}$.

21. 解：（1）当个位数字为 0 时，有：20，40，50，共 3 个；当个位为 2 时，有：42，52，共 2 个；当个位数字为 4 时，有：24，54，共 2 个；当个位为 5 时，有：25，45，共 2 个，所以可以组成没有重复数字的两位数共$3+2+2+2=9$（个）.

（2）组成的 9 个两位数中，奇数有：25，45，共 2 个，所以组成奇数的概率是$\frac{2}{9}$.

（3）组成的 9 个两位数中，能被 5 整除的有：20，40，50，25，45，共 5 个，所以组成的数字能被 5 整除的概率是$\frac{5}{9}$.

22. 解：（1）设这 100 名员工的考核平均分为$\bar{x}$，则$\bar{x}=\frac{1}{100}\times(55\times13+65\times20+75\times32+85\times30+95\times5)=74.4$，即平均分为 74.4.

（2）设 3 名老员工为a，b，c，2 名新员工为x，y，从 5 名优秀员工中随机选取 3 名，样本空间Ω中包含的样本点为abc，abx，aby，acx，acy，axy，bcx，bcy，bxy，cxy，样本点的总数为 10．3 名员工中恰有 1 名新员工有 6 个样本点：abx，aby，acx，acy，bcx，bcy，所以这 3 名员工中恰有 1 名新员工的概率为$P=\frac{6}{10}=\frac{3}{5}$.

23. 解：分别记该河流的年最高水位低于 10 m、在 10～12 m 之间、在 12～14 m 之间、在 14～16 m 之间、高于 16 m 为事件A，B，C，D，E．这五个事件不能同时发生，为互斥事件.

（1）该河流的年最高水位在 10～16 m 之间的概率是$P(B+C+D)=P(B)+P(C)+P(D)=0.28+0.38+0.16=0.82$.

（2）该河流的年最高水位低于 12 m 的概率是$P(A+B)=P(A)+P(B)=0.1+0.28=0.38$.

（3）该河流的年最高水位高于 14 m 的概率是$P(D+E)=P(D)+P(E)=0.16+0.08=0.24$.

24. 解：（1）甲、乙两组学生各有 12 人，甲组学生指标值在区间$[18.5,24.5]$上的学生有 7 人，频率为$\frac{7}{12}$；乙组学生指标值在区间$[18.5,24.5]$上的学生有 10 人，频率为$\frac{5}{6}$.

（2）$\bar{x}_{甲}=\frac{1}{12}\times(17+18+19+20+22+22+23+23+24+25+25+26)=22$，$\bar{x}_{乙}=\frac{1}{12}\times(18+20+20+21+22+22+22+22+23+24+24+26)=22$，$s_{甲}^2=\frac{1}{11}\times[(17-22)^2+(18-22)^2+(19-22)^2+(20-22)^2+(22-22)^2+(22-22)^2+(23-22)^2+(23-22)^2+(24-22)^2+(25-22)^2+(25-22)^2+(26-22)^2]\approx8.55$，$s_{乙}^2=\frac{1}{11}\times[(18-22)^2+(20-22)^2+(20-22)^2+(21-22)^2+(22-22)^2+(22-22)^2+(22-22)^2+(22-22)^2+(23-22)^2+(24-22)^2+(24-22)^2+(26-22)^2]\approx4.55$.

（3）因为$s_{甲}^2>s_{乙}^2$，所以乙组学生的健康指标值更稳定.

期末测试

一、单项选择题

1. B【解析】每次抛掷一枚质地均匀的硬币的结果不是正面向上就是反面向上，所以抛掷一枚质地均匀的硬币 10 次，正面向上恰好有 5 次的事件可能发生，也可能不发生，即该事件为随机事件．故选 B.

2. D【解析】由线段的中点坐标公式可得，线段AB的中点坐标为$\left(\frac{5-1}{2},\frac{2+4}{2}\right)$，即$(2,3)$．故选 D.

3. C【解析】$\sqrt{(3-\pi)^2}+\left(\frac{1}{27}\right)^{-\frac{1}{3}}+\ln1=\pi-3+3^{(-3)\times\left(-\frac{1}{3}\right)}+0=\pi-3+3=\pi$．故选 C.

4. B【解析】种子发芽与不发芽的概率不相等，A 选项不属于古典概型．任取一球，每个球被取到的概率相等，且该随机试验的样本点总数为 4，B 选项属于古典概型．石子落在圆面内结果的数量是无限的，即样本点总数无限，C 选项不属于古典概型．射击运动员射击命中环数的概率不一定相等，D选项不属于古典概型．故选 B．

5. D【解析】样本空间 Ω 中包含的样本点为（甲，乙，丙），（甲，乙，丁），（甲，丙，丁），（乙，丙，丁），样本点总数为 4．甲被选中有 3 个样本点：（甲，乙，丙），（甲，乙，丁），（甲，丙，丁），故所求概率为 $P=\frac{3}{4}=0.75$．故选 D．

6. C【解析】圆锥的底面半径 $r=\sqrt{5^2-3^2}=4$，所以圆锥的体积为 $V=\frac{1}{3}S_{底}h=\frac{1}{3}\times\pi\times4^2\times3=16\pi$．故选 C．

7. A【解析】因为正六棱锥的底面是正六边形，正六边形的中心与正六边形底面顶点连线的长度等于正六边形的边长，所以该正六棱锥的侧棱长为 $\sqrt{6^2+8^2}=10$．故选 A．

8. A【解析】设所求直线方程为 $3x-2y+m=0$，代入点 $P(1,2)$，得 $3\times1-2\times2+m=0$，解得 $m=1$，故所求直线方程为 $3x-2y+1=0$．故选 A．

9. B【解析】若直线 $ax+2y+2=0$ 与 $3x-y-2=0$ 平行，则 $A_1B_2-A_2B_1=a\times(-1)-3\times2=0$，且 $B_1C_2-B_2C_1=2\times(-2)-(-1)\times2\neq0$，解得 $a=-6$．故选 B．

10. C【解析】由圆的方程，得圆心坐标为 $(1,-3)$，半径为 $r=\frac{\sqrt{4+36-4m}}{2}=\sqrt{10-m}$．因为直线与圆相切，所以圆心 $(1,-3)$ 到直线 $3x-4y-5=0$ 的距离 $d=r=\frac{|3+12-5|}{\sqrt{3^2+(-4)^2}}=2$，即 $\sqrt{10-m}=2$，解得 $m=6$．故选 C．

11. D【解析】由圆的方程，得圆心坐标为 $(0,-1)$，半径 $r=2$．因为圆心 $(0,-1)$ 到直线 $y=x+1$ 的距离 $d=\frac{|1+1|}{\sqrt{1+1}}=\sqrt{2}$，所以由弦长公式得，$|PQ|=2\sqrt{r^2-d^2}=2\sqrt{2^2-(\sqrt{2})^2}=2\sqrt{2}$．故选 D．

12. A【解析】由题可知，组距为 5，所以体重在区间 $[40,45)$ 内的频率为 $0.08\times5=0.4$，则人数为 $1000\times0.4=400$．故选 A．

二、填空题

13. $(3,+\infty)$【解析】由题可知，$x-3>0$，即 $x>3$，所以函数 $y=\log_3(x-3)$ 的定义域是 $(3,+\infty)$．

14. 10【解析】因为 $2^x=5^y=m$，所以 $x=\log_2 m$，$y=\log_5 m$，则 $\frac{1}{x}+\frac{1}{y}=\frac{1}{\log_2 m}+\frac{1}{\log_5 m}=\log_m 2+\log_m 5=\log_m 10=1$，解得 $m=10$．

15. $(-\infty,1]$【解析】原函数 $f(x)=3^{-x^2+2x-3}$ 可以看作是由 $f(u)=3^u$ 和 $u=-x^2+2x-3$ 复合而成的函数，因为 $f(u)=3^u$ 是增函数，$u=-x^2+2x-3$ 的单调递增区间为 $(-\infty,1]$，所以函数 $f(x)=3^{-x^2+2x-3}$ 的单调递增区间为 $(-\infty,1]$．

16. $\frac{32\pi}{3}$【解析】由球的外接正方体的体积为 64，得正方体的边长为 4，因为球内切于正方体，所以球的半径为 $R=2$，则球的体积为 $V=\frac{4\pi}{3}R^3=\frac{4\pi}{3}\times2^3=\frac{32\pi}{3}$．

17. $\frac{7}{10}$【解析】设 3 名男性志愿者的编号为 1，2，3，2 名女性志愿者的编号为 4，5．从 5 名志愿者中抽取 2 名志愿者，样本空间 Ω 中包含的样本点为 $(1,2)$，$(1,3)$，$(1,4)$，$(1,5)$，$(2,3)$，$(2,4)$，$(2,5)$，$(3,4)$，$(3,5)$，$(4,5)$，样本点总数为 10．至少有 1 名女性志愿者参加的有 7 个样本点：$(1,4)$，$(1,5)$，$(2,4)$，$(2,5)$，$(3,4)$，$(3,5)$，$(4,5)$，故所求概率为 $P=\frac{7}{10}$．

18. 2，12，22，32，42【解析】可将总体分成 5 段，其中每段包含 $\frac{50}{5}=10$ 个个体，因为各段抽取第二个顺序号的产品，所以抽取产品的编号分别为 2，12，22，32，42．

三、解答题

19. 解：由题可知，抽样比为 $\frac{20}{160}=\frac{1}{8}$，则应抽取中高级教师的人数为 $48\times\frac{1}{8}=6$，一般教师的人数为 $64\times\frac{1}{8}=8$，管理人员的人数为 $16\times\frac{1}{8}=2$，行政人员的人数为 $32\times\frac{1}{8}=4$．

20. 解：（1）$f(8)=2\times8+\log_2 8=16+3=19$．

（2）因为 $f(x)=2x+\log_2 x$ 在区间 $(0,+\infty)$ 内单调递增，且 $f(3^x+2)<f(9^x)$，所以 $3^x+2<9^x$．令 $3^x=t\,(t>0)$，则有 $t+2<t^2$，解得 $t<-1$（舍去）或 $t>2$，即 $3^x>2$，所以 $x>\log_3 2$，不等式 $f(3^x+2)<f(9^x)$ 的解集为 $(\log_3 2,+\infty)$．

21. 解：因为正棱锥的高、侧棱与侧棱在底面上的投影构成一个直角三角形，且侧棱在底面上的投影为 $\frac{1}{2}\sqrt{4^2+4^2}=2\sqrt{2}$，所以由勾股定理可得，该正四棱锥的高为 $h=\sqrt{6^2-(2\sqrt{2})^2}=2\sqrt{7}$．因此，该正四棱锥的体积为 $V=\frac{1}{3}S_{底}h=\frac{1}{3}\times4\times4\times2\sqrt{7}=\frac{32\sqrt{7}}{3}$．因为正棱锥的高、斜高与斜高在底面上的投影构成一个直角三角形，且在正四棱锥中，斜高在底面上的投影即为底面边长的一半，所以由勾股定理可得，该正四棱锥的斜高为 $h'=\sqrt{2^2+(2\sqrt{7})^2}=4\sqrt{2}$．因此，该正四棱锥的表面积为 $S_{表}=\frac{1}{2}ch'+S_{底}=\frac{1}{2}\times4\times4\times4\sqrt{2}+4^2=16+32\sqrt{2}$．

22. 解：由三视图可知，该几何体是一个简单组合体，下部是一个圆柱，上部是一个圆台，且圆台下底面与圆柱上底面重合，其直观图如第 22 题图所示．

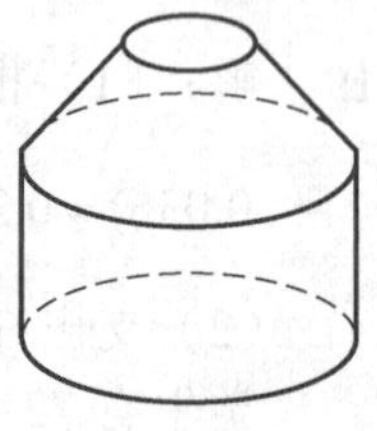

第 22 题图

23. 解：（1）根据频率分布直方图，得组距为 5，则有 $(0.01\times3+\alpha+0.06+0.05+0.02)\times5=1$，解得 $a=0.04$．

（2）100 根棉纤维中长度不超过 20 mm 的纤维的频率为 $(0.01\times2+0.04)\times5=0.3$，频数是 $0.3\times100=30$，所以长度不超过 20 mm 的纤维有 30 根．

24. 解：设甲、乙两种小麦的平均苗高分别为 $\bar{x}_1$，$\bar{x}_2$，甲、乙两种小麦苗高的方差分别为 s_1^2，s_2^2，故 $\bar{x}_1=\frac{1}{10}\times(15+9+16+18+14+8+12+10+17+11)=13$，$s_1^2=\frac{1}{10-1}\times[(15-13)^2+(9-13)^2+(16-13)^2+(18-13)^2+(14-13)^2+(8-13)^2+(12-13)^2+(10-13)^2+(17-13)^2+(11-13)^2]\approx12.22$，$\bar{x}_2=\frac{1}{10}\times(12+15+14+16+15+13+12+10+12+11)=13$，$s_2^2=\frac{1}{10-1}\times[(12-13)^2+(15-13)^2+(14-13)^2+(16-13)^2+(15-13)^2+(13-13)^2+(12-13)^2+(10-13)^2+(12-13)^2+(11-13)^2]\approx3.78$．因为 $\bar{x}_1=\bar{x}_2$，$s_1^2>s_2^2$，所以乙种小麦长得比较整齐．